DAS RECHT DES SCHÖPFERISCHEN GEISTES

Eine philosophisch-juristische Betrachtung zur Urheberrechtsreform

von

Dr. Heinrich Hubmann

Privatdozent
an der Universität München

Berlin 1954

WALTER DE GRUYTER & CO

vormals G. J. Göschen'sche Verlagshandlung / J. Guttentag, Verlagsbuchhandlung / Georg Reimer / Karl J. Trübner / Veit & Comp.

Archiv-Nr. 27 02 54

Satz und Druck: Berliner Buchdruckerei Union GmbH., Berlin SW 29

Vorwort

Angesichts der bevorstehenden Urheberrechtsreform bemüht sich die vorliegende Schrift um eine Aufhellung des Lebenstatbestandes, den das Urheberrecht zu regeln hat, und versucht, von hier aus zu einigen konkreten Vorschlägen für die rechtliche Neuordnung zu gelangen. Sie will keine erschöpfende Darstellung der urheberrechtlichen Probleme geben, sondern nur von den drei in der Einleitung aufgestellten Forderungen aus: von der Forderung nach einem Schutz der schöpferischen Persönlichkeit selbst, nach einer Berücksichtigung aller ihrer kulturellen Leistungen und nach einer gerechten Interessenabwägung, zu den geltenden Gesetzen Stellung nehmen. Die bisher erschienenen amtlichen Entwürfe, der Entwurf des Reichsjustizministeriums von 1932 und der Akademieentwurf von 1939, werden dabei berücksichtigt. Der vom Bundesjustizministerium angekündigte Entwurf zur Urheberrechtsreform lag bei Drucklegung der Arbeit noch nicht vor.

Die Untersuchung will vor allem die Grundlagen, auf denen das Urheberrecht ruht, aufdecken, sie will das Wesen des Geistes und seines Schaffens analysieren und die in der „Natur der Sache" bereits liegenden Gesetzlichkeiten herausstellen. Es ist klar, daß dies nur gemäß dem heutigen Stand der Selbsterkenntnis des Menschengeistes, wie er in der abendländischen Philosophie erarbeitet wurde, geschehen konnte. Da diese Selbsterkenntnis des Geistes ständig im Fluß, ständig im Fortschreiten begriffen ist, kann diese Untersuchung keine letzten und endgültigen Ergebnisse bringen; aber vielleicht vermag sie anderen Anregungen zu geben und sie zur weiteren Arbeit an der Aufhellung der Probleme, die mit dem geistigen Schaffen und seinem Rechtsschutz zusammenhängen, anzuspornen. Dabei möchte ich nicht versäumen hervorzuheben, daß ich selbst eine Reihe von Anregungen aus Unterhaltungen mit dem Komponisten Dr. Willy Richartz entnehmen durfte. An dieser Stelle sei ihm dafür mein Dank ausgesprochen.

München, Anfang Mai 1954. Der Verfasser.

Inhaltsverzeichnis

Einleitung

a) Die Notwendigkeit der Urheberrechtsreform

In seinem Gedicht „Die Teilung der Erde" erzählt Friedrich Schiller, wie der Dichter bei der Verteilung der materiellen Güter dieser Welt zu spät kam und schließlich von Zeus mit einem Platz in seinem Himmel entschädigt wurde. Wenn auch Schiller, den wir wohl als den Idealisten unter den Dichtern bezeichnen können, in dieser Fabel alle diejenigen, die ihr Leben der Kunst weihten, gegenüber dem Mangel an äußeren Glücksgütern mit dem Hinweis auf ideelle Werte tröstet, so müssen wir doch aus dem Gedicht einen leisen Vorwurf gegen den Gesetzgeber herauslesen, der zu Schillers Zeiten den Dichter, den Komponisten, den Künstler und überhaupt das Heer der Kulturschaffenden bei der Zuteilung von Rechten und Ansprüchen noch völlig vergessen hatte. Inzwischen freilich haben sich die Zeiten geändert, das 19. Jahrhundert brachte bei uns, wie überhaupt in allen Kulturländern der Erde, Urhebergesetze, durch die den schöpferischen Menschen ein ausgedehntes Recht auf wirtschaftliche Nutzung ihrer Werke gesichert wurde[1]). Die geltenden Urheberrechtsgesetze aus dem Jahre 1901 und 1907, das Literaturuhrhebergesetz (LUG) und das Kunstschutzgesetz (KUG), gewähren den Werkschöpfern ein Urheberrecht an ihrem Werk, durch das ihnen die ausschließliche Befugnis eingeräumt wird, das Werk auf die dem damaligen Stand der Technik entsprechenden Arten wirtschaftlich zu verwerten. Aber, haben die Gesetze dem Kulturleben und den ihm dienenden geistig Schaffenden das gegeben, was ihnen gebührt? Hören wir zu dieser Frage wieder einen Mann aus jenem Kreise, zu dessen Schutz das Urheberrecht bestimmt ist. Der bekannte, inzwischen verstorbene Komponist Richard Strauß äußerte sich dazu bei einem im Jahre 1934 vor dem Urheberrechtsausschuß der Akademie für Deutsches Recht gehaltenen Vortrag wie folgt[2]): „Wir mußten es mit ansehen, wie unter der Geltung des Urheberrechtsgesetzes, das doch zum Schutz der Kunst bestimmt war, die Achtung vor der Kunst immer tiefer sank, wie die Kunst zum Tummelplatze von Geschäftemachern aller Art wurde und wie jene Geschäftemacher unter Anwendung des Urheberrechtsgesetzes mit Hilfe entsprechend geschäftstüchtiger Advokaten reichen, klingenden Lohn erhielten, während ernsthaft strebende Künstler, die Wertvolles zu bieten hatten, Not leiden mußten und dadurch selbst in ihrem Schaffen gelähmt wurden."

---

[1]) Zur geschichtlichen Entwicklung des Urheberschutzes vgl. unten Kap. 9.
[2]) Abgedruckt in Ufita 1934, 217.

Fürwahr, eine harte Kritik, die dem Juristen, aber auch dem Gesetzgeber zu denken geben muß!

Ohne Zweifel entsprechen unsere geltenden Urhebergesetze, die aus der Zeit um die Jahrhundertwende stammen, nicht mehr dem heutigen Stand der technischen Entwicklung. Die Rechtsprechung sah sich immer wieder vor die Frage gestellt, wie sie die neu aufkommenden Möglichkeiten der Benutzung von Geisteswerken unter den Gesetzeswortlaut bringen sollte. Teilweise griff der Gesetzgeber durch Gesetzesänderungen ein. So berücksichtigte die Novelle vom 22. Mai 1910 die Entwicklung der Schallplatte und des Films. Teilweise mußte sich aber die Rechtsprechung selbst helfen. Sie löste diese Aufgabe im ganzen mit feinem Gefühl für die Erfordernisse des kulturellen Lebens. Dies gilt vor allem[3]) für die Entscheidungen des Reichsgerichts über die Rundfunksendung[4]), über den Tonfilm[5]) und über die Schallplattensendung[6]), aber auch für die Entscheidung des Bundesgerichtshofs über Magnettongeräte[7]). Trotz dieser die Entwicklung der Technik berücksichtigenden Urteile sind unsere Urhebergesetze reformbedürftig[8]); denn die Rechtsprechung mußte in manchen Fällen zu bedenklichen Begriffsausweitungen und Begriffsspaltungen greifen, um eine den Lebensbedürfnissen entsprechende Lösung zu finden. Man denke nur daran, daß das RG in dem erwähnten Schallplattenurteil die Rundfunksendung von Werken der Tonkunst zwar als eine öffentliche Aufführung im Sinne von § 11 LUG, nicht aber als eine solche im Sinne von § 22a LUG ansah, oder daran, daß das RG die Sendung literarischer Werke durch den Rundfunk, um sie dem Urheber vorzubehalten, als gewerbsmäßige Verbreitung beurteilen mußte, während der Gesetzgeber mit diesem Begriff nur die Verbreitung körperlicher Werkstücke gemeint hatte[9]).

Aber auch die philosophischen und rechtspolitischen Grundlagen, auf denen unsere Urhebergesetze aufbauen, entsprechen nicht mehr unserer fortgeschrittenen Erkenntnis vom Wesen und von der Wirkungsweise des

---

[3]) Dagegen hat die Lautsprecherentscheidung (RGZ 136, 377) im Laufe der Zeit mehr und mehr Kritik erfahren. Vgl. Schollwoeck, GRUR 1949, 283; Hirsch Ballin, GRUR 1949, 408; Ulmer, Urheber- und Verlagsrecht 1951, 152. Der BGH hat nunmehr in einem Urteil vom 6. 11. 1953 (NJW 1954, 305) entschieden, daß die öffentliche Schallplattenwiedergabe durch Plattenspieler mit Lautsprecher der Genehmigung des Urhebers bedarf (Vgl. Richartz in Gema-Nachrichten Nr. 19).

[4]) RGZ 113, 413.

[5]) RGZ 140, 231.

[6]) RGZ 153, 1.

[7]) In JZ 1953, 144.

[8]) Die Reformarbeiten sind seit langem im Gang. 1932 hat das Reichsjustizministerium den Entwurf eines Gesetzes über das Urheberrecht an Werken der Literatur, der Kunst und der Photographie mit Begründung veröffentlicht. 1939 hat der Urheberrechtsausschuß der Akademie für Deutsches Recht einen neuen Entwurf bekanntgegeben (vgl. GRUR 1939, 242 ff.). Daneben sind eine Reihe von privaten Entwürfen erschienen, so von Goldbaum-Wolff, Ufita 1929, 185, Elster, Ufita 1929, 652, Hoffmann, Ufita 1929, 659, Marwitz, Ufita 1929, 668. Vgl. auch Dieß, Die Neugestaltung des deutschen Urheberrechts, Ufita 1939, 276. Zu den Reformarbeiten vgl. auch Runge, Urheber- und Verlagsrecht 1948, 410 ff. Nach dem Kriege hat das Bundesjustizministerium die Reformpläne wieder aufgenommen und die Veröffentlichung eines neuen Entwurfs angekündigt, in dem vor allem auch die Brüsseler Fassung der revidierten Berner Übereinkunft vom 26. 6. 1948 berücksichtigt werden soll.

[9]) Vgl. RGZ 113, 413.

schöpferischen Geistes sowie von der Bedeutung der Persönlichkeit und ihrer Stellung im Kulturleben. Unsere Urhebergesetze sprechen zwar davon, daß die Urheber geschützt werden[10]), doch beschränkt sich die praktische Ausgestaltung auf einen reinen Schutz des Werkes[11]) in seinen vermögensrechtlichen Wirkungen, die persönlichen Interessen des Urhebers, seine ideellen und geistigen Beziehungen zum Werk werden nicht erwähnt. Auch hier hat die Rechtsprechung das Gesetz wieder fortgebildet, indem sie das Urheberpersönlichkeitsrecht entwickelte[12]). Sein Inhalt ist inzwischen auf der Romkonferenz von 1928 in Art. 6 *bis* der revidierten Berner Übereinkunft formuliert und festgelegt worden[13]). Damit ist für den deutschen Gesetzgeber die Notwendigkeit gegeben, die persönlichkeitsrechtlichen Befugnisse gesetzlich zu verankern. Doch bringt auch dieses Urheberpersönlichkeitsrecht keinen umfassenden Schutz des schöpferischen Menschen. Es bezieht sich nur auf die persönlichen Beziehungen des Urhebers zu seinem Werk, dagegen bleibt er bei seinem Schaffen ungeschützt. Unsere Urheberrechtsgesetzgebung kennt keine Bestimmungen, die die Förderung kulturellen Schöpfertums, die Sicherung der Existenz und Versorgung der geistig Schaffenden sowie ihren Schutz gegen kommerzielle Ausbeutung zum Ziele haben. Während unsere Arbeitergesetzgebung schon seit einem halben Jahrhundert von dem Gedanken der Fürsorge für den arbeitenden Menschen, von der Notwendigkeit eines Schutzes gegen wirtschaftliche Ausbeutung und von dem Erfordernis einer Sicherung seiner Existenz und Versorgung getragen und beherrscht wird, beschränkt sich das Urheberrecht auf einen bloßen Werkschutz. Die lebendige schöpferische Kraft, die jene Werke erzeugt, die den Stolz unserer Kultur ausmachen, wird vernachlässigt. Und doch ist sie die einzige Quelle aller geistigen Erneuerung einer Nation. Nur wenn sie erhalten wird, kann der Untergang der abendländischen Kultur, den Oswald Spengler so düster voraussagt[14]), aufgehalten werden. Werke vermögen wohl späteren Geschlechtern Zeugnis von der Höhe einer Kultur zu geben, aber sie können sie nicht fortführen. Nur der persönliche Geist ist der lebendige Träger und Erhalter kulturellen Lebens. Die Urhebergesetzgebung muß daher die schöpferische Persönlichkeit selbst in den Mittelpunkt stellen, sie muß von einem bloßen Werkschutz zu einem Recht des lebendigen schöpferischen Geistes fortgebildet werden.

Der subjektive Geist erscheint also in den geltenden Gesetzen nicht als Schutzobjekt. Aber auch seine Wirkungen, seine Äußerungsformen, seine Leistungen werden nur in einzelnen Ausschnitten berücksichtigt. Freilich

---

[10]) Vgl. § 1 LUG und § 1 KUG.

[11]) So sagt Runge a. a. O. S. 18: „Denn wenn auch § 1 LUG wie § 1 KUG dem Urheber den Schutz des Gesetzes für sein Schaffen verleihen, so steht doch tatsächlich das Werk, das die objektivierte geistige Schöpfung in der Außenwelt verkörpert, im Mittelpunkt des Urheberschutzes."

[12]) Vgl. RGZ 12, 52; 69, 403; 79, 398; 102, 140; 110, 397; 113, 414; 123, 319; 125, 177; vgl. dazu Elster, RGPrax IV, 252.

[13]) Die Bestimmung wurde auf der Revisionskonferenz in Brüssel von 1948 noch erweitert. Vgl. dazu Runge, a. a. O. S. 695; Baum, GRUR 1949, 1 ff.

[14]) In seinem Werk: Der Untergang des Abendlandes, 1920.

will das Urheberrecht nur die kulturelle Seite des Geisteslebens regeln, die technischen, kaufmännischen und wirtschaftlichen Leistungen des Menschen bleiben dem gewerblichen Rechtsschutz überlassen. Doch auch auf diesem eng begrenzten Gebiet sind, wie v. Knieriem[15]) betont, nur einzelne Inseln in die rechtliche Regelung einbezogen, während im übrigen das weite Meer kulturellen Schaffens vernachlässigt wird. Nicht geschützt ist vor allem der schöpferische Gedanke an sich, der künstlerische Einfall, die befruchtende Idee. Erst wenn diese in die Form eines Werkes, eines Buches, eines Vortrags, eines Gemäldes oder einer Symphonie gegossen sind, werden sie rechtlich bedeutsam. Aber auch beim Werk ist der geistige Inhalt frei. Dies gilt sowohl für wissenschaftliche Lehren und Entdeckungen wie für künstlerische Motive und erdichtete Fabeln[16]). Auch sonst schweigen die geltenden Gesetze nicht nur über geistige Leistungen von geringerer Bedeutung, sondern auch über solche von hohem kulturellem Rang. Unberücksichtigt bleiben z. B. der ausübende Künstler[17]), der uns mit seinem virtuosen Spiel das Werk erst zugänglich macht, der Dirigent, der das Werk des Komponisten deutet und seinen Geist vor uns erstehen läßt, der Regisseur, der ein Schauspiel in schöpferischer Inszenierung auf die Bühne bringt, der Wissenschaftler, der mit viel Mühe und großem fachlichem Können einen alten Text neu erstellt. Das geltende Recht regelt also von dem weiten Gebiet des kulturellen Geisteslebens nur einen durch den Werkbegriff genau begrenzten Ausschnitt, alles, was nicht zu den nach der Enumerationsmethode aufgezählten Werkgattungen gehört, bleibt ungeschützt. Auch die Entwürfe behalten grundsätzlich diesen Standpunkt bei, wenn sie auch den Schutzkreis weiter ziehen. So wird in der Begründung zum Entwurf von 1939 ausdrücklich hervorgehoben, der Entwurf sei nicht den Weg gegangen, den urheberrechtlichen Schutz zu einem allgemeinen Schutz des Wirkens der schöpferischen Persönlichkeit auszubauen[18]).

---

[15]) Im Jahrbuch der Akademie für Deutsches Recht, 1937, 199.

[16]) Von der herrschenden Lehre wird nur die Formgebung, nicht aber der Inhalt eines Werkes geschützt. So vor allem Kohler, Urheberrecht an Schriftwerken und Verlagsrecht, 1907, 128 ff. S. 159 wendet er sich mit aller Schärfe gegen den Gedanken, daß man die geistige Arbeit schützen müsse. Zu seiner Zeit, als die Rechtswissenschaft noch um die Ausgestaltung der wichtigsten Begriffe, z. B. des Immaterialgüterrechts, und um die Erfassung des wenigstens in einem körperlichen Stück erscheinenden Geistes rang, war es von ihm sicher ein Verdienst, daß er sich zunächst auf diese Probleme beschränkte. Nachdem aber diese Probleme bewältigt sind, wird sich die Rechtswissenschaft nicht scheuen dürfen, das Geistige auch dort zu erfassen und zu schützen, wo es nicht in körperlichen Gegenständen erscheint. Vgl. auch Riezler, Deutsches Urheber- und Erfinderrecht, 1909, 215; Allfeld, Das Urheberrecht an Werken der Literatur und der Tonkunst, 2. Aufl. 1928, § 1 Anm. 9; De Boor, Urheber- und Verlagsrecht, 1917, 72; Runge, a. a. O. S. 19. Kritisch zu dieser Ansicht, die nur die Form schützen will, Ulmer, a. a. O S. 73.

[17]) § 2 Abs. 2 LUG gibt zwar dem vortragenden Künstler ein Bearbeiterurheberrecht an der mit seiner Einwilligung vorgenommenen Aufnahme auf Tonträger, schützt ihn aber nicht gegen eine ohne seine Genehmigung erfolgende Aufnahme oder gegen eine Übertragung durch Lautsprecher und Sendung durch den Rundfunk.

[18]) Vgl. GRUR 1939, 256. Allerdings will der Entwurf 1939 in § 1 alle Werke der Literatur und der Kunst erfassen, während der Entwurf 1932 in § 2 die Enumerationsmethode beibehält.

Gerade dieses Prinzip wird aber einer sorgfältigen Überprüfung unterzogen werden müssen, wenn das neue Urhebergesetz dem gesamten Kulturleben dienen will.

Und noch ein Grundprinzip unseres Urheberrechts ist es, das einer Revision bedarf. Das LUG und KUG atmen noch allzusehr den Geist des alten Privilegiensystems, der auch in der Rechtslehre noch nicht ganz überwunden ist[19]). Man ist der Ansicht, daß das vom Gesetz gewährte Urheberrecht eine Bevorzugung des geistig Schaffenden darstelle, daß ihm in der ausschließlichen Verwertungsbefugnis seines Werkes ein Monopol eingeräumt werde, das ihm an sich nicht zustehe. Dieses vom Staat verliehene Recht könne daher auch beliebig beschränkt und begrenzt werden. So zählen denn unsere Urhebergesetze außer der zeitlichen Begrenzung des Schutzes noch zahlreiche Fälle auf, in denen der Urheber sein Werk für fremde Interessen unentgeltlich zur Verfügung stellen muß. Diese Ansicht trägt noch die Spuren jener Zeit an sich, in der auch die persönliche Freiheit oder das Recht zu heiraten durch Privilegien, durch eine Selbstbeschränkung des Herrschers in seiner von Gottes Gnaden stammenden Allmacht garantiert wurden. Demgegenüber tut eine Besinnung auf die naturrechtlichen Grundlagen des Urheberschutzes not. Naturrechtliche Gedankengänge waren es ja, die in der Zeit der Aufklärung gegenüber dem Versagen der positiven Rechtsordnung erst die Notwendigkeit eines solchen Schutzes herausgestellt haben. Das Recht, das dem lebendigen, schaffenden Geist gewährt wird, ist nicht etwa ein willkürlich verliehenes und willkürlich beschränkbares, es ist vielmehr ein ursprüngliches Recht an seinem eigenen Wesen, an seiner eigenen Seins- und Wirkungsweise, das seine innere Begründung und seine Grenzen aus einer vorgegebenen Ordnung erhält.

b) Naturrecht und Urheberrecht

Wenn der Gesetzgeber nunmehr die durch den Krieg unterbrochenen Reformarbeiten wieder aufnimmt, so gilt es zunächst die Bindungen aufzuzeigen, denen sein Wille bei der Zuteilung von Rechten und Ansprüchen unterworfen ist. Es ist ein Vorurteil des Rechtspositivismus[20]), daß es für das positive Recht keine vorgegebenen Grundsätze gebe, die es zu beachten habe. Demgegenüber hat gerade der lebenden Generation die vergangene

---

[19]) So nennt Elster in GRUR 1940, 405 das Urheberrecht eine Heraushebung gegenüber sonstigen Arbeiten und Leistungen in der Volksgemeinschaft, S. 406 spricht er von der Privilegierung des Urhebers, S. 407 von einem privilegierenden Recht; ähnlich auch in Ufita 1938, 182 und in Urheber- und Erfinder-, Wettbewerbs- und Warenzeichenrecht, 1928, 17. Auch Heymann, die zeitliche Begrenzung des Urheberrechts, 1927, weist zur Begründung der Schutzfrist auf die Entwicklung aus dem Privilegiensystem hin.

[20]) Besonders die historische Rechtsschule des vergangenen Jahrhunderts hat jede Bindung der Rechtsordnung an naturrechtliche Grundsätze geleugnet. Auch die reine Rechtslehre Kelsens führt die bindende Kraft der Rechtsnorm allein auf die Verfassung zurück. Vgl. Kelsen, Reine Rechtslehre, 1934; Allgemeine Staatslehre, 1934; Hauptprobleme der Staatslehre, 1925. Zur Begründung des Positivismus vgl. vor allem Bergbohm, Jurisprudenz und Rechtsphilosophie, 1892. W. R. Beyer, Rechtsphilosophische Besinnung, eine Warnung vor der ewigen Wiederkehr des Naturrechts, 1947.

Zeit des Nationalsozialismus klar vor Augen geführt, daß auch für den Gesetzgeber unübersteigbare Schranken bestehen, die er einhalten muß, wenn er Recht setzen will. Diese Einsicht herrscht, wenn auch mehr oder minder unbewußt, sogar bei jenen Juristen, die am Positivismus festhalten. Auch sie argumentieren bei ihren Diskussionen um juristische Streitfragen nicht bloß mit Gründen, die sie dem positiven Gesetz entnommen haben, sondern auch mit allgemeinen logischen Erwägungen, mit Werturteilen, mit Hinweisen auf die Natur der Sache, der Lebenszusammenhänge und der mitmenschlichen Beziehungen[21]). Sie erkennen damit unwillkürlich an, daß der Stoff, den das Recht zu regeln hat, schon eine bestimmte Ordnung in sich trägt, die es aufzudecken gilt und von der angenommen wird, daß der Gesetzgeber sie beachtet habe. Nunmehr hat das Bonner Grundgesetz entgegen dem Geist der Weimarer Verfassung eine Abkehr vom Positivismus vollzogen und sich auf den Boden einer vorgegebenen Ordnung gestellt, die es in Art. 2 selbst erwähnt, wenn es auf das Sittengesetz hinweist[22]). Auch das Bundesverfassungsgericht hat in seinem ersten Urteil[23]) die Existenz überpositiven, den Gesetzgeber bindenden Rechts anerkannt.

Das kommende Urhebergesetz wird also jene vorgegebene Ordnung beachten müssen, es wird den geistig Schaffenden gegenüber jene Grundsätze verwirklichen müssen, die unser drängendes und suchendes Gerechtigkeitsgefühl als Grundlage der abendländischen Kultur und als Inhalt der sittlichen Ordnung erkannt hat.

Seitdem Menschen über das Wesen der Gerechtigkeit nachzudenken begonnen haben, erschien ihnen als ihr oberstes Prinzip der Grundsatz: Suum cuique, jedem das Seine. Schon den griechischen Philosophen Aristoteles und Plato war er bekannt[24]), der römische Jurist Ulpian[25]) legte ihn geradezu seiner Definition des Begriffs „Gerechtigkeit" zugrunde. Die traditionelle katholische Naturrechtslehre betrachtet ihn als unmittelbar einleuchtende Wahrheit[26]). Auch in die modernen Verfassungen hat er in dem Gedanken von der Gleichheit aller vor dem Gesetz Eingang gefunden. Diese in Art. 3 des Bonner Grundgesetzes enthaltene Norm bedeutet ja nicht eine schematische Gleichbehandlung aller, sondern eine Beurteilung nach sachlichen Gesichtspunkten[27]); sie fordert eine Regelung der Lebenstatbestände, die den in ihnen wirksamen Werten entspricht, sie verlangt eine Zuteilung von Rechten nach Wert und Leistung[28]).

---

[21]) Vgl. Esser, JZ 1953, 523.

[22]) Vgl. Jerusalem, SJZ 1950, 1 ff.; Apelt, JZ 1951, 353 ff.

[23]) In JZ 1951, 728.

[24]) Vgl. Coing, Die obersten Grundsätze des Rechts, 1947, 29.

[25]) Er sagt: Justitia est constans et perpetua voluntas jus suum cuique tribuendi" (D 1, 1, 10).

[26]) Vgl. Rommen, Die ewige Wiederkehr des Naturrechts, 2. Aufl. 1947, 226 ff.; Cathrein, Recht, Naturrecht und positives Recht, 1902, 269 ff.

[27]) Zum Gleichheitsgrundsatz vgl. schon Aristoteles, Nikomachische Ethik, 1131 b ff. Ferner Rümelin, Die Gleichheit vor dem Gesetz, 1928; Leibholz, Die Gleichheit vor dem Gesetz, 1925; Stier-Somlo, in Grundrechte und Grundpflichten der Reichsverfasung, I 1929, 158; Apelt, Die Gleichheit vor dem Gesetz nach Art. 3 Abs. 1 des Grundgesetzes, JZ 1951, 353. Bonner Komm. zum Grundgesetz, Art. 3; Giese, Grundgesetz für die Bundesrepublik Deutschland, 1951, Art. 3 Anm. 2 u. 3; v. Mangoldt, Das Bonner Grundgesetz, 1953, Art. 3 Anm. 2.

Dem geistig Schaffenden muß also der seiner Leistung innewohnende Wert zuerkannt werden, es muß ihm das „Seine" gegeben werden. Nicht ein Privileg ist es, das er zu fordern hat, nicht eine Bevorzugung gegenüber anderen Volksschichten steht ihm zu, sondern jenes Recht, das aus dem Wesen des geistigen Schöpfertums und der es beherrschenden Werte fließt, ein Recht also, das bereits in einer vorgegebenen Ordnung begründet ist und aus ihr seine Grenzen empfängt. Der Gesetzgeber darf daher nicht willkürlich aus dem weiten Kreis geistigen Schaffens einen Ausschnitt herausnehmen und diesem Rechtsschutz gewähren, während alles übrige ungeregelt bleibt, sondern seiner Verantwortung obliegt es, den Versuch eines umfassenden Rechtsschutzes für das gesamte kulturelle Geistesleben zu unternehmen. Er darf auch nicht das gewährte Recht beliebig einschränken und begrenzen, sondern gleiche Behandlung aller, gleiche Bewertung gleicher Interessen auf allen Rechtsgebieten muß sein Ziel sein.

Was ist nun aber das „Suum", das dem schöpferischen Menschen zusteht?

Es wird oft gegen den Grundsatz „jedem das Seine" eingewendet, daß er nur einen formalen Inhalt habe, daß der materiale Gehalt des „Suum" nicht festgestellt werden könne[29]), erst der Gesetzgeber müsse daher bestimmen, worauf jeder Anspruch habe. Demgegenüber sei betont, daß das, was jedem gebührt, in den wesentlichen Punkten durch die sittliche Weltordnung in einer für alle Zeiten gültigen Weise bereits festgelegt ist, und zwar derart, daß bei gleichen Umständen immer wieder, zu allen Zeiten und an allen Orten, dasselbe gelten muß[30]). Wenn z. B. das römische Recht noch keinen Urheberschutz kannte, so bedeutet das nicht, daß es ihn nicht hätte gewähren sollen. Auch damals war die Aneignung fremden Geistesgutes Unrecht und wurde als solches empfunden[31]), wenn sie auch nicht gesetzlich verboten war. Freilich können nicht zu allen Zeiten dieselben Rechtssätze gelten, weil die Umstände immer wieder andere sind. Wenn also dem Urheber das „Seine" gegeben werden muß, so können trotzdem die ihm gewährten konkreten Ansprüche in einer arbeitsteiligen Wirtschaft einen anderen Inhalt haben, als in einer Tauschwirtschaft und die Entwicklung der Technik kann urheberrechtliche Befugnisse mit sich bringen, die

---

[28]) In der Debatte um den Gleichheitssatz ist, wie Apelt in JZ 1951, 359 erwähnt, immer wieder betont worden, daß es sich um eine Wertung an der Hand eines ethischen Maßstabes der Gerechtigkeit handle.

[29]) So glaubte Stammler, das Naturrecht auf formale Grundsätze beschränken und es als ein Naturrecht mit wechselndem Inhalt betrachten zu müssen (vgl.: Die Lehre vom richtigen Recht, 1902; Wirtschaft und Recht, 3. Aufl. 1914; Lehrbuch der Rechtsphilosophie, 1928). Besonders aber überläßt der Relativismus die Bestimmung des Inhalts von Recht und Unrecht der Entscheidung des Gesetzgebers, vgl. M. E. Mayer, Rechtsphilosophie, 2. Aufl. 1926; Radbruch, Rechtsphilosophie, 4. Aufl. 1950.

[30]) Der Grundsatz von der Allgemeingültigkeit naturrechtlicher Prinzipien wird oft zu Unrecht dahin verstanden, daß es auf die Umstände nicht ankomme. Zu bedenken ist auch, daß die naturrechtliche Ordnung keine vollständige Rechtsordnung ist. Sie beschränkt sich auf das Wesentliche, daneben ist vieles der menschlichen Willenssatzung überlassen. Vgl. dazu meinen in Bälde im AcP. erscheinenden Aufsatz über „Naturrecht und Rechtsgefühl".

[31]) Vgl. dazu unten Kap. 9 a.

vorher nicht denkbar waren, weil eine Verwertung des Werkes in der neugefundenen Weise nicht möglich war. Natürlich ist auch die Erkenntnis vom Gerechten, die Einsicht in das, was jedem gebührt, zu verschiedenen Zeiten verschieden. Gerade auf dem Gebiet des Urheberrechts lehrt die Geschichte, daß man das Wesen des Geistigen und die Notwendigkeit seines Schutzes nur langsam erkannt hat, daß man lange Zeit blind für die hier liegenden Probleme war. Die Geschichte zeigt aber auch, daß trotz dieser Jahrtausende währenden Blindheit für den Urheberschutz seine Berechtigung dem allgemeinen menschlichen Rechtsbewußtsein entsprach, so daß er, nachdem die Binde von den Augen gefallen war, in einem Siegeszug sondergleichen in kaum einem Jahrhundert Eingang in alle Rechtsordnungen der Erde gefunden hat. Wir dürfen aber nicht meinen, daß wir heute bereits die letzten und geheimsten Zusammenhänge, die dem Wirken des Geistes zugrunde liegen, aufgedeckt haben; wir können auch nicht annehmen, daß die bestehenden Urhebergesetze bereits das letzte Wort, das unser Rechtsgefühl zu diesen Zusammenhängen zu sagen hat, darstellen. Kommende Geschlechter werden auf diesem Gebiet neue Einsichten gewinnen und neue rechtliche Formen finden.

Es soll daher hier nicht der vermessene Versuch unternommen werden, die Grundsätze des Urheberrechts in einer für alle Zeiten gültigen Weise zu formulieren, es soll nur – ausgehend von dem Glauben, daß es solche Grundsätze gibt, – versucht werden, sie aufzudecken, soweit es nach dem heutigen Wissensstand möglich ist. Aus dem Gesagten ergibt sich aber, daß das kommende Urhebergesetz nicht bei den Prinzipien, die um die Jahrhundertwende herrschend waren, stehenbleiben darf. Vielmehr muß der Inhalt des „Suum“ nicht nur der fortgeschrittenen technischen Entwicklung angepaßt, sondern auch den vertieften Einsichten unserer Philosophie über das Wesen des Geistes und seines Schaffens sowie über die das Geistesleben beherrschenden Werte entnommen werden.

c) Die besonderen Schwierigkeiten des Urheberrechts

Nun steht allerdings die Rechtswissenschaft, wenn sie das geistige Schaffen regeln will, vor einem besonders schwierigen Problem. Das Ziel, das wir dem Urheberrecht glauben stellen zu müssen, nämlich dem lebendigen Geist auf allen Gebieten seiner kulturellen Betätigung das „Seine“ zuzuteilen, ist nicht leicht zu verwirklichen. Sein eigenes Wesen und Wirken ist ja dem reflektierenden Geist zutiefst verborgen, und selbst der Philosophie ist es noch kaum gelungen, den Schleier, der es verhüllt, zu lüften. Allenthalben finden wir das Geistige in seinen Erscheinungsweisen an Körperliches gebunden, so daß es unserer Rechtsordnung, die von ihrem römisch- und deutschrechtlichen Ursprung her vor allem auf Äußeres, auf Materielles gerichtet ist, schwer fällt, dieses unsichtbare Etwas von seinem tragenden Substrat getrennt zu betrachten und als selbständigen Gegenstand in ihre Begriffswelt einzufangen. Die Spannweite des Geistes ist fast unendlich und allumfassend, seine Inhalte umgreifen die ganze Welt des Sichtbaren und Unsichtbaren. Wie soll da der Gesetzgeber feste Bezirke abgrenzen und Sonderrechte eines einzelnen anerkennen können? Gedanken sind flüchtig und schneller als der Wind, wie soll das Recht sie im Fluge erfassen? Ideen wandern von Person zu Person, von Geist zu Geist, an ihnen arbeiten viele mit und haben alle Anteil[32]), wie soll es da möglich sein eine Beziehung zu einer bestimmten Person aufzudecken und festzustellen, was gerade ihr gebührt. Geistige Leistungen sind oft mannigfach ineinander verwoben und übereinander geschichtet. Man denke nur an eine Schallplatte, in der nicht nur der Geist des Komponisten und Textdichters, sondern auch die künstlerische Leistung des Musikers und die organisatorische Tätigkeit des Schallplattenfabrikanten steckt. Wie soll das Anrecht auf das einheitliche Endprodukt aufgeteilt und gegeneinander abgegrenzt werden?

Trotz dieser Schwierigkeiten sollten wir aber nicht auf dem Standpunkt des geltenden Rechts, das nur das Werk als solches schützt, stehenbleiben. Bedeutet nicht eine solche Beschränkung auf die Verkörperungen, in denen der Geist erscheint, ein Kapitulieren vor dem Problem des Geistigen selbst, bedeutet es nicht, daß unser Recht noch allzusehr in den Spuren der Anfänge der Rechtsentwicklung wandelt, in den Spuren einer Zeit also, in der sich das menschliche Denken in der Hauptsache auf das Äußere, auf das Körperliche, auf den Kosmos gerichtet hat und noch nicht zu der die Neuzeit charakterisierenden Rückwendung auf sich selbst fortgeschritten war? Auch die Rechtsordnung muß versuchen das Geistige selbst und unmittelbar und in allen seinen Erscheinungsweisen zu erfassen, um überall dort Rechtsschutz zu gewähren und Ansprüche zuzuteilen, wo unser Rechtsgefühl es erfordert. Empfinden wir es nicht als ungerecht, wenn z. B. eine wissenschaftliche Entdeckung eines Gelehrten, der auf sie vielleicht seine Lebensarbeit verwendet hat, der Wirtschaft ungeheure Gewinne bringt, während der Gelehrte selbst lediglich den geringen Ertrag seines Buches, in dem er die Entdeckung niedergelegt hat, erntet? Der Gesetzgeber darf sich nicht gegenüber den klaren Forderungen des Rechtsgefühls mit den Schwierigkeiten einer rechtlichen Regelung entschuldigen. Er muß wenigstens versuchen, nach dem Stand der bisherigen Erkenntnisse und entsprechend den gegebenen praktischen Möglichkeiten zu angemessenen Lösungen zu kommen. Daß diese nie die volle Gerechtigkeit verwirklichen können, darf ihn nicht hindern, wenigstens eine Annäherung an sie zu erstreben.

Neben diesem Problem der Erfassung des Geistes bringt das Urheberrecht noch eine besondere Schwierigkeit mit sich. Sie liegt in der richtigen Begrenzung der den geistig Schaffenden verliehenen Rechte. An einem Geisteserzeugnis überschneiden sich ja die verschiedensten Interessen[33]).

---

[32]) So sagt Goethe (Nachträge zur Morphologie, 1831): „Eine Idee, wie sie ausgesprochen ist, wird ein wundersames Gemeingut. Wer sich ihrer zu bemächtigen weiß, gewinnt ein neues Eigentum, ohne jemanden zu berauben. Er bedient sich dessen nach eigener Art und Weise folgerecht auch wohl ohne immer daran zu denken."

[33]) Vgl Runge, a. a. O. S. 3 ff.

Nicht nur der Urheber selbst will es verwerten und seine persönlichen Belange gewahrt wissen, auch die Gemeinschaft will daran teilhaben. Die große Masse derer, an die sich ein Werk wendet, will die darin enthaltenen Gedanken und Leistungen für ihre persönliche Entfaltung, Fortbildung und Unterhaltung verwenden. Kultur und Wissenschaft müssen das Schaffen anderer benützen, um darauf weiteraufzubauen. Die Technik will die wissenschaftlichen Erkenntnisse praktisch anwenden und wirtschaftlich ausnutzen. Der große Kreis der Kulturwirtschaft, die Verleger, die Bühnen, die Filmproduzenten, der Rundfunk, die Schallplattenindustrie, sie alle wollen von der Verwertung geistiger Werke leben. Diese verschiedenartigen Interessen verlangen einen gerechten Ausgleich[34]). Er wird nur gefunden werden können, wenn man sich von der Auffassung frei macht, das Recht des geistig Schaffenden sei ein vom Staat verliehenes und daher beliebig beschränkbares Vorrecht. Gerade vom geltenden Urheberrecht muß gesagt werden, daß es dem Urheber in vieler Hinsicht ungerechtfertigte Opfer auferlegt und daß es eine Interessenwertung vornimmt, die der Gesetzgeber auf anderen Gebieten insbesondere auf dem Gebiet der Eigentumsordnung nicht in gleicher Weise durchgeführt hat. Wenn man davon ausgeht, daß die Rechtsordnung auch dem schöpferischen Geist das „Seine“ zu geben hat, daß es ihm ein Recht an seiner eigenen Seins- und Wirkungsweise zuerkennen muß, so werden auch die Grenzen dieses Rechts in erster Linie aus dem Wesen des geistigen Seins und des geistigen Schaffens zu entnehmen sein. Daneben allerdings müssen auch die berechtigten Interessen anderer Berücksichtigung finden. Dies setzt eine Abwägung und Bewertung der beteiligten Interessen voraus, bei der nicht die einzelnen Gruppen nach ihrer Größe und wirtschaftlichen Machtstellung eingeschätzt werden, sondern nach der Bedeutung, die ihren Zwecken innerhalb der sittlichen Weltordnung zukommt.

Die vorliegende Schrift will einen Beitrag darstellen zur Klärung der dem Urheberrecht gestellten Probleme, die sich aus der Natur des Geistigen und aus der Abwägung der beteiligten Interessen ergeben. Sie will daher im folgenden zunächst das Wesen des geistigen Seins und Schaffens sowie die es normierenden Werte auf Grund der Erkenntnisse unserer Philosophie analysieren und dabei das „Suum“ des einzelnen herausschälen. Sodann will sie zeigen, wie das Geistige mit den Mitteln der Rechtswissenschaft bewältigt und erfaßt werden kann und welche Rechte und Ansprüche dem tätigen Geist gewährt werden müssen. Dabei sollen die Grenzen und Beschränkungen, die diesen Rechten auf Grund der Natur des geistigen Seins und auf Grund der sittlichen Wertordnung immanent sind, besondere Berücksichtigung finden.

---

[34]) Um die Aufdeckung von Grundsätzen für einen Ausgleich der widerstreitenden Interessen hat sich vor allem Elster in GRUR 1921, 41 und 1940, 404 bemüht.

I. Abschnitt

Die Seins- und Wirkungsweise des Geistes

1. Kapitel

Der persönliche, schöpferische Geist

a) Das Wesen des Geistes

Wenn wir für Zwecke des Urheberrechts das Wesen des Geistes untersuchen wollen[1]), so brauchen wir keine spekulative Metaphysik zu betreiben, die sich mit der Frage seiner Entstehung und der Existenz eines absoluten Urgeistes jenseits dieser Welt befaßt[1a]); denn das Recht will nur die Erscheinungen des menschlichen Lebens regeln, es kann und will also auch den Geist nur insoweit schützen, als er im menschlichen Leben erscheint und wirksam wird. Es genügt daher, das Wesen des Geistes an den Phänomenen aufzuzeigen, die auf ihn hindeuten, wie es Nicolai Hartmann[2]) in seiner umfassenden Darstellung des geistigen Seins, die Elster geradezu als Prolegomena des Urheberrechts bezeichnet, getan hat.

Schon einem oberflächlichen Betrachter springt der Stufenbau der Welt in die Augen. Neben den anorganischen Körpern besteht das organische und seelische Leben der Pflanzen und Tiere[3]), das auf jenen aufbaut, ohne doch in ihnen aufzugehen. Beim Menschen kommt ein neues Prinzip hinzu,

[1]) Für das Verständnis des Gedankengangs läßt es sich nicht vermeiden, zunächst einiges zu wiederholen, was ich schon in meiner Schrift über das Persönlichkeitsrecht dargelegt habe.

[1a]) Für die Philosophie bilden allerdings diese Fragen von jeher ein besonderes Anliegen. So erkannte schon Aristoteles im νοῦς νοητός, im Denken des Denkens den absoluten Geist und erklärte den menschlichen Geist als von außen, vom Himmel her kommend. Letzten Endes können diese Fragen wohl nur vom Glauben her gelöst werden, vgl. Romano Guardini, Lebendiger Geist, Zürich 1950, 133.

[2]) In seinem Werk: Das Problem des geistigen Seins, 2. Aufl. 1949. Zur Kritik vgl. Theodor Litt, Mensch und Welt, Grundlinien einer Philosophie des Geistes, 1948, und Denken und Sein, 1948. Vgl. ferner Max Scheler, Die Stellung des Menschen im Kosmos, 1947; Brandenstein, Der Mensch und seine Stellung im All, 1947; Müller-Freienfels, Der Mensch und das Universum, 1948; Gehlen, Der Mensch, seine Natur und seine Stellung in der Welt, 1941, und Zur Systematik der Anthropologie, in Systematische Philosophie, herausg. v. N. Hartmann, 1942; Romano Guardini, a. a. O. S. 99 ff.; A. D. Sertillanges, Das Leben des Geistes, sein Wesen, seine Bedingungen und Methoden, dt. Übersetzung Mainz 1951; Nikolaj Berdiajew, Die Philosophie des freien Geistes, dt. Übersetzung Tübingen 1930.

[3]) Darüber, daß auch Tiere und Pflanzen ein seelisches Leben haben, vgl. Brandenstein a. a. O. S. 580; Scheler a. a. O. S. 12 ff.; Litt, Mensch und Welt S. 31.

das wir bei den unteren Schichten des Seins nicht feststellen können; es ist eben das, was wir Geist nennen[4]). Wenn wir also das Wesen des Geistes erkennen wollen, so müssen wir es in den Erscheinungen zu fassen suchen, die den Menschen vom Tier unterscheiden.

Die moderne Tierpsychologie[5]) betont, daß das Tier in eine eng begrenzte Umwelt eingebettet ist, daß es von ihr nur aufnehmen kann, was für seine Instinkte bedeutsam ist und was seinem inneren Bauplan entspricht. Der Mensch dagegen ist „weltoffen"[6]), er ist auf Weite angelegt, er ist „expansiv"[7]). Sein Geist ist in die Ferne gerichtet und möchte die ganze Welt umspannen, ja er strebt darüber hinaus nach dem Unendlichen, nach dem Reich der Ideen und Werte.

Mag auch das Tier ein niederes Bewußtsein, ein „Innesein"[8]) haben, so besitzt es doch kein Wissen um sich und um die Welt. Der Mensch dagegen vermag sich die Welt als Objekt des Denkens und Betrachtens gegenüberzustellen, er ist ein Subjekt, das Weltbewußtsein besitzt. Rückschauend kann er auch sein eigenes Wesen zum Gegenstand der Beobachtung machen und in sein Inneres hineinleuchten. Er vermag „Ich" zu sagen. Der Geist besitzt sich also selbst und ist seiner habhaft, während das Tier um sich, um sein Schicksal und seine Existenz nicht weiß.

Dafür ist das Tier in seinen Instinkten gesichert, es ist mit ihnen fähig in seiner Umwelt zu leben, es ist fertig in seiner Anlage und kennt keine Entwicklung. Der Mensch dagegen muß sich erst die Bedingungen seines Lebens schaffen, er muß sich erst bilden und entfalten, er ist das Wesen der Zucht[9]), er muß „sich erst zu dem machen, was er sein soll"[10]). Das Leben des menschlichen Geistes ist „unausgesetztes Ringen um Selbstverwirklichung"[11]).

Das Tier kennt keine Geschichte, es kennt keinen Fortschritt, seine Nester und Lagerstätten sind heute genau so primitiv oder kunstvoll, wie sie es vor Tausenden von Jahren waren. Der Mensch aber ist aktiv, er gestaltet, wirkt und bildet. Er ist das handelnde Wesen. Zum Geist gehört also die schöpferische Tat, die Werke schafft, die Kultur und Technik, Staat und Wirtschaft, Wissenschaft und Kunst entwickelt.

---

[4]) Vgl N. Hartmann, Das Problem . . . S. 16 u. Neue Wege der Ontologie, in Systematische Philosophie, 1942; Hessen, Lehrbuch der Philosophie III Wirklichkeitslehre, 1950, 159 u. 189 ff.

[5]) Vgl. J. v. Uexküll, Bedeutungslehre 1940, u. Theoretische Biologie, 1928; H. Pleßner, Die Stufen des Organischen und der Mensch, 1928; Scheler a. a. O S. 10 ff.

[6]) Gehlen a. a. O. S. 24; Scheler a. a. O. S. 36; Litt, Mensch und Welt S. 97; Thiel, Versuch einer Ontologie der Persönlichkeit, 1950, 230.

[7]) N. Hartmann, Das Problem . . . S. 53.

[8]) Scheler a. a. O S. 40.

[9]) Gehlen, Der Mensch . . . S. 20 ff.

[10]) Hegel, Vorlesungen zur Philosophie der Geschichte, Ausg. v. Lasson, 1917 I, 34. Ähnlich sagt Fichte, Grundlage des Naturrechts nach den Prinzipien der Wissenschaftslehre, gesammelte Werke herausg. v. J. H. Fichte, 1845 III, 80: „Jedes Tier ist, was es ist, der Mensch allein ist ursprünglich gar nichts. Was er sein soll, muß er werden." N. Hartmann, Das Problem . . . S. 103 sagt: „Vom Geiste aber gilt, daß er sich immer erst zu dem machen muß, was er ist."

[11]) N. Hartmann, Das Problem . . . S. 52.

Das Tier ist innerlich festgestellt, es ist festgerückt in seinen Anlagen und dem Gesetz von Reiz und Reaktion verfallen, nur was seinen Trieben entspricht, wird von ihm begehrt. Der Mensch jedoch vermag die durch den Reiz ausgelösten Antriebe „abzuhängen“[12]; seine Antriebe sind orientierbar und lenkbar. In ihm löst sich das seelische Leben aus dem Bann der organischen Gebundenheit und wird dadurch zum Geist, der sich selbst bestimmt. Der Mensch ist das nicht festgestellte Wesen, wie Nietzsche sagt, und der einzige „Freigelassene“ auf dieser Erde.

Auf Grund dieses Vergleichs mit dem Tier ergibt sich, daß das Wesen des menschlichen Geistes in seiner Weite, in seinem Selbstbewußtsein und Weltbewußtsein, in der Selbstentfaltung, im Fortschritt und in der Freiheit liegt. Doch ist all das nur als Möglichkeit im Menschen angelegt. Die Geistesweite ist ihm nicht von vornherein gegeben, aber er kann sich zu ihr entwickeln, das Bewußtsein von sich selbst und von der Welt muß er sich erst allmählich auf einem langen Weg der Selbsterkenntnis und der Naturerforschung erringen, die Selbstbildung setzt eine mühsame Selbsterziehung voraus, die Tat, das Werk ist erst das Ergebnis einer mühsamen Arbeit und die Freiheit muß sich im Kampf mit den Leidenschaften bewähren. Der Geist ist also nicht etwas Vollendetes, sondern er ist stetes Werden, stete Entfaltung, er ist dynamische Bewegung[13]. Sein Prinzip liegt in der Notwendigkeit und im Drang, tätig zu sein und zu schaffen. Um sich selbst zu verwirklichen, um Inhaltsfülle und Vollbewußtsein, Reife und Erfolg, Unabhängigkeit und Selbständigkeit zu erreichen, muß er schöpferisch sein.

b) Die geistige Anlage des Menschen

Diese Möglichkeit, den Geist in sich zur Entfaltung zu bringen, ist allen Menschen gemeinsam, die geistige Anlage ist eine allgemeinmenschliche. Sie besteht in dem dynamischen Prinzip, das in die Weite drängt, in dem Licht, das die innere und äußere Welt zu erleuchten vermag, in der Fähigkeit zu schaffen und zu wirken[14]. Diese geistige Anlage ist mit den übrigen Schichten menschlichen Seins, mit der Seele und dem Leib, zu einer Einheit verbunden[15].

Der Geist ist insbesondere auf die Seele und ihre Kräfte angewiesen, um schöpferisch zu sein und sich selbst zu verwirklichen. Die Vernunft[16] nimmt

---

12) Gehlen, Der Mensch . . . S. 146.

13) Vgl. N. Hartmann, Das Problem . . . S. 58.

14) Vgl. Brandenstein a. a. O. S. 478 ff.

15) Gegenüber der dualistischen Auffassung eines Descartes oder Ludwig Klages, die den Leib der Seele oder das Leben dem Geist entgegensetzt, betrachtet die moderne Wissenschaft insbesondere auf Grund der Erbforschung den Menschen als eine Leib-Seele-Geist-Einheit. Vgl. Hans Mayer, Geschichte der abendländischen Weltanschauung, V, 42 ff. Hessen a. a. O. III, 190.

16) Aristoteles (Über die Seele, III, 5) unterscheidet zwei Arten der Vernunft: einen νοῦς παθητικός und einen νοῦς ποιητικός; der eine nimmt auf, erleidet gewissermaßen, der andere schafft und wirkt. Im Anschluß an ihn unterscheidet auch Thomas v. Aquin (De anima 3 L 10) einen intellectus possibilis und einen intellectus agens. Dagegen betrachtet Kant in seiner Kritik der reinen Vernunft die Vernunft als eine einheitliche, die nicht die Gegenstände abbildet, sondern ihnen ihre Struktur gibt. Demgegenüber wird man annehmen müssen, daß die

die Gegenstände der Welt in sich auf und verarbeitet sie. Im Denken und Erkennen bildet sie dieselben nicht einfach ab, sondern löst ihre wesentlichen Beziehungen und Bestimmungen heraus, so daß ihre Eigenart begriffen wird[17]. Dadurch füllt sich der Geist mit Inhalten, er weitet und bereichert sich. Auch die Gefühle sind auf Gegenstände gerichtet, insbesondere vermag das Wertgefühl das Reich der Werte intuitiv zu erfassen und zu erschauen. Indem es auf Sachverhalte in bestimmter Weise reagiert, erschließen sich uns diese von ihrer Wertseite her, kommen uns ihre Wertqualitäten zum Bewußtsein[18]. In den Gefühlen steckt aber zugleich eine starke bildende Kraft, sie regen an und drängen zum Handeln, zur Tat. Durch die Phantasie formen und gestalten sie aus sich heraus neue Bilder, Vorstellungen und Stimmungen[19]. Das Gedächtnis sammelt all diese geistigen Inhalte wie einen Schatz an und hält sie im Unterbewußtsein bereit. Sobald sie gebraucht werden, vermag es dieselben in wunderbarer Weise zu reproduzieren und dem Wachbewußtsein zur weiteren Verwertung anzubieten[20]. Durch Bewahren des Erlernten, Erkannten und Erlebten erweitert es den Horizont des Geistes, es bildet für ihn einen ständig fließenden Quell, aus dem er bei seinem Wirken schöpfen kann. Diese seelischen Fähigkeiten, Vernunft, Gefühl und Gedächtnis, werden durch den Willen organisiert und auf ein Ziel ausgerichtet. Er lenkt die Aufmerksamkeit auf bestimmte Gegenstände, er gibt Kraft und Energie, um mit den Schwierigkeiten und Problemen, die die geistige Tätigkeit mit sich bringt, fertig zu werden, und setzt die geistigen Inhalte, das Erdachte, Gefühlte und Geschaute in die Tat um[21].

Dabei ist aber die Geistseele in all ihren Funktionen und Akten, bei ihrem Wirken und Handeln eng an den Körper gebunden und von ihm abhängig. Nur soweit die physiologischen Funktionen reichen, kann sie sich selbst bewußt machen, kann sie ihre Kräfte gebrauchen und entfalten[22]. Auch zur Aufnahme der Eindrücke von außen, zur Erkenntnis der Welt ist sie auf den Körper angewiesen. Die Sinne, das Auge, das Ohr, der Tastsinn

---

einheitliche Vernunft im Erkenntnisvorgang erleidend und bestimmend zugleich ist. Vgl. Hessen, Lehrbuch der Philosophie, I Wissenschaftslehre 1950, 219; Litt a. a. O.

17) Vgl. B. W. Switalski, Vom Denken und Erkennen, 1914, 132.

18) Vgl. Max Scheler, Der Formalismus in der Ethik und die materiale Wertethik, 2. Aufl. 1921, 260 ff; N. Hartmann, Ethik, 3. Aufl. 1949, 281; Lersch, Aufbau der Person, 1951, 83 ff.; Hessen, Lehrbuch der Philosophie, II Wertlehre, 1948, 76 ff.;Volkelt, Die Gefühlsgewißheit, 1922; Krueger, Das Wesen der Gefühle, 1930, 35; Haecker, Metaphysik des Fühlens, 1950, 40 ff. Über die ästhetischen Gefühle vgl. Kainz, Vorlesungen über Ästhetik, Wien 1948, 181 ff.

19) Vgl. Brandenstein a. a. O. S. 371 ff.

20) Vgl. Brandenstein a. a. O. S. 394 ff.

21) Über die Bedeutung des Willens beim künstlerischen Schaffen vgl. Frey, Das Kunstwerk als Willensproblem, in Kunstwissenschaftliche Grundfragen, Wien 1946, 80 ff.

22) Vgl. Brandenstein a. a. O. S. 406. Das Verhältnis von Leib und Seele wurde in der Geschichte entweder als parallel verlaufender Lebensvorgang betrachtet (Parallelismus) oder als eine Wechselwirkung (Wechselwirkungslehre). Neuerdings wird die Einheit und Ganzheit von Leib und Seele besonders betont. Vgl. Müller-Freienfels, Der Mensch . . . S. 90; Rothacker, Die Schichten der Persönlichkeit, 1948, 132; Scheler, Der Mensch . . . S. 72; Bumke, Gedanken über die Seele, 1941; Hessen a. a. O. III, 205 ff.

vermitteln ihr die Bilder der Außenwelt, so daß diese zu Wahrnehmungs- und Vorstellungsinhalten, zu einer inneren Außenwelt werden. Überhaupt stellt der Körper den Vermittler zwischen der Welt und dem geistig-seelischen Leben dar. Nur durch ihn kann der Geist auf die Natur einwirken. Wenn er seine Gedanken anderen mitteilen will, wenn er seine Erkenntnisse von den Gesetzen der Natur auf diese anwenden will, um sie zu beherrschen, wenn er seinen inneren Erlebnissen, seinen Gefühlen Ausdruck verleihen will, ist er auf die Zunge, auf die Hände, auf seine Körperkräfte angewiesen. Die Tätigkeit des Geistes setzt also immer auch eine Funktion, eine Arbeit, eine Bewegung des Körpers voraus. Dabei verbrauchen sich dessen Kräfte. „Der Geist zehrt am Leben"[23]). Während körperliche Arbeit die Muskeln stärkt und übt und die Fähigkeiten des Leibes zur Entwicklung bringt, werden sie durch geistige Arbeit geschwächt und verzehrt.

So vollzieht sich die Entfaltung des Geistes, sein Schaffen und Tätigsein immer nur in einem Zusammenwirken von Körper, Seele und Geist. Die schöpferische Tat erfordert den Einsatz des ganzen Menschen.

c) Der individuelle Geist

Wenn wir bisher versucht haben, das Allgemeinmenschliche am Phänomen des Geistes und seiner Wirkungsweise aufzuzeigen, so darf doch nicht übersehen werden, daß der wirkliche, lebendige Geist darüber hinaus noch etwas Besonderes und Individuelles an sich hat.

Jeder einzelne erlebt sich als eine von anderen getrennte Einheit[24]). Mag er sich auch noch so sehr mit anderen verbunden fühlen, er weiß sich zugleich getrennt von ihnen. Freilich strebt gerade der Geist über sich hinaus, er will sich dem anderen mitteilen, aber im Selbstbewußtsein, indem er „Ich" denkt und sagt, errichtet er zugleich eine unübersteigbare Scheidewand[25]). Der Geist ist, wie Hegel sagt, an sich und für sich, er ist selbständig, unabhängig vom anderen, er besitzt und bestimmt sich selbst. Er hat seine eigene Aufgabe in der Welt und seine eigene Verantwortung, er ist Zweck an sich selbst[26]). Er darf daher nie zum bloßen Mittel für andere

---

[23]) N. Hartmann, Das Problem . . . S. 105.

[24]) Über das Wesen der Individualität vgl. Hessen a. a. O. III, 42; Allport, Persönlichkeit, 1949; Müller-Freienfels, Philosophie der Individualität, 1921; Welty, Gemeinschaft und Einzelmensch, 1935, 116 ff; Lüdemann, Individualität und Persöhnlichkeit, 1900. Engisch, Die Idee der Konkretisierung in Recht und Rechtswissenschaft unserer Zeit, 1953 S. 11 ff. Das Problem der Individuation spielte vor allem im mittelalterlichen Universalienstreit eine Rolle. Nach Thomas v. Aquin (Summa Theologica, I, 2 qu. 71, 2 u. qu. 75, 4) ist der Geist das Allgemeine, das erst durch den Leib zum Individuum wird. Demgegenüber betrachtete Duns Scotus (op. Ox. III d 3 qu. 5 et 6 n. 15) das Individuelle als das Ursprünglichere und Vollkommenere und wurde dadurch zum Vorläufer des modernen Individualismus.

[25]) Welty a. a. O. S. 129 sagt: „Bei aller Geöffnetheit und Fremdzugewandtheit beharrt jede Person in einer letzten und tiefen Einsamkeit bei sich selber."

[26]) So sagt Kant, Metaphysik der Sitten, Gesamtausgabe 1838 IV, 51: „Der Mensch und überhaupt jedes vernünftige Wesen existiert als Zweck an sich selbst, nicht bloß als Mittel zum beliebigen Gebrauch für diesen oder jenen Willen." Ähnlich Thomas v. Aquin (De spirit. Creat. a. 8): „Jedes Individuum hat seine besondere Zielhaftigkeit und Verpflichtung, verschieden von der Aufgabe der anderen Individuen."

erniedrigt werden, sondern was er ist, ist er in erster Linie um seiner eigenen Aufgabe willen, was er schafft, schafft er in erster Linie für sich, zur eigenen Entfaltung und Bildung. Zu dieser Einsamkeit des Seins, des Denkens und Schaffens haben andere nur soweit Zutritt[27]), als er selbst seine Tore öffnet und ihnen Zugang gewährt.

In dieser Einheit und Abgeschlossenheit ist der Geist allezeit mit sich identisch, er ist heute derselbe, der er vor Jahren war und in Jahren sein wird. Freilich gehört es gerade zu seinem Wesen, daß er sich entfaltet und weitet, daß er neue Inhalte aufnimmt und sich innerlich füllt und bereichert, aber sein Kern ist immer der gleiche. Diese Identität beruht nicht nur auf dem Gedächtnis, nicht nur darauf, daß das Erinnerungsvermögen uns die früheren Zustände unseres Daseins immer wieder reproduziert, sondern sie besteht in der Konstanz des innersten Wesens, in der innersten Anlage. Mag der Mensch auf seinem Entwicklungsgang, auf dem Weg der Reifung und Selbstbildung auch manches ablegen, mag er seine Anschauungen ändern, mag er vieles, was er erlebt und erdacht hat, wieder vergessen, seine ursprüngliche Anlage wirkt doch in allem fort.

Neben den Merkmalen der Einheit und Identität ist der individuelle Geist noch durch Eigenart, Originalität und Einmaligkeit gekennzeichnet. Die geistige Anlage ist in jedem Individuum eine andere, sie hat ihre besondere Struktur. Der eine ist in seinen geistigen Interessen mehr auf Weite, vielleicht auf die Erforschung entlegener Erdteile oder des Weltalls gerichtet, der andere fühlt sich zum Grübeln, zum Nachdenken über sich selbst und die Welt gedrängt, ein Dritter ist mehr aktiv, er ist für das tätige Leben in Wirtschaft oder Politik, wieder ein anderer hat eine künstlerische oder dichterische Veranlagung. So lassen sich Typen menschlicher Individualität[28]) aufzeigen, die durch gemeinsame Eigenschaften, Interessen und Fähigkeiten gekennzeichnet sind; dabei hat jedoch innerhalb dieser Typen jeder einzelne wieder seine Besonderheit. Aber auch die seelischen Kräfte sind bei jedem verschieden. Es gibt nicht nur Willens-, Verstandes-, oder Gefühlsmenschen, sondern die Stärke, der Umfang und die Kapazität dieser Kräfte selbst ist in jedem eine andere. Eine Reihe geistiger Besonderheiten hängt eng mit den körperlichen Unterschieden, insbesondere mit der Eigenart der Sinne zusammen. Die Feinheit des musikalischen Gehörs zeichnet den Komponisten und Musiker aus, das farbenfrohe Auge den Maler, die Gelenkigkeit der Finger den Klavier- und Violinvirtuosen. Schon durch die individuelle Anlage wird also der Geist bei seinem Schaffen in ganz bestimmte Bahnen gelenkt. Auf seinem Entwicklungsgang erfährt er ständig neue Differenzierungen. Jeder ist in seine eigene Umgebung gestellt, die Umstände seines Schaffens sind verschieden, die Situationen, denen er sich gegenübersieht, zu denen er Stellung nehmen muß, sind immer wieder

---

[27]) Brandenstein a. a. O. S. 489 sagt vom menschlichen Geist: „Seine Individualität wird dadurch charakterisiert, daß sie, wesenhaft in sich beschlossen, unmittelbar gar nicht anzunähern ist; in die Seele des anderen können wir nicht direkt einblicken, wir erfassen sie bloß aus ihren Ausdruckswirkungen."

[28]) Vgl. dazu Eduard Spranger, Lebensformen, 8. Aufl. 1950, 121, wo er die idealen Grundtypen der Individualität beschreibt.

andere. So hat jedes Individuum seine eigenen Erlebnisse und Erfahrungen, seine besonderen Stimmungen und Gefühlszustände, seine eigenen Eindrücke von der Außenwelt und seine besonderen Gedanken. Auf dem Wege der Selbstentfaltung, der Reifung und Bildung entwickelt der einzelne seine individuelle Anlage immer mehr zu einer einzigartigen und einmaligen Originalität, die sich in seinen Werken, in seinem Schaffen widerspiegelt.

Im lebendigen Geist sind also allgemeinmenschliche und individuelle Züge zu unterscheiden, sie sind deutlich voneinander abgehoben. Und doch sind sie zugleich aufs engste miteinander verbunden und verwoben, sie bilden zusammen die untrennbare Einheit der Persönlichkeit. Während das Allgemeinmenschliche kein einzelner für sich allein in Anspruch nehmen kann, bilden die individuellen Züge das Ureigenste jedes Menschen, sie sind ihm um seiner selbst willen, um seiner sittlichen Aufgabe willen vom Schöpfer gegeben, sie gehören ihm zu als sein ursprüngliches, unveräußerliches und natürliches Wesen.

2. Kapitel

Die Quellen geistigen Schaffens

a) Die reale Welt

Auf seinem Wege schöpferischer Selbstentfaltung und Selbstverwirklichung, bei seinem Schaffen und Wirken füllt sich nun der lebendige Geist mit Inhalten, mit Gedanken und Erlebnissen. Um zu prüfen, was davon das „Seine" ist, müssen wir versuchen festzustellen, aus welchen Quellen er seine Bewußtseinsinhalte schöpft und was er dabei von sich hinzutut.

Da ist zunächst die reale Welt der Erscheinungen, der er sich gegenübergestellt sieht, die ihn anspricht und mit der er sich auseinandersetzt. Zwar kann nicht das Materielle und Körperliche in den menschlichen Geist eingehen, aber in der Welt ist überall Geistiges mit der Materie eng verbunden. Sie hat eine rationale Struktur, die vom Geist erfaßt und in sich aufgenommen werden kann[1]. Die Schönheit[2] der Natur, ihre Linien, Farben und Formen, ihre Bewegung und ihre Töne liefern ihm Wahrnehmungs- und Vorstellungsbilder. Der Maler schöpft daraus sein Anschauungsmaterial, er nimmt den „Ausdruck" der Welt als Eindruck in sich auf[3], dem bilden-

[1] Unwillkürlich wird man von Staunen und Ehrfurcht ergriffen, wenn man dem Gedanken nachgeht, daß überall in der Welt der Materie das Geistige aufgeprägt ist, das vom menschlichen Geist in sich aufgenommen werden kann. Sind es nicht die Gedanken Gottes, die sich uns hier offenbaren, wie uns auch die vom Künstler dem rohen Stein mitgegebenen Gedanken aus diesem erkennbar werden?

[2] Über das Naturschöne, das nicht erst durch den Menschen in die Natur hineingelegt wird, sondern schon in ihr liegt, vgl. Hessen a. a. O. III, 272. Vgl. auch E. Dennert, Die Natur als Kunstwerk, in Die Natur, das Wunder Gottes, 1938. W. Windelband, Einleitung in die Philosophie, 1914, 365 unterscheidet das Naturschöne und das Kunstschöne.

[3] Litt Mensch und Welt S. 61 sagt: „Es werden also die ‚Eindrücke' der sichtbaren Welt, die ‚zu uns spricht' von uns erlebt als ‚Ausdruck' der in ihnen uns nahe tretenden Wirklichkeit".

den Künstler leiht sie ihre Linien und Gestalten als Vorbilder, der Komponist findet in ihr bereits Stimmen, Töne und Geräusche, auch der Dichter empfängt von ihr Anregung und Stoff. Vor allem aber ist die Natur mit ihren Gesetzen, in ihrer Struktur und ihrem Aufbau für die Wissenschaftler aller Wissenszweige unmittelbare Erkenntnisquelle. Nicht nur den Vertretern der Naturwissenschaft, dem Physiker und Astronomen, dem Biologen und Mediziner, dem Forschungsreisenden und Geologen geben Erde und Himmel, Tier- und Pflanzenwelt, Atome und Mikrolebewesen ihre Geheimnisse preis, auch den Vertretern der Geisteswissenschaft, dem Philosophen, dem Historiker, dem Wirtschaftler enthüllt die Welt ihren Aufbau und ihre Zusammenhänge. Zur realen Welt gehört auch das menschliche Leben mit seinen Ereignissen und Geschehnissen, mit seinen Schicksalen und Entwicklungen. Gerade aus ihm schöpfen Künstler und Gelehrte ständig neuen Stoff zum Schaffen und Nachdenken.

Aber Welt und Leben geben ihre Eindrücke, ihre Tatsachen und Geheimnisse dem menschlichen Geist nicht ohne Gegenleistung preis. Schon zur bloßen Aufnahme dessen, was sie uns anbieten, muß der Geist von sich aus etwas hinzutun. Nicht einmal das gewöhnliche Erkennen eines Gegenstandes der Außenwelt ist ohne eigene Leistung möglich. Die Erkenntnis der Wirklichkeit besteht zwar nicht in einem Erzeugen des Gegenstandes durch die Vernunft, wie Kant annahm, sie ist aber auch nicht ein bloßes Abbilden derselben, wie Aristoteles und Thomas v. Aquin meinten[4]), sondern sie vollzieht sich in einem Erfassen des Gegenstandes, wobei die Vernunft empfangend und wirkend zugleich ist[5]). „Die Wirklichkeit ist uns immer nur als eine vom Geiste gestaltete, vom erkennenden Bewußtsein geformte, kurz als Erscheinungswelt gegeben“[6]). Erst recht erfordert die wissenschaftliche Erkenntnis, das Aufspüren der Geheimnisse der Natur, die Enthüllung der Welträtsel angestrengteste Geistesarbeit und eine besondere Befähigung. Die meisten Entdeckungen setzen jahrelange Mühe und schwierige Gedankengänge voraus; selbst wo sie aber zufällig gemacht werden, vermag in der Regel nur der Fachmann ihre Bedeutung zu erfassen.

Aber auch die künstlerische Schau, die Aufnahme von Eindrücken und Anregungen erfordert bereits eine künstlerische Tätigkeit des Geistes[7]). Die Welt gibt ihren Gehalt an Schönheit nur dem, der ihn zu fassen vermag; viele bleiben einem Gegenstand gegenüber, durch den das Auge des Malers entzückt wird, völlig interesselos. Es mag müßig sein, darüber zu streiten, ob Raffael ohne Hände ein großer Künstler gewesen wäre[8]), feststeht jeden-

---

[4]) Vgl. Hessen a. a. O. I, 219 ff.

[5]) Die Polarität von Welt und Geist im Erkenntnisvorgang wird besonders von Litt a. a. O. betont. Zum Erkenntnisproblem vgl. auch N. Hartmann, Grundzüge einer Metaphysik der Erkenntnis. 1921, und Zur Grundlegung der Ontologie, 3. Aufl. 1948, 151 ff.

[6]) Hessen a. a. O. I, 220.

[7]) Kainz a. a. O. S. 229 sagt gegenüber der subjektivistischen und der objektivistischen Theorie mit Recht: „Ein ästhetisches Werterleben kommt erst zustande, wenn ein geeignetes Objekt auf ein empfängliches, d. h. zu entsprechender (adäquater) psychischer Leistung befähigtes und disponiertes Gemüt wirkt.“ Vgl. auch Adolf Dyroff, Ästhetik des tätigen Geistes, II 1928, 53.

[8]) Die Frage wirft Lessing in seiner Emilia Galotti auf. Vgl. dazu Frey a. a. O. S. 65.

falls, daß die Anschauung, in der die erste Voraussetzung künstlerischen Schaffens liegt, bereits besondere Begabung voraussetzt. Der Eindruck der Welt muß ja zum künstlerischen Erlebnis fortgebildet werden, bei dem sie intuitiv in einer nur dem Gefühl zugänglichen Weise in einem ihrer Wesenszüge erfaßt wird[9]).

So gibt also die Welt ihre Eindrücke, ihre Gehalte und Gegenstände dem menschlichen Geist hin, sie ist für ihn da und zwar für jeden, aber doch nur für den, der sie zu ergreifen und zu verstehen vermag[10]). Durch diese Erfassung wird sie zum Bewußtseinsinhalt, der dem persönlichen Geist gehört, welcher durch eigenes Wirken die Aufnahme vollzogen hat. „Die Welt ‚gehört' dem Geiste als dem geöffneten und axiologisch hellhörigen. Das ist das Geheimnis des Geistes, daß er es ist, dem alles zufällt, wofern er sich auftut"[11]).

b) Das Reich der Ideen

Neben der realen Welt der Erscheinungen bietet sich dem menschlichen Geist das Reich der Ideen dar, damit er diese in sich aufnehme und sich an ihnen entfalte und weite. Die Ideen gehören nicht von vornherein zur menschlichen Bewußtseinssphäre, sondern sie bilden eine außerhalb des Menschen bestehende Welt von geistigen Gegenständen[12]). Platon, ihr Entdecker, hat sie an einen überhimmlichen Ort verwiesen, er betrachtete sie als das wahrhaft Seiende, als die Urbilder des Seins, durch deren Teilhabe die wandelbaren Dinge der Sinnenwelt, die nur zu sein scheinen, zu Seienden werden. Im Anschluß an ihn hat in der jüngsten Zeit vor allem Nikolai Hartmann[13]) am Gegenstandscharakter der Ideen festgehalten, hat ihnen aber nicht wie Platon reales, sonst nur ideales Sein zugeschrieben. Sie sind nicht wirklich, aber sie tragen eine Tendenz auf die Wirklichkeit in sich[14]), sie „gelten" für das wirkliche Sein, sie bedeuten vor allem für den menschlichen Geist ein „Sollen", eine vorgegebene Norm[15]).

---

[9]) Romano Guardini, Über das Wesen des Kunstwerks, o. J. S. 11 schildert das künstlerische Erlebnis folgendermaßen: „Ein künstlerisch — sagen wir genauer ein malerisch Begabter begegnet einem Gegenstand der äußeren Wirklichkeit: einem Baum, einem Tier, einer Menschengestalt. Er fühlt sich berührt — berührt durch die besondere Eigenschaft ihrer Linien, Farben und Bewegungen, nicht nur etwas zu sein, sondern auch etwas zu sagen; durch die Fähigkeit der Form, Wesen zu offenbaren. Sein Inneres kommt in eine eigentümliche Wallung. Es wird offen und empfänglich; zugleich aber auch wach, gespannt und tatbereit. Der Zustand kann verschiedene Grade der Mächtigkeit haben, von der flüchtigen Schwingung bis zum leidenschaftlichen Erfaßt- und Beherrschtsein . . . Immer eignet ihm die doppelte Eigenschaft der Empfänglichkeit und Tat zugleich."

[10]) So sagt Spranger a. a. O. S. 37, zu jedem Menschen gehöre ein anderes individuelles Weltbild. „Mögen auch allgemeinste Umrisse gemeinsam sein, das Relief ist für jeden ein anderes."

[11]) N. Hartmann, Das Problem . . . S. 172.

[12]) Gegenstand ist etwas, was dem Menschen gegenübersteht.

[13]) Zur Grundlegung der Ontologie S. 242 ff.; Ethik S. 148 ff.; Das Problem . . . S. 159, 387. Ebenso auch Hessen in seiner Wertlehre und III S. 50 ff.

[14]) Dies sehen wir am besten an den zum Reich der Ideen gehörenden sittlichen Werten. Sie sind nicht unbedingt verwirklicht, aber sie haben doch ein „Sein", sie sind nicht etwa ein Nichts, sonst könnten wir uns nicht gegen sie verfehlen. Auch haben sie eine Tendenz auf die Wirklichkeit hin, der Mensch soll sie im Leben realisieren.

[15]) N. Hartmann, Zur Grundlegung . . . S. 244 sagt: „Vom idealen Sein geht

Dagegen wird in der Urheberrechtsliteratur, obwohl dort das Wort „Idee" sehr häufig gebraucht wird, in der Regel nicht unterschieden[16]) zwischen den Ideen als einer Welt außermenschlicher Gegenstände, die für alle da sind, und den Ideen als Bewußtseinsinhalten, die jeder für sich hat. Da eine juristische Klarheit über das umstrittene „Eigentum an Ideen" nur bei einer strengen Unterscheidung gewonnen werden kann, soll hier unter einer Idee nur der Bereich des idealen Seins verstanden werden, während die Bewußtseinsinhalte als Gedanken, Einfälle oder Erlebnisse bezeichnet werden sollen.

Ideen stehen also dem menschlichen Geist als Gegenstände, als Objekte gegenüber, die er in sich aufnehmen kann. Zu ihrem Reich gehören nach N. Hartmann[17]) die mathematischen[18]) und logischen Gebilde, die Wesenheiten der Dinge und die Werte. Sie sind nicht bloße Gedankeninhalte[19]); denn sie sind in der Wirklichkeit, in der Natur sowie in der menschlichen Person und ihren Akten enthalten[20]). Aber sie fallen nicht mit der Wirklichkeit zusammen, sie sind nur ein Reich von Möglichkeiten[21]). Zu ihnen nun hat der menschliche Geist unmittelbar Zugang, er ist hierbei nicht wie bei der Erkenntnis der realen Welt auf die Sinne angewiesen, wenn ihm auch die Erfahrung wertvolle Hinweise liefern kann. Die mathematischen Gesetze offenbaren sich der Vernunft im reinen Nachdenken, auch die Denkgesetze sind ihr unmittelbar gegeben, sie sind in ihren Grundlagen

keine Aktualität aus, es hängt im Leben nichts an ihm als solchem, wenigstens nicht unmittelbar. Es ‚betrifft' den Menschen nicht direkt, es ‚überkommt' ihn nicht schicksalhaft, wie Ereignisse ihn ankommen, es „rückt nicht an" und bedroht niemanden; denn es ist nicht in der Zeit. Es durchwaltet vielmehr still und verborgen das Reale, sowie auch das Bewußtsein des Realen; es betrifft insofern also wohl auch den Menschen in seinem Leben, aber unmerklich und gleichsam stetig."

[16]) So unterscheidet vor allem Kohler (vgl. Kunstwerkrecht S. 27), der seiner Bildwerktheorie den Begriff der Weltschöpfungsidee zugrundelegt, nicht zwischen der Idee als einem vorbestehenden geistigen Gegenstand und dem bloßen Gedanken als einem dem menschlichen Geist entsprungenen Gebilde. Er rechnet zur Idee auch menschliche fingierte Gebilde. Über die Verwendung des Begriffs „Idee" vgl. auch Baumann, Das Urheberrecht an der Melodie und ihre freie Benutzung, Zürcher Beiträge zur Rechtswissenschaft, 1940, 9; Henri Desbois, Le droit d'auteur, Paris 1950, 16. Elster beschäftigt sich in Ufita 1955, 51 mit der Frage, ob die Idee dem Individuum oder der Allgemeinheit gehöre. Da er von Aristoteles ausgeht, der im Gegensatz zu Platon die Idee in das Ding hineinverlegt und zur entelechialen Form werden läßt, kommt er zu keiner klaren Antwort. Darüber, daß auch in der Philosophie der Neuzeit unter Idee vielfach etwas Subjektives verstanden wird, vgl. Hessen a. a. O. III, 50 und N. Hartmann, Zur Grundlegung, S. 266.

[17]) Vgl. Zur Grundlegung . . . S. 245, 287, 298, 305.

[18]) Zu ihnen wird man auch die Gesetze der Harmonielehre rechnen können; die Höhe von Tönen, ihr Intervall, ihr Zusammenklang läßt sich ja an der Zahl der Luftschwingungen berechnen.

[19]) Vgl. N. Hartmann, Zur Grundlegung . . . S. 247. Wären die Ideen bloße Gedankengebilde, so hätte es keinen Sinn von Wahrheit oder Unwahrheit zu sprechen; „denn Wahrheit bedeutet das Zutreffen der Aussage auf etwas, was unabhängig von ihr ist, wie es ist, Unwahrheit ebenso das Nichtzutreffende", sagt N. Hartmann a. a. O. S. 248. Zum Wahrheitsbegriff vgl. auch Hessen a. a. O. I, 224.

[20]) N. Hartmann, Zur Grundlegung ... S. 280: „Es gibt ein durchgehendes Enthaltensein idealen Seins im realen. Die reale Welt ist durchformt und durchwaltet von idealen Wesensverhältnissen."

[21]) N. Hartmann, Zur Grundlegung . . . S. 281.

evident und eines Beweises nicht fähig[22]). Die Wesenheiten der Dinge, ihre Wesenszüge, Wesensgesetze und Wesenszusammenhänge werden durch eine intuitive Schau[23]) erfaßt, bei der die Allgemeinheit des Idealen aus der Verwobenheit mit dem Besonderen des Realfalles herausgelöst wird. Auch das Reich der Werte[24]), nämlich das Wahre[25]), das Schöne[26]) und das Gute[27]), wird dem Wertgefühl in der Antwort[28]), die dieses unwillkürlich auf wertvolle oder wertwidrige Sachverhalte gibt, bewußt[29]).

Wenn auch die Ideen dem menschlichen Geist unmittelbar gegeben sind, so ist ihre Erfassung doch nicht ohne sein Zutun möglich. Ja sie drängen sich dem Menschen viel weniger auf als die Welt des Realen, deren Eindrücken er sich oft nicht entziehen kann. Ihr Sein ist ein verborgenes, es ist „ein unauffälliges, das erst einer besonderen Einstellung des Bewußtseins bedarf, um allererst bemerkt zu werden"[30]). Dies zeigt sich am einfachsten darin, daß es einer jahrtausendelangen Arbeit des menschlichen Geistes bedurft hat, um das Reich der Ideen Stück für Stück zu entdecken, und daß es in all seinen Zusammenhängen noch lange nicht erkannt ist. Das Gebäude unserer mathematischen Wissenschaft wurde nur allmählich aufgebaut[31]); die Grundsätze der Logik waren zwar bereits der Antike bekannt, aber sie wurden im Laufe der Zeit klarer herausgestellt; vor allem aber zeigt sich diese langsame geistige Erfassung auf dem Gebiet des Wertreichs. Das sittliche Bewußtsein erweitert sich in einer ständig fortschreitenden Wertschau[32]), das Schöne offenbart sich in den verschiedenen

---

[22]) N. Hartmannn, Zur Grundlegung ... S. 299.

[23]) Diese Bedeutung der Wesensschau wurde besonders von der Phänomenologie Husserls betont.

[24]) Vgl. dazu N. Hartmann, Zur Grundlegung . . . S. 305 ff. und Ethik, S. 119 ff.; ferner Hessen a. a. O. II.

[25]) Man wird auch das Wahre als Wert betrachten müssen, denn es wird überall, wo es auftritt als wertvoll empfunden, und es führt einen Anspruch auf Geltung und Achtung mit sich, vgl. Kainz a. a. O. S. 107. Dagegen will Hessen a. a. O. II, 67 nur den Wahrheitsbesitz und das Streben nach ihm als Wert betrachten, nicht aber das Wahre selbst.

[26]) Über das Ästhetische im Gefüge der übrigen Werte vgl. Kainz a. a. O. S. 97 ff.

[27]) Zu den ethischen Werten vgl. vor allem die Ethik von N. Hartmann.

[28]) Zur Theorie der Wertantwort vgl. D. v. Hildebrand, Die Idee der sittlichen Handlung, Jahrb. f. Philos. u. phänom. Forschung III, 1916, 162 ff. und N. Hartmann, Ethik S. 281.

[29]) Im Bereich des Ethischen wird dieses Wertgefühl als Gewissen bezeichnet. Zu dieser emotionalen Auffassung des Gewissens vgl. N. Hartmann, Ethik, S. 135; Scheler, Der Formalismus ... S. 336; Stocker, Das Gewissen, 1925; Hessen a. a. O. II, 208; Th. Müncker, Die psychologischen Grundlagen der katholischen Sittenlehre, 1934, 35 ff.; Lersch a. a. O. S. 236. Dieser emotionalen Auffassung steht vor allem die intellektualistische gegenüber, wie sie besonders von der Scholastik vertreten wurde, vgl. Thomas v. Aquin, S. Th. I qu. 79 a. 12 u. 13.

[30]) N. Hartmann, Zur Grundlegung ... S. 244.

[31]) Auch die Gesetze der Harmonie, der mehrstimmigen Musik wurden nur langsam entwickelt, vgl. Hans Pfitzner, Die neue Ästhetik der musikalischen Impotenz, 1920 S. 46; Schiedermair, Einführung in das Studium der Musikgeschichte, 1947, 44 ff.

[32]) Zum Weg der Wertentdeckung vgl. N. Hartmann, Ethik S.47. In meiner Schrift, Das Persönlichkeitsrecht, 1953, 6 ff., habe ich versucht, das allmähliche Bewußtwerden der sittlichen Werte am Beispiel des Persönlichkeitswertes historisch nachzuweisen.

Kunstarten in immer neuen Formen, und den Wissenschaften gelingt es nur allmählich, sich an das Wahre heranzutasten.

Die Erkenntnis der Ideen, ihre Herübernahme aus dem Reich des Idealen in das Bewußtsein des lebendigen Geistes setzt also immer eine besondere Leistung voraus. Sind sie allerdings einmal erfaßt, so können sie von jedem Menschen mit durchschnittlicher Begabung nachgedacht und nachempfunden werden. Aber ihre erstmalige Entdeckung, ihr selbständiges Auffinden erfordert einen Zugriff des Geistes, der nur wenigen gelingt. Es ist nicht jedermanns Sache, den pythagoräischen Lehrsatz selbständig zu entwickeln oder auf den logischen Satz vom ausgeschlossenen Dritten zu kommen. Auch bei den sittlichen Werten, die doch im Gewissen jedem gegeben sind, setzt die Einsicht in ihre komplizierten Zusammenhänge höchsten Einsatz des Geistes voraus[33]). Dasselbe gilt von den ästhetischen Werten[34]). Einen gewissen Sinn für Schönheit hat wohl jeder, aber diese oder jene Seite an ihr zu entdecken, erfordert eine künstlerische Schau[35]), ein künstlerisches Werterlebnis[36]). Und nur den Begnadeten ist es möglich, über das Reich des Schönen hinaus noch einen Blick in das der Vernunft unfaßbare Reich des Heiligen und Göttlichen zu tun.

Von den Ideen müssen wir also mit Platon annehmen, daß sie ein außerhalb der menschlichen Bewußtseinswelt liegendes besonderes Reich des Seins bilden. Von diesem Reich gilt der in der Urheberrechtsliteratur immer wieder betonte Satz, daß Ideen frei sind; denn sie sind jedem Menschen, der sie zu fassen vermag, gegeben und aufgegeben. Aber ihre Aufnahme in den Geist ist nicht ohne besonderen Einsatz möglich. Der Mensch muß von sich, von seinen eigenen Kräften hinzutun, um sie aus ihrer idealen Indifferenz, aus ihrer Verborgenheit herauszuholen und zum Bewußtseinsinhalt zu machen[37]). Die selbständige Erfassung von Ideen durch Gedanken enthält daher immer eine eigene Leistung des menschlichen Geistes.

---

[33]) Die verschiedenen ethischen Systeme, die im Laufe der Zeit aufgestellt wurden, zeigen am deutlichsten die hier liegenden Schwierigkeiten.

[34]) Vgl. dazu Utitz, Ästhetik und Philosophie der Kunst, in Philosophie in ihren Einzelgebieten herausg. v. M. Dessoir, Berlin o. J. S. 619; derselbe, Grundlegung der allgemeinen Kunstwissenschaft, I 1914, 87 ff. Zur Ästhetik vgl. auch Schopenhauer, Die Welt als Wille und Vorstellung I. Bd., 3. Buch; Kainz a. a. O.; Dyroff, a. a. O; O. Külpe, Grundlagen der Ästhetik, 1921; R. Odebrecht, Grundlegung einer ästhetischen Werttheorie, 1927.

[35]) Kainz a. a. O. S. 137 sagt: „Das Schöne wird nicht einfach wahr- und hingenommen wie eine dem Gegenstand anhaftende Eigenschaft, die bemerkt und festgestellt werden m u ß, ob man will oder nicht. Vielmehr ist das auffassende Bewußtsein an der Erzeugung des ästhetischen Werts wesenhaft mitbeteiligt und dieser wird – unbeschadet aller unerläßlichen Anregungen vom Gegenstand her und seiner Fundierung in diesem – erst in angemessenem Erleben verwirklicht".

[36]) Hessen a. a. O. II, 241 beschreibt dieses Werterlebnis folgendermaßen: „Der Mensch wird vom ästhetischen Wert innerlich ergriffen, gepackt, erfüllt. Er erfährt eine innere Bereicherung, eine Wesenserhöhung. Ein Hohes, Erhabenes wird ihm zuteil. Er tritt in Konntakt mit der reinen Sphäre des Geistes, und indem er gleichsam den Odem dieser höheren Welt verspürt, wachsen seiner Seele Schwingen. Sie erhebt sich in die Region des Ewigen, des Vollkommenen, wo das Schöne mit dem Guten und dem Heiligen einen Bund eingegangen sind".

[37]) Der Grundsatz von der Freiheit der Gedanken, der in der Zeit der Aufklärung als Kampfruf gegen geistige Bevormundung und Gewissenszwang auf-

c) Der objektive Geist

Wie sich der persönliche Geist der realen Welt und dem Reich der Ideen gegenübergestellt sieht und aus ihnen seine Inhalte schöpft, an denen er sich entfaltet und bildet, so steht er auch dem Mitmenschen gegenüber, ja er ist mit ihm eingebettet in eine gemeinsame geistige Atmosphäre, in den Gemeingeist der Kultur. Alle Menschen sind durch „die Einheit der Vernunft" miteinander verbunden, sie alle haben die gleiche geistige Wesensanlage, die nach denselben Denkgesetzen arbeitet und bei gleichen Prämissen dieselben Schlüsse zieht[38]). Nur so ist es möglich, daß einer den anderen versteht, daß er Zugang zu den Gedanken des anderen erhalten kann. Zwar hat jeder einzelne seine Bewußtseinswelt für sich und lebt in ihr abgeschlossen als Individuum in tiefer Einsamkeit, aber er kann sich mitteilen und kann die Gedanken anderer in sich aufnehmen[39]). Ja er ist auf diesen Meinungsaustausch angewiesen, wenn er nicht verkümmern will. „Das Bewußtsein trennt, der Geist verbindet"[40]). So vermögen sich also geistige Inhalte von der Person, in der sie zunächst tief verborgen waren, abzulösen und hinüberzuwandern zur anderen Person, ja sie wandern von Geschlecht zu Geschlecht, von Epoche zu Epoche; sie können zwar nicht vererbt, aber weitergegeben und überliefert werden. Auf diese Weise entsteht der Geist einer Kultur, der alle Menschen dieses Kulturkreises umschlingt, der sie miteinander verbindet und der die Grundlage bildet, von der aus sie miteinander in Gedankenaustausch treten. Dieser Gemeingeist, der in der Philosophie im Anschluß an Hegel[41]) auch objektiver Geist genannt wird, hat zwar kein Bewußtsein, aber er wird vom Bewußtsein der einzelnen, die miteinander durch das Band geistiger Beziehungen verknüpft sind, getragen und genährt[42]).

---

gestellt wurde und der dann im Urheberrecht dazu geführt hat, daß fremde Gedanken schrankenlos ausgenutzt werden können, muß also auf seinen berechtigten Kern zurückgeführt werden. Er kann nur bedeuten die Freiheit der Ideen und die Freiheit des Geistes von Zwang, aber nicht die Zulässigkeit der Aneignung fremder Gedankenarbeit.

[38]) Schon den Griechen ist dieses Wunder gegenseitigen Verstehens aufgefallen. So spottete Heraklit über diejenigen, die meinten, jeder habe seine „Privatvernunft" und Sokrates erkannte, daß es eine sachliche Basis der Verständigung gibt. Die Griechen erklärten das Phänomen mit der Verwandtschaft aller Menschen im göttlichen Logos, in der göttlichen Allvernunft. Bei Beginn der Neuzeit wurde dann die Erkenntnis von der allen gemeinsamen einheitlichen Vernunft zu einer machtvollen Parole. Man begründete sie mit der inneren Anlage, mit den „eingeborenen" Fähigkeiten des Menschen und kam so schließlich zur Proklamierung der Gleichheit aller Menschen und zur Anerkennung angeborener Rechte, der sogenannten Menschenrechte.

[39]) So erleben wir es ständig, daß auch der primitive Mensch, der bisher in ganz anderen Gedankengängen aufgezogen wurde, unsere Kultur aufnimmt und und sich in sie hineinlebt. Zur Kritik der Ansichten von Levy-Bruhl und Leisegang, die bei primitiven Völkern und selbst im europäischen Denken grundverschiedene Denkformen glauben nachweisen zu können, vgl. Brandenstein a. a. O. S. 84.

[40]) N. Hartmann, Das Problem ... S. 185 u. öfter.

[41]) Allerdings betrachtet Hegel den objektiven Geist als eine besondere Substanz und nimmt von ihm an, daß er im Laufe der Geschichte im menschlichen Geist immer mehr zum Selbstbewußtsein komme, vgl. seine Vorlesungen zur Philosophie der Geschichte, Ausg. von Lasson, 1917.

[42]) Über das Phänomen des objektiven Geistes vgl. vor allem N. Hartmann, Das Problem ... S. 175 ff.; Hessen a. a. O. III, 191; Brandenstein a. a. O. S. 491. Freyer, Theorie des objektiven Geistes, 1928.

Der persönliche Geist ist nun völlig in den objektiven Geist hineingestellt, an ihm wächst er heran, an ihm bildet er sich, aus ihm schöpft er für sein eigenes Schaffen. Müßte er alles, was ihm die Kultur mit ihrem reichen Schatz bietet, selbst erarbeiten, so käme er offenbar nicht über die ersten Anfänge hinaus. Tatsächlich aber kann er all die Gedanken, all die Ergebnisse, die die Menschheit in einer sich über Jahrtausende hinziehenden Gemeinschaftsarbeit aufgespeichert hat, übernehmen und von dieser Basis aus weiterbauen. Schon die Sprache, in der der Dichter, der Gelehrte seine Gedanken ausdrückt, ist ein Produkt langer Entwicklung, an dem ihre Vorgänger gefeilt haben[43]). Die Technik, in der der Maler seine Farben zusammenstellt und mischt und der Bildhauer den Stein behaut, der Stil, in dem sie schaffen, die Mode der sie dienen, all das wird ihnen in der Regel von der Kultur gegeben. Der Komponist findet die Gesetze des Zusammenklangs, die der abendländische Geist in mühsamer Arbeit allmählich erkannt und zusammengestellt hat, fertig vor. Hans Pfitzner[44]) betont mit Recht, daß ein Komponieren im eigentlichen Sinne erst möglich geworden sei, als die polyphone Musik und mit ihr die Welt der Harmonie erfunden war. Im Schoß des Gemeingeistes findet der Urheber nicht nur seine notwendigen Hilfsmittel für weitere Leistungen vor, sondern auch mannigfache Stoffe, geistige Strömungen, Weltanschauungen und Überzeugungen. Wissenschaft und Technik, Sitte und Moral, Religion und Mythos, Sagen und historische Überlieferungen, all das bietet sich ihm zur Benutzung an.

Ebenso wie bei der Aufnahme der Eindrücke der realen Welt und der Ideen ist auch bei der Verwertung der Inhalte des objektiven Geistes eine eigne Leistung des Menschen erforderlich. Was die Väter an geistigem Gut erworben haben, vererbt sich ja nicht wie materielles Gut; immer muß es die junge Generation neu erlernen und neu erarbeiten. Schon die Vorbereitung auf einen geistigen Beruf erfordert beim heutigen Stand der Wissenschaft eine ungleich längere Ausbildung als die Vorbereitung auf eine manuelle Tätigkeit. Erst recht bedarf derjenige einer langen und mühsamen Ausbildung, der nicht bei dem bisher Errungenen stehenbleiben, sondern darauf aufbauend schöpferisch Neues hervorbringen will. Vielfach ist auch das, was vergangene Geschlechter erdacht und ersonnen haben,

---

[43]) Über den Stil in der Dichtung als Konvention vgl. Emil Ermatinger, Das dichterische Kunstwerk, 3. Aufl. 1939, 312 ff.

[44]) Hans Pfitzner a. a. O. S. 46 sagt: „In der Tat setzte sozusagen die Musik als Kunst in der ganzen Zeitspanne aus, in der sie die Arbeit zu leisten hatte, ihr Material zu schaffen. Während die anderen Künstler aller Zeiten ihr Material als ewige Mitgift bereit liegend fanden, an der sich die Begabung gleichsam sofort betätigen konnte, mußte der Geist der Musik selbst tief in den Busen greifen und der ringenden und drängenden Menschheit endlich das so lange vorenthaltene Kleinod herausgeben, den Teil seines Wesens, in dessen Besitz die Musik zum ersten Mal in der Welt als selbstherrliche Kunst auftreten konnte: die Welt der Harmonie". Zum Material der Musik vgl. Kainz a. a. O. S. 426 ff. Vgl. ferner Hugo Riemann, Die Geschichte der Musiktheorie, 1920; Paul Bekker, Musikgeschichte als Geschichte der musikalischen Formwandlungen, 1926.

in den Wirrnissen der Geschichte vergessen und verschüttet worden, so daß der Historiker es erst entdecken oder rekonstruieren muß. Aber selbst soweit uns die Gedanken der Vergangenheit in erhaltenen Werken überliefert sind, kostet ihre Sichtung, Würdigung und Zusammenstellung oft ein langes und mühsames Studium.

Aus diesem Sachverhalt ergibt sich, daß die Inhalte des objektiven Geistes, die von Person zu Person, von Geschlecht zu Geschlecht wandern, geistiges Gemeingut sind, das allen offensteht. Sobald ein menschlicher Gedanke in den Kulturgeist eingegangen ist, gehört er nicht mehr dem einzelnen allein, sondern dem ganzen Volk. Aber das Erlernen, das Aufnehmen, Sammeln und Wiederentdecken solcher Inhalte ist eine persönliche Leistung, auf deren Wert der einzelne Anspruch hat.

d) Die Phantasie

Der menschliche Geist schöpft also aus der realen Welt, aus dem Reich der Ideen und aus dem Kulturgeist. Aus diesen Quellen entnimmt er seine Anregungen und Inhalte, an denen er sich innerlich bereichert und entfaltet. Nur durch diese ständige Auseinandersetzung mit den geistigen Gegenständen verwirklicht er sich selbst und wird das, was er sein soll. Aber dabei erbringt er zugleich eine eigene Leistung. Seine Tätigkeit beschränkt sich nicht auf ein bloßes Empfangen, sondern er gibt aus sich, aus seinem eigenen Wesen etwas hinzu. Er verbindet also Eigenes mit dem geistigen Gemeingut in oft untrennbarer Weise. Dabei fordert das Rechtsgefühl, daß ihm der Anspruch auf das Eigene möglichst ungeschmälert gewahrt und erhalten bleibe.

Nun entnimmt aber der menschliche Geist nicht alle seine Inhalte aus bereits vorhandenen Quellen. Die göttliche Schöpfung hat dem Menschen Raum für selbständiges Schöpfertum gelassen. Immer wieder greift der persönliche Geist in die Tiefen seines eigenen Wesens und holt aus seiner Individualität eigene Vorstellungen, Stimmungen und Erlebnisse herauf, in der Werkstatt seiner Seele spinnt er eigene Gedanken und Bilder[45]). Er vermag sich an den Eindrücken von außen zu „begeistern", aber er wächst an ihnen zugleich über seinen bisherigen Erkenntnis- und Wissensstand hinaus, die Anregung von Außen wird zur Inspiration. Damit tut sich der Strom des Unbewußten auf, aus dem nun Neues, nie Geschautes fließt. Die eigene Vorstellung, das Gefühlsleben, die Phantasie erzeugen originelle Einfälle, lassen neue Gestalten und Formen erstehen. Gleichzeitig reproduziert das Gedächtnis früher Geschautes, Erlebtes und Gelerntes. All diese einzelnen Bestandteile fügt der Geist zu einer Einheit zusammen, er ordnet und verbindet sie. So entsteht die wissenschaftliche Theorie des Gelehrten, die eine persönliche, eigenartige Schau der Dinge enthält und sich von dem bisher Bekannten unterscheidet. So bildet sich die Fabel des Dichters,

[45]) So betont Dyroff a. a. O. I S. 67, daß schon bei der Rezeption das Verstehenkönnen das Entscheidende sei, zu ihm müsse aber die Reaktion hinzukommen, nämlich das, was der subjektive Geist ganz aus seiner Natur hinzubringe.

die einen unwirklichen, einen erdachten Vorgang schildert[46]). So entfaltet sich die Vision des Malers, die nie geschaute Welten, nie gesehene Landschaften und Fabelwesen, ja Himmel und Hölle zu erfassen vermag. So formt sich die originelle Tongestalt des Komponisten, die nie gehörte Melodien und Zusammenklänge hervorzaubert.

Diese Phantasiegebilde, diese originellen Gedanken, Einfälle und Vorstellungen sind etwas Ureigenes des schaffenden Geistes, sie sind sein ursprüngliches Erzeugnis und gehören ihm ganz allein.

3. Kapitel

Die Objektivation des Geistes

a) Die innere Form

Nun beschränkt sich aber die Tätigkeit des menschlichen Geistes nicht auf die Rezeption und Produktion geistiger Inhalte. Seine schöpferische Kraft entfaltet sich erst so recht, indem er die verschiedenen Inhalte zueinander in Beziehung setzt, miteinander vergleicht und verbindet und ihnen so Form und Gestalt gibt. Dieser Formgebungsprozeß vollzieht sich zunächst im eigenen Inneren, indem der Geist Gedanken und Eindrücke zu einem Gedankengebäude, Vorstellungen zu einem Vorstellungsbild und einzelne Erlebnisse zu einer zusammenhängenden Geschichte zusammenfügt.

Die Form tritt zu den Inhalten, die der Geist aus den angegebenen Quellen, aus der realen Welt, aus dem Reich der Ideen, aus dem objektiven Geist und aus der eigenen Phantasie schöpft, als etwas Neues hinzu. Sie ist das ordnende Element, das die einzelnen Bestandteile zu einer Ganzheit zusammenfügt[1]), sie ist immer mehr als eine bloße Summe, sie ist ein sinnvolles Bezugssystem[2]). Nun ist allerdings fast jeder Inhalt, der aus den genannten Quellen entnommen wird, schon in gewisser Hinsicht gestaltet. Nicht nur das Wesen eines Gegenstandes, sondern auch seine Form ist etwas Geistiges und kann in den menschlichen Geist eingehen[3]).

---

[46]) Max Nussberger, Die künstlerische Phantasie in der Formgebung der Dichtkunst, Malerei und Musik, 1935, 12, spricht in diesem Zusammenhang von dichterischer Erfindung, auch Ermatinger a. a. O. spricht von der Erfindung neuer Stoffe und Fabeln durch die Phantasiekraft, die er der bloßen Findung von bereits in der Welt vorgebildeten Stoffen gegenüberstellt.

[1]) Über Gehalt und Form als Einheit vgl. Iros Ernst, Wesen und Dramaturgie des Films, 1938, 124.

[2]) Vgl. dazu Ch. v. Ehrenfels, Über Gestaltqualitäten, 1922; Dyroff, a. a. O. S. 96 bezeichnet jede ordnungsgültige Verhältniseinheit zwischen irgendwelchen zwei Elementen als Form. Kainz a. a. O. S. 346: „Gestalt ist somit das charakteristische Zusammenstimmen einer Mannigfaltigkeit von formalen Teilwerten auf Grund eines sinnvollen Bezugssystems ... Gestalt ist nichts absolut Einfaches, sondern schließt das Zusammenwirken von Teilen (Aufbaumomenten) in sich, wobei indes dieses Zusammenwirken nicht beliebig ist, sondern im Sinn einer einheitlichen, abgehobenen und prägnanten Figuration erfolgt". Vgl. auch Ermatinger a. a. O. S. 195.

[3]) Ermatinger a. a. O. S. 137 betont, daß jeder Stoff schon in gewissem Sinn geformt sei, die Form sei das Beseelende.

Aber diese allgemeinen Formen, die der Natur entstammen, wie Ornamente, Figuren und Linien, oder die dem objektiven Geist angehören, wie der Stil, Versformen, die Maltechnik usw., vermag der schöpferische Geist in eine neue Form zu prägen[4]), indem er das Aufgenommene nach eigenen Gesichtspunkten ordnet. Er wählt das Wesentliche aus, trennt es vom Unwesentlichen, gliedert das Chaos von Eindrücken, die auf ihn einstürmen, setzt sie in Beziehung zueinander[5]) und bildet eine neue Einheit. So entsteht die Gedankenfolge einer wissenschaftlichen Arbeit, die Komposition eines Kunstwerks, die Entwicklung, Durchführung und Verarbeitung eines musikalischen Themas im Tonstück, der Aufbau und die Szenenfolge eines Dramas. Diese Formgebung, die sich zunächst noch im eigenen Inneren[6]) vollzieht[7]), wurde mit Recht schon von Fichte und Hegel[8]) als Eigentum des schöpferischen Geistes betrachtet.

b) Die äußere Form

Nun will aber der Geist das, was er im Inneren erdacht hat, auch nach außen mitteilen; die Überfülle der Eindrücke, die auf ihn einstürmen, der Gedanken, die in ihm kreisen, der Gefühle, die ihn bewegen, drängt nach Ausdruck. Hier setzt nun die zweite Phase schöpferischer Gestaltung ein, die äußere Formgebung[9]). Der Ausdruck, den er den Inhalten und Formen seines Inneren gibt, muß so beschaffen sein, daß der fremde Geist sie aufnehmen und verstehen kann. Wir haben keine unmittelbare Brücke von Seele zu Seele und brauchen daher einen Mittler, der die Gedanken zum anderen hinüberträgt, damit sie durch das Tor der Seele, durch die Sinne, Eingang bei ihm finden können. Diese Aufgabe übernimmt das Ausdrucksmittel[10]), die Sprache, die Schrift, der Ton, die Farbe. Dieses muß immer ein sinnlich wahrnehmbares Gebilde sein, das vom schaffenden Geist unter Mitwirkung der Kräfte seiner Seele und seines Körpers in eine bestimmte Form gebracht wird, das von ihm so bearbeitet wird, daß es etwas auszudrücken vermag, was nicht schon in ihm lag. Zu diesem Zweck müssen die allgemeinen Formen wie einzelne Wörter, Buchstaben und Schriftzeichen,

[4]) Zum Unterschied von allgemeiner und individueller Form vgl. Ermatinger a. a. O. S. 313 ff.

[5]) Nussberger a. a. O. S. 65 ff. sieht die Gestaltungsgrundformen im Prinzip der Steigerung, der Häufung, der Schlichtung und der Ordnung.

[6]) Ermatinger a. a. O. S. 210 definiert die innere Form als ein seelisch-geistiges Leben, das die individuelle organische Gestalt bedingt.

[7]) Die französische Doktrin spricht hier von Komposition, vgl. dazu Desbois a. a. O. Zum Begriff der inneren Form vgl. Runge a. a. O. S. 19; Mitteis, Grundriß des österreichischen Urheberrechts, Wien 1936, 30; De Boor a. a. O. S. 72 ff.; Kohler, Schriftwerksrecht, S. 128 ff.

[8]) Vgl. unten Kap. 9 d.

[9]) Vgl. Nussberger a. a. O. S. 11: „Es ergibt sich also, daß der gesamte künstlerische Gestaltungsprozeß in zwei getrennten Stufen verläuft: in einer am Stoff orientierten, die ihn umbildet und vollends ausgestaltet, um seine entscheidenden Eigenschaften ans Licht zu heben und das darin verborgene Motiv in die beste Beleuchtung zu rücken, und in einer zweiten, welcher obliegt, die so gewonnene, nun vollends ausgebildete und ausgereifte Stoffmasse den allgemeinen Bedingungen anzupassen, unter welchen sie zur Wirkung kommen soll."

[10]) Über Formgebung und Ausdrucksmittel in ihrer Bedeutung für das Urheberrecht vgl. Elster in Ufita 1929, 595; 1930, 371; 1935, 44 u. GRUR 1940, 13.

einzelne Töne und konkrete Gestalten und Linien neu zusammengesetzt werden, es muß ein Sinn in sie hineingelegt werden, den sie bisher nicht hatten. So werden die Sätze eines Vortrags oder eines Buches, die Akkorde und Melodien einer Komposition, die Farben und Konturen eines Bildes zum Träger des Geistigen[11]), zum Träger des „mitgegebenen Geistes".

Diese äußere Form kann einem flüchtigen Ausdrucksmittel, wie dem Wort oder dem Ton, oder einem dauerhaften, festen Material, wie der Schrift, der Leinwand, dem Marmor, aufgeprägt werden. In letzterem Falle entstehen Gegenstände, die von Hand zu Hand gereicht und zum selbständigen Verkehrsgut, zur Ware werden können, wie wir es in Büchern, Bildern, Statuen und Musikalien täglich erleben.

Auch diese äußere Form ist, obwohl sie sich eines allgemeinen Ausdrucksmittels bedient, etwas vom Geist Geschaffenes und daher sein Eigentum.

c) Der objektivierte Geist

Auf diese Weise erzeugt der persönliche Geist ein neues Gebilde, ein Gebilde aus festem Stoff, das sinnlich wahrnehmbar ist und doch seine Gedanken, seine Erlebnisse, sein Inneres und damit ein Stück seines Wesens enthält. Er tritt aus sich selbst heraus in die Welt der Gegenstände, er objektiviert sich[12]). Er stellt seine geistigen Inhalte neben sich[13]), sie

[11]) Brandenstein a. a. O. S. 504: „Doch nicht bloß als Bewußtseinsinhalt, sondern auch in die Materie verwoben hat die geistige objektive Wirkung geistigen Charakter: auch die physikalisch verwirklichte Tat, das gemalte Bild, der niedergeschriebene Gedanke als geistige Wirkung in der Materie haben geistigen Charakter ...".

[12]) Über den objektivierten Geist vgl. N. Hartmann, Das Problem . . . S. 406 ff.

[13]) In unübertrefflicher Weise schildert N. Hartmann, Das Problem ... S. 406 ff. diesen Vorgang der Objektivation des Geistes. Wegen ihrer Bedeutung für das Urheberrecht seien seine Worte ausführlicher wiedergegeben: „Der lebende geschichtliche Geist ist nicht nur selbst ‚objektiv', sondern er treibt darüber hinaus auch noch ständig Gebilde eigener Art hervor, in denen er sich eine greifbare, von ihm selbst unterschiedene ‚Objektivität' gibt, d. h. sich objektiviert. Diese Gebilde sind nicht er selbst. Sie haften auch nicht an ihm als einem Träger. Vielmehr er hat sie aus sich ‚herausgestellt', gleichsam aus der Bewegtheit seines Wandels ‚entlassen'. Indem er sie aber herausstellt und entläßt, ‚fixiert' er sie im Gegensatz zu sich selbst als dem niemals Fixierbaren. Er gibt ihnen Bestand gegen sich, indem er sie von sich ablöst, selbständig macht. Er scheidet so das Erzeugnis vom schöpferischen Erzeuger, übergibt es der Geschichte, d. h. dem kommenden Geist, der als lebendiger ihn ablösen wird. Gleichwohl aber bleibt er selber in dem geschaffenen Gebilde inhaltlich bestehen. Er hat eben sich selbst in ihm fixiert und ist späteren Zeiten darin noch erkennbar, wenn er selbst längst nicht mehr lebender Geist und unwiederbringlich der geschichtlichen Vergangenheit angehört . . . Im weiten Sinn kann man sagen: der Einzelmensch objektiviert sich schon in seinen Worten, seinen Taten, im Wirken, in der Arbeit, im Werk. Was nur in seinen Gedanken war, tritt durch Verwirklichung in seinem Tun aus ihm heraus in die Gegenständlichkeit. Und überall, wo es sich um bestimmt geformte Dinge handelt, die er ersinnt und herstellt, da stellt er eben damit zugleich ein Bild seiner selbst her, in dem er erkennbar ist. Denn es ist Geist von seinem Geiste, der darin zum Gegenstande möglichen Erfassens wird – für jedermann, der ihn darin zu sehen vermag . . . Es ist die Eigenart des geistigen Gutes, daß es sich vom lebendigen Geiste, dessen Errungenschaft es ist, ablösen und im Gegensatz zu ihm als Gebilde von bestimmter Prägung und Inhaltsgeformtheit festhalten läßt. Ja, es liegt in seinem Wesen, daß es zu jeder Zeit die Tendenz zeigt, sich zu solchen Gebilden auszuformen und in ihnen stabil

lösen sich von ihrem lebendigen Träger und heften sich an ein Objekt, in dem sie nun erhalten werden und dem fremden Geist erkennbar sind. So fixiert sich die schöpferische Persönlichkeit in ihrem Werk, das zu ihrem getreuen Abbild, zu einer „reinen Verwirklichung des Geistes"[14]) wird.

In ihm erlangt der Mensch eine von seinem eigenen Leben unabhängige Existenz. Seine Gedanken, seine inneren Erlebnisse erhalten sich der Nachwelt, auch wenn er selbst gestorben ist. In seinen Werken lebt er fort und ist den späteren Generationen immer noch in seinem Wesen, in seiner Individualität gegenwärtig. In seinen Objektivationen vermag also der persönliche Geist sich von seiner eigenen Seinsweise zu lösen und wird dadurch schon im Diesseits zeitlos, fast ewig.

Aber er wird damit zugleich zum selbständigen Verkehrsgut, zur Ware, die auf dem Markt gehandelt wird, die gekauft und verkauft werden kann. In einem Buch, in einem Gemälde wird immer ein Teil der Persönlichkeit zum Handelsobjekt. Aber trotz dieser Ablösung bleibt eine innige Beziehung zum Schöpfer bestehen. Seine Sorge begleitet das Werk auf dem Weg zum Markte und jeder Betrachter oder Leser schließt aus dem Erzeugnis auf seine Individualität zurück[15]).

d) Die Bereicherung der Welt durch den persönlichen Geist

Der persönliche Geist schöpft also bei seiner Tätigkeit immer wieder aus allgemeinen Quellen, er entnimmt der realen Welt, dem Reich der Ideen und dem Gemeingeist Inhalte und Formen. Aber er bleibt nicht bei dieser bloß rezeptiven Tätigkeit stehen, er tut von dem Seinigen hinzu und gibt das Ganze wieder von sich, indem er sich ausdrückt, indem er schafft und sich anderen mitteilt. Dadurch bereichert er wieder den in den allgemeinen Quellen vorgefundenen geistigen Schatz[16]).

Indem er den Gegenständen der realen Welt, dem rohen Material, dem unbehauenen Stein, der Leinwand, dem Papier sein Inneres aufprägt, gibt

zu werden. In solchen Gebilden besteht der objektivierte Geist. In ihnen gewinnt er eine eigene Seinsweise, auf Grund deren er fortbesteht, während der lebende Geist unter ihm her sich wandelt. Hinge er noch dem lebenden Geiste an, sei es dem personalen oder dem objektiven, so müßte er mit ihm sich wandeln, seine Schicksale, seinen Tod teilen. Als von ihm abgelöster aber überlebt er ihn. Oder richtiger – denn eigentliches Leben darf man ihm nicht zusprechen – er ‚überdauert' ihn; und in seinem Überdauern erhält sich in ihm etwas von dem, was der lebende Geist war, der sich in ihm objektivierte. Es erhält sich nur nicht als ein eigentlich Fortlebendes und nicht als ein geschichtlich Reales."

[14]) Frey a. a. O. S. 76.

[15]) Dieses Enthaltensein der Persönlichkeit im Werk äußert sich z. B. darin, daß eine Steigerung der Wertschätzung der Persönlichkeit sich auch auf die Wertschätzung des früher von ihr geschaffenen Werkes günstig auswirkt. So steigt z. B. der Wert eines Gemäldes, wenn der Maler später berühmt wird.

[16]) Ermatinger a. a. O. S. 291 spricht von der Bereicherung, die jedes Dichtwerk der Menschheit schenkt.

er ein Stück seines eigenen Wesens hinzu, er schafft wie N. Hartmann sagt, „eine Welt des Geistes in der geistlosen Welt"[17]).

Aber auch das Reich der Ideen erfährt durch den Menschen eine Steigerung in seiner Seinsweise. Ihnen kommt ja nur ideales Sein zu, sie bilden nur ein Reich von Möglichkeiten, sie können zwar in den Dingen verwirklicht sein, müssen es aber nicht. Indem der Geist sie in sich aufnimmt und in die Tat umsetzt, gibt er ihnen etwas von seiner realen Seinsweise mit, er realisiert sie[18]). Er holt das Wahre aus seiner Verborgenheit hervor und bringt es zur Anerkennung, er nimmt das sittlich Gute in seinen Willen auf und macht es zu einer das Leben beherrschenden Macht. Er legt das Schöne in seine Werke hinein und gibt ihm dadurch eine bleibende Wohnstätte unter den Menschen[19]).

Auch der objektive Geist wird in seinen Inhalten vom einzelnen ständig vergrößert und vermehrt. Sobald ein persönlicher Gedanke ausgesprochen ist, wird er vom anderen aufgenommen und weiterverarbeitet. So geht er allmählich im Gemeingeist auf. „Was der einzelne findet, das gehört, kaum gefunden und ausgesprochen, schon nicht mehr ihm allein, sondern jedem, der es begreift. Es greift über, zieht seine Kreise im Wissen der Mitlebenden, setzt sich der Kritik, der Nachprüfung aus, erfährt Berichtigung und Umbildung. Und so geht es in den geistigen Gemeinbesitz über"[20]). Dies gilt aber nicht für alle Gedanken in gleicher Weise. Die Formen, in denen der Kulturgeist lebt, wie Mode, Stil, Manier und Technik einer Kunst, neue Akkorde und musikalische Richtungen, vor allem aber wissenschaftliche Lehren und Theorien werden unmittelbar Gemeingut aller, mögen sie auch durch den persönlichen Geist erst erfunden oder wenigstens verbessert und verändert worden sein. Dagegen tragen manche persönliche Gedanken, wie die Fabel des Dichters, die Melodien eines Komponisten, eine so starke Individualität an sich, daß sie trotz ihres Bekanntwerdens im objektiven Geist ein selbständiges Dasein führen, so daß sie von ihm abgehoben bleiben und die Beziehung zu ihrem Schöpfer wahren. Dies gilt immer für das Werk als solches; mögen seine Inhalte auch mehr oder minder von anderen aufgenommen, verarbeitet und fortgebildet werden, als Ganzes bleibt es ein selbständiges Gut, das im Kultur- und Verkehrsleben seine eigene Rolle spielt.

---

[17]) In Das Problem . . . S. 127. Gegenüber N. Hartmann muß allerdings betont werden, daß auch die reale Welt schon eine rationale Struktur mitbringt, daß sie auf den Geist hin angelegt ist; nur so ist es verständlich, daß sie von ihm aufgenommen und verstanden werden kann. Zwischen Welt und Geist herrscht eine Wechselwirkung. Dies hebt mit Recht Litt a. a. O. hervor, so sagt er in Mensch und Welt S. 199: „So wie der Mensch nicht ohne den Beistand der Welt im vollen Sinne des Wortes Mensch sein kann, so ist die Welt, um ganz sie selbst sein zu können, auf die befreiende Tat des Menschen angewiesen."

[18]) Vgl. N. Hartmann, Zur Grundlegung . . . S. 267 ff., S. 305 ff.; Ethik S. 170 ff.

[19]) Zur Verwirklichung ästhetischer Werte vgl. Hessen a. a. O. II S. 231.

[20]) N. Hartmann, Das Problem . . . S. 225.

4. Kapitel

Das „geistige Eigentum"

a) Selbständigkeit und Einmaligkeit geistiger Gehalte

Die bisherige Analyse der Wirkungsweise des persönlichen Geistes hat gezeigt, daß all seine Aktivität mit der Aufnahme geistiger Inhalte aus allgemeinen Quellen beginnt. Ihnen fügt er aus seiner Phantasie eigene und originelle Gedanken hinzu und gießt das Ganze in eine neue Form, die er einem sinnlich wahrnehmbaren Gebilde aufprägt. Von diesem aus kann der geistige Inhalt vom Mitmenschen aufgenommen und weiterverarbeitet werden, so daß einzelne Bestandteile eines Werkes mehr oder minder die Tendenz haben, in den Kulturgeist einzugehen. Das Ergebnis geistigen Schaffens bildet somit eine Einheit, die in schwer trennbarer Weise Gemeingut und Eigenes miteinander verbindet. Soll dem Schöpfer Recht geschehen, so muß ihm das Seinige, das, was er selbst hinzugegeben hat, vorbehalten bleiben, soweit dieses aber in den Gemeingeist eingeht, muß ihm für sein Verdienst an der Bereicherung der Kultur ein Lohn zuteil werden. Es gilt also noch näher zu bestimmen, welche Elemente und Bestandteile an der einheitlichen geistigen Leistung dem Schaffenden gebühren, und Richtlinien für die Bestimmung dessen herauszuarbeiten, worauf er Anspruch hat.

Wir können dabei von dem selbstverständlichen Grundsatz ausgehen, daß jeder Mensch auf das, was ihm von Natur gehört, insbesondere auf das, was seinem Wesen entstammt und nur ihm seine Existenz verdankt, ein Anrecht hat und daß er insoweit gegen fremde Aneignung geschützt werden muß.

Geistige Inhalte besitzen nun trotz ihrer Verbindung mit einem sinnlich wahrnehmbaren Gebilde diesem gegenüber Selbständigkeit. Sie können von ihm in der Regel mühelos abgelöst[1]) und einem anderen realen Träger aufgeprägt und so nachgeahmt und nachgebildet werden. Schon bei den Gegenständen der Natur läßt sich, wie wir oben gesehen haben, ihre geistige Struktur von den einzelnen Körpern abheben und vom menschlichen Geist aufnehmen. Dies gilt erst recht von den geistigen Inhalten und Formen, die der Mensch durch eigene Leistung in ein Realgebilde hineingelegt hat. Hierin liegt nun ein wesentlicher Unterschied zwischen Geistigem und Materiellem. Die Materie als solche kann nicht nachgeahmt werden; nur ihre geistigen Aufbaugesetze lassen sich übernehmen, aber ihre Substanz muß immer neu erzeugt werden. Auch die rein körperliche Leistung, z. B. eines Läufers oder Boxers, kann nicht nachgeahmt, sondern nur durch denselben Kraftaufwand neu hervorgebracht werden. Während also materielle Gegenstände nur durch Wegnahme, körperliche Leistungen nur durch unmittelbare Übernahme ihrer Wirkungen angeeignet werden können,

---

[1]) N. Hartmann, Das Problem . . . S. 424 bezeichnet diese Ablösbarkeit als eine Grundeigenschaft alles geistigen Inhalts. Zum Problem der Nachahmung vgl. auch Schramm, Grundlagenforschung auf dem Gebiete des gewerblichen Rechtsschutzes und Urheberrechts, 1954, 29.

ist bei geistigen Leistungen eine mittelbare Entnahme durch Nachahmung und Nachbildung möglich. Gegen eine solche Aneignung muß nun der geistig Schaffende grundsätzlich ebenso geschützt werden, wie der Eigentümer gegen Diebstahl. Dagegen kann er normalerweise keinen Schutz gegen selbständige Neuschöpfung verlangen.

Nun sind allerdings bei der menschlichen Arbeit Geist und Körper sowie Geistiges und Materielles aufs engste miteinander verbunden. Der Handwerksmeister, der einen einfachen Gebrauchsgegenstand mit der Hand herstellt, benötigt dazu auch zahlreiche Überlegungen und erlernte Kenntnisse. Beim fertigen Gegenstand müssen wir also einerseits die körperliche und die geistige Leistung, die auf ihn verwendet wurde, andererseits das Geistige und Materielle, das er in sich enthält, unterscheiden. Seine Form, seine Herstellungsweise kann von einem anderen ohne besondere Mühe in den eigenen Geist aufgenommen und wiederverwendet, also in einem anderen Stück nachgebildet werden. Das Material dazu muß er selbst beschaffen und die zu seiner Umbildung erforderliche Arbeit muß er selbst verrichten. Ob eine solche Nachbildung eine Aneignung der Leistung des Handwerksmeisters darstellt, hängt davon ab, ob diesem der geistige Gehalt des Gegenstandes gehört. Dies ist nach unseren bisherigen Darlegungen nur der Fall, wenn Form und Ausführungsweise seinem eigenen Geiste entsprungen und nicht einfach aus den allgemeinen Quellen entnommen sind. Hat dagegen der Handwerksmeister nur erlernte und überlieferte Fachkenntnisse in den Gegenstand hineingelegt, so gehört ihm offenbar nur das konkrete, einzelne Stück, nicht aber der geistige Gehalt, der von diesem abgelöst und einem anderen Stück aufgeprägt werden kann.

Dasselbe gilt auch, wenn der Handwerksmeister Form und Herstellungsweise des Gegenstandes, ohne zu wissen, daß diese bereits bekannt und geistiges Gemeingut sind, selbst ersonnen haben sollte. Geistige Gehalte derselben Art sind ja im Gegensatz zu Körperdingen immer einmalig: es gibt nur eine Kreisform, nur ein Quadrat, nur einen pythagoräischen Lehrsatz. Dagegen sind körperliche Stücke derselben Art in unbegrenzter Zahl möglich: es können z. B. Tausende von Stühlen derselben Ausführungsweise hergestellt werden. Daher kann durch Erzeugung eines konkreten Stückes an diesem immer ein Eigentum des Herstellers anerkannt werden, ohne daß anderen etwas entzogen wird; dagegen kann durch Neuschöpfung eines bereits in Gemeinbesitz übergegangenen geistigen Inhalts daran kein Eigentum mehr erworben werden, weil dieser sonst der Allgemeinheit weggenommen würde.

Ähnlich muß es aber auch sein, wenn der Handwerksmeister zwar eine bisher unbekannte Form ersinnt, diese aber so geartet ist, daß sie jedermann ohne weiteres, also mit Einsatz allgemeinmenschlicher Begabung finden könnte. Würde man ein Eigentum des Handwerksmeisters an dieser einmaligen Form anerkennen, so würde man damit der Allgemeinheit etwas entziehen, was dieser von der Natur selbst zugänglich gemacht wurde. An diesem Ergebnis ändert sich auch nichts, wenn der Handwerksmeister vielleicht besondere Mühe und besondere Überlegung auf seine Erfindung verwendet hat; denn diese wären offenbar vermeidbar gewesen.

b) Die individuelle geistige Leistung

Diese Überlegungen führen zu der Schlußfolgerung, daß an geistigen Inhalten und Formen von vornherein nur durch eine unvermeidbare individuelle Leistung Eigentum erworben werden kann. Dabei ist es aber gleichgültig, ob das Individuelle in dem Einsatz besonderer geistiger Fähigkeiten oder in dem Aufwand an seelischer Energie oder an körperlichen Kräften liegt. Selbst ein unvermeidbares Opfer an Geld und Vermögen kann das Besondere ausmachen[1a]). Der Geist kann ja immer nur im Zusammenwirken mit Körper und Seele tätig werden und oft setzt seine Wirksamkeit auch einen Vermögenseinsatz voraus. Es genügt, daß der Geist mitbeteiligt ist, daß der Aufwand einem geistigen Inhalt gilt, der nicht allen ohne weiteres zugänglich ist, so daß die Nachahmung notwendig zugleich die Aneignung fremder Leistung und fremden Gutes bedeutet.

Nun muß aber noch bedacht werden, daß das Geistige auch aus allgemeinen Quellen stammen kann, von deren Benutzung niemand ausgeschlossen werden soll.

Wie wir oben gesehen haben, setzt auch die Aufnahme geistiger Gehalte aus diesen Quellen oft einen individuellen Einsatz voraus. Eine wissenschaftliche Entdeckung z. B., wie die der Röntgenstrahlen oder die Erkundung eines fremden Erdteils[2]), die Wiederherstellung eines alten Textes oder die Entzifferung einer alten Sprache erfordern immer einen besonderen Aufwand, mag er nun mehr auf geistigem, seelischem, körperlichem oder finanziellem Gebiet liegen. Aber das, was dabei gefunden wird, ist geistiges Gemeingut, es entstammt der realen Welt oder dem objektiven Geist. Durch die Entdeckung kann dieses nicht zum Eigentum eines einzelnen werden. Trotzdem ist es offensichtlich, daß die Benutzung der Entdeckung zugleich eine Benutzung der besonderen Leistung des Forschers darstellt; denn der Benutzer könnte die Entdeckung nicht selbst machen, wenigstens nicht ohne besonderen Aufwand. Daraus ergibt sich, daß dem Entdecker zwar nicht der Inhalt des Gefundenen als sein Eigentum vorbehalten werden kann in dem Sinne, daß er andere davon ausschließen könnte, aber das Rechtsgefühl verlangt, daß er für die Benutzung seiner unvermeidbaren individuellen Leistung ein Entgelt erhalten muß. Nun gehen allerdings gerade solche Entdeckungen in der Regel unmittelbar in den objektiven Geist ein, sie werden mit Windeseile durch die moderne Technik bekanntgemacht, so daß der einzelne Benutzer meist gar nicht festgestellt werden kann. Aber die Bereicherung der Kultur stellt ein Verdienst dar, das einer Belohnung wert ist. Ein besonderes Problem ist nun, wie dieser Anspruch auf Entlohnung für die Bereicherung des Gemeingeistes und für die Benutzung der individuellen Leistung durch andere praktisch

[1a]) Zu beachten ist aber, daß der Aufwand gerade dem Geistigen gewidmet sein muß. Es genügt nicht, wenn er nur für die körperliche Ausführung eines allgemein zugänglichen geistigen Gehalts notwendig ist.

[2]) Auch hierbei handelt es sich um die Entdeckung eines geistigen Inhalts; denn es wird das Wissen um den Erdteil vergrößert.

verwirklicht werden kann. Darauf soll jedoch erst später eingegangen werden[3]); hier kommt es nur auf die Herausstellung des Grundsatzes selbst an.

Nun erst können wir feststellen, welche geistigen Erzeugnisse Eigentum eines einzelnen Menschen sind und ihm ausschließlich gebühren. Es sind diejenigen geistigen Inhalte und Formen, die nicht aus allgemeinen Quellen stammen, sondern vom persönlichen Geist aus seinem eigenen Inneren neu geschaffen sind und deren Hervorbringung nur mit individuellem Einsatz möglich war. Die Leistung sowohl wie das Geistige muß individuell sein, damit geistiges Eigentum entstehen kann. In diesem Fall wird trotz der Einmaligkeit des geschaffenen geistigen Gutes – man denke an eine Beethovensche Symphonie – niemandem etwas entzogen; denn die Natur selbst hat es der Allgemeinheit versagt und dem Individuum zugewiesen. Erst der geschichtlichen Existenz des Einzelmenschen verdankt ein solches Werk seine Entstehung und ohne ihn wäre es nie in dieser Art geschaffen worden. Wie der Persönlichkeit vom Schöpfer ihre Individualität als etwas Ureigenes mitgegeben wurde, so muß ihr auch das damit Hervorgebrachte ausschließlich gehören. Die durch individuelle geistige Leistung geschaffenen Inhalte und Formen können also vom konkreten Gegenstand, in den sie hineingelegt wurden, nicht ohne Verletzung geistigen Eigentums durch Nachahmung und Nachbildung abgelöst werden.

c) Verbindung und Schichtung geistiger Gehalte und Leistungen

Nun wird aber die Feststellung des geistigen Eigentums einer Einzelperson noch dadurch besonders erschwert, daß geistige Gehalte und Leistungen im Kulturleben in mannigfacher Weise miteinander verbunden und übereinander geschichtet werden. Schon oben wurde betont, daß z. B. bei einer wissenschaftlichen Entdeckung die individuelle Leistung untrennbar mit einem allgemeinen geistigen Inhalt verbunden ist. Die Leistung allein besitzt keine Selbständigkeit. Ohne das Gefundene, das aber der Allgemeinheit gehört, wäre sie bedeutungslos. Bei dieser Sachlage kann kein Eigentum, sondern nur ein Anspruch auf Benutzungsentgelt entstehen.

Auch bei der Photographie werden allgemeine Inhalte und Formen der Natur mit der individuellen Leistung des Photographen[4]) verbunden. Daneben bleibt aber das der Natur Entnommene selbständig benutzbar. Ein anderer Photograph kann eine ähnliche Aufnahme derselben Gegend machen oder der Maler kann nach der Natur ein Bild malen. Die Photographie kann daher in weiterem Maße als eine Entdeckung gegen Benutzung insbesondere gegen Nachahmung und Nachbildung geschützt werden, ohne daß dadurch eine Monopolisierung von Gemeingut zugunsten eines einzelnen eintritt.

---

[3]) Vgl. dazu Kap. 20 a.

[4]) Utitz, Grundlegung der allgemeinen Kunstwissenschaft I S. 75, sieht die individuelle Leistung des Photographen in der Auswahl der ästhetischen Eigenschaften des dargestellten Gegenstandes aus einer Vielzahl von Gegenständen. Vgl. auch Windisch, Schule der Farbenphotographie, 1952, 11 ff.

Allerdings ein Eigentum an dem geistigen Inhalt[5]) der Photographie kann nicht anerkannt werden, weil dadurch andere gehindert würden, denselben Gegenstand nach der Natur zu malen oder zu photographieren.

Aber auch individuelle geistige Inhalte und Formen kommen als Endprodukt des Schaffens kaum in voller Reinheit vor. Überall sind sie vermischt und verbunden mit geistigem Gemeingut. In einem wissenschaftlichen Werk z. B. ist neben eigenen Gedanken viel Bekanntes zusammengetragen, selbst die Form enthält immer auch allgemeine Bestandteile, wie z. B. die Wörter; denn nur ihre Zusammensetzung zu Sätzen ist neu. In einem Gemälde sind neben eigener Komposition und eigener Formgebung viele Gestalten, Linien und Farben der Außenwelt vereinigt. In einem musikalischen Werk sind neben eigenen Einfällen auch die dem Kulturgeist angehörenden Gesetze der Harmonie verwendet. Trotz dieser engen Verbindung allgemeiner und individueller Gehalte wahren erstere jedoch ihre Selbständigkeit. Das wissenschaftliche Gemeingut, die Wörter eines Buches, die der Natur entnommenen Linien, Gestalten und Farben eines Gemäldes, die Gesetze der Harmonielehre können ohne das Eigene, das der Urheber von sich aus hinzugetan hat, benützt werden. Während bei der Entdeckung das Entdeckte von der Leistung nicht trennbar ist, so daß kein geistiges Eigentum entstehen kann, besitzen die allgemeinen geistigen Inhalte neben den individuellen, mit denen sie im Werk verbunden sind, Selbständigkeit. Das Individuelle allerdings baut oft untrennbar auf dem Allgemeinen auf, seine Schöpfung bedeutet zugleich die Benutzung des geistigen Gemeingutes. Die Sätze eines Buches z. B. können nicht geformt werden ohne Gebrauch der im Kulturgeist vorgefundenen Wörter. Trotz dieses Sachverhalts ist es aber möglich, an den individuellen Zügen des Werkes ein Sondereigentum des Schöpfers anzuerkennen, weil die allgemeinen Gehalte selbständig verwertbar bleiben, so daß niemand von ihnen ausgeschlossen wird. Die Mitbenutzung des geistigen Gemeingutes im Werk kann nicht einmal eine Beschränkung dieses Sondereigentums rechtfertigen; denn sie ist ohnehin jedermann unentgeltlich gestattet, das Gemeingut steht jedem zur freien Benutzung offen. Kein Mensch denkt z. B. daran, das Eigentum eines Schreiners an dem von ihm hergestellten Stuhl deshalb zu beschneiden oder zu begrenzen, weil er dabei die allgemeinen Fachkenntnisse seines Handwerks benützt hat. Ebenso besteht auch an den vom Urheber geschaffenen individuellen Zügen eines Werkes[6]) ein grundsätzlich unbeschränktes geistiges

[5]) Auch bei der Photographie handelt es sich um einen geistigen Inhalt, obwohl dieser ohne Zwischenschaltung des menschlichen Geistes von der Natur auf die Platte projiziert wird. Dies zeigt sich am besten daran, daß wir den Inhalt in unseren Geist aufnehmen und so genießen können. Nicht die Substanz der Materie, nicht das räumlich Ausgedehnte, sondern das den körperlichen Gegenständen der Natur anhaftende Geistige (vgl. oben Kap. 2 Fußnote 1) wird durch die Wirkungen der Materie auf einen neuen körperlichen Gegenstand übertragen. Daß auch durch ein solches mechanisches Verfahren geistige Inhalte übertragen werden können, ist nicht verwunderlich, wenn man bedenkt, daß eben überall das Materielle Träger des Geistigen sein kann. Dieses Aufruhen des Geistigen auf der Materie wird von N. Hartmann in seinem Problem des geistigen Seins besonders hervorgehoben. Allerdings geht er wohl in den Schlußfolgerungen zu weit, wenn er sagt, daß es den frei schwebenden Geist überhaupt nicht gebe.

Eigentum, das sich aber nicht auf die mitbenutzten allgemeinen geistigen Gehalte erstreckt.

Nun kann es auch sein, daß das Individuelle an einem einheitlichen Werk von mehreren geschaffen wurde, so daß sich ihre Leistungen gegenseitig durchdringen. Dies ist z. B. der Fall, wenn das Textbuch einer Operette von zwei Dichtern gemeinsam verfaßt wird. Hier lassen sich offenbar die Beiträge des einzelnen nicht mehr trennen und gesondert verwerten. Es entsteht daher ein gemeinschaftliches Eigentum beider an der Individualität des Werkes.

Neben dieser Vermischung von geistigen Inhalten und Leistungen zu einem einheitlichen Ganzen kommt aber auch häufig eine bloße Schichtung vor. Von einer solchen kann man dann sprechen, wenn die fertige Leistung des einen durch die Leistung eines anderen überlagert wird. Dabei können beide Leistungen im Verkehrsleben ihre selbständige Verwertbarkeit bewahren. Dies ist z. B. bei einer Oper der Fall, bei der die Leistung des Textdichters von der des Komponisten überlagert wird, ohne daß aber dadurch eine untrennbare Einheit entsteht; vielmehr kann der Text ohne Musik und die Musik ohne Text benutzt werden. Daher kann jedem ein ausschließliches Recht an seinem Werk zugebilligt werden, und zwar so, daß jeder zu einer Verwertung der ganzen Oper der Zustimmung des anderen bedarf.

Eine Schichtung von Leistungen ist aber auch in der Art möglich, daß nur die erste ihre volle Selbständigkeit bewahrt, während die Verwertung der zweiten notwendig eine Benutzung der ersten enthält. So ist es z. B. bei der Wiedergabe einer Komposition durch den ausübenden Künstler. Sein Spiel stellt ohne Zweifel eine individuelle, oft künstlerische Leistung dar, die zu der des Komponisten hinzukommt. Aber das Tonstück besitzt in der Notenschrift selbständige Existenz, es kann auch durch einen anderen Künstler wiedergegeben werden. Die Verwertung der Wiedergabe dagegen z. B. durch Lautsprecher oder Rundfunkübertragung enthält immer zugleich eine Benutzung des Tonstücks. Trotzdem kann ein aussschließliches Recht nicht nur dem Komponisten an seinem Werk, sondern auch dem Musiker an seiner zusätzlichen Leistung, nämlich an der Wiedergabe zugebilligt werden, weil dadurch der Komponist in der Verwertung seines Werkes nicht behindert wird[7]). Der Musiker ist allerdings bei der Ausübung seines Rechts an der Wiedergabe vom Komponisten abhängig, weil er dabei dessen Leistung mitbenützt. Einen besonders ausgeprägten Fall übereinander gelagerter Leistungen stellt die Schallplatte dar. In ihr sind die Leistungen des Komponisten[8]), des ausübenden Künstlers und des Schallplattenherstellers übereinander geschichtet. Während das Werk des Komponisten

---

[6]) Individuelle Züge hat auch das naturgetreue Bild eines Malers; es ist nie so naturgetreu wie z. B. eine Photographie.

[7]) Vgl. dazu die Kontroverse zwischen Piola Caselli (Ufita 1938, 1 ff. u. 71 ff.) und Hoffmann (Ufita 1939, 96 ff.). Ersterer meint, daß ein dem Künstler gewährtes Ausschlußrecht dem Urheberrecht des Komponisten widerstreiten würde.

[8]) Die Leistung des Komponisten kann noch mit der eines Textdichters verbunden sein.

seine volle Selbständigkeit wahrt, muß der ausübende Künstler es bei seiner Wiedergabe benützen und beider Leistungen zusammen werden vom Fabrikanten in der organisatorischen Tätigkeit der Schallplattenherstellung verwendet. Trotzdem kann jedem ein eigenes Recht an seiner Leistung gewährt werden, wobei allerdings der Künstler in der Ausübung vom Komponisten und der Schallplattenhersteller von beiden abhängig ist.

d) Der Unterschied von Schöpfung und Leistung

Wir haben bisher gesehen, daß durch individuelle geistige Leistung ein Anrecht des Schaffenden auf das Ergebnis seiner Tätigkeit entsteht. Die Ausgestaltung dieses Anrechts erfährt aber nicht nur Modifikationen durch die mehr oder minder große Selbständigkeit, sondern auch durch die Art der einzelnen Leistung. Der menschliche Geist wird in den verschiedensten Richtungen tätig, seine Manifestationen und Objektivationen sind mannigfacher Art, seine Selbstverwirklichung vollzieht sich in dauerhaften Materialisationen oder in flüchtigen Akten. Will das Recht diese verschiedenen Wirkungen des Geistes angemessen regeln, so muß es Einteilungen und Klassifizierungen vornehmen.

Als wichtigste Unterscheidung ergibt sich die zwischen gewerblichen und kulturellen Leistungen. Erstere verfolgen einen praktischen Zweck, sie dienen der Befriedigung materieller Bedürfnisse. Zu ihnen gehören vor allem technische Erfindungen, aber auch kaufmännische und geschäftliche Leistungen. Zur Kultur[9]) dagegen gehört das, was den geistigen Bedürfnissen des Menschen dient. Insofern kann man auch sagen, daß hier das Geistige um des Geistigen willen geschaffen wird und daß kulturelle Leistungen Selbstzweck sind. Jedoch darf man dies nicht dahin verstehen, daß kulturelle Leistungen nur aus ideellen Gründen, nicht auch aus wirtschaftlichen Erwägungen heraus erbracht werden sollen und daß sie von Seiten des Schaffenden nicht auch einen wirtschaftlichen Zweck verfolgen dürfen. Da der menschliche Geist aufs engste mit dem Körper verbunden ist, da er nur schaffen und wirken kann, wenn der Körper und sein Leben erhalten wird, muß vielmehr der kulturell Schaffende mit seinem Werk immer auch materielle Erfolge erstreben. Auf seiner Seite sind also geistige und materielle Interessen ebenso notwendig miteinander verbunden wie Geist und Körper. Es hieße daher ein Lebensgesetz verkennen, wollte man diese in der Natur des Menschen liegende Verbindung von wirtschaftlichen und ideellen Zwecken beim geistig Schaffenden übersehen. Auf der Seite des Aufnehmenden dagegen, für den kulturelle Leistungen letztlich bestimmt sind, dienen sie allein geistigen Bedürfnissen. Während also gewerbliche Leistungen den praktischen und materiellen Interessen des Menschen gewidmet sind, befriedigen kulturelle Leistungen seine geistigen Bedürfnisse. Nur mit dem Schutz der letzteren haben wir es hier im Urheberrecht zu tun, erstere dagegen gehören zum Gebiet des gewerblichen Rechtsschutzes.

---

[9]) Emil Utitz, Mensch und Kultur 1933, 14, unterscheidet die Kultur von der bloßen Zivilisation dadurch, daß erstere Selbstwerte, letztere Dienstwerte verwirklicht.

Die Wirkungen des Geistes sind aber auch in sonstiger Beziehung noch sehr unterschiedlich. Sie können sich auf das menschliche Innere beschränken und nach außen nicht in Erscheinung treten. Hier bleiben sie Bestandteil der menschlichen Persönlichkeit und müssen, soweit sie überhaupt verletzbar sind, durch das Persönlichkeitsrecht geschützt werden. Das Urheberrecht kann sich daher auf die Regelung der nach außen in Erscheinung tretenden kulturellen Leistung beschränken, die allerdings immer eine mehr oder minder enge Verbindung mit der Persönlichkeit wahrt. Schon an der Erscheinungsweise der Person selbst, an ihrer Haltung, an ihren Handlungen und Taten, in ihren Worten und Bewegungen werden geistige Wirkungen erkennbar und geben somit die Möglichkeit der Nachahmung. So äußert sich die Leistung des Schauspielers schon in seinem Mienenspiel, in seinen Gesten und Bewegungen. Geistige Akte können aber auch die Außenwelt umgestalten, indem sie einem festen Material aufgeprägt werden, so daß ein selbständiges, dauerhaftes Gebilde entsteht. In allen diesen Fällen kann die geistige Leistung in höchstem Maße kompliziert und mühsam sein oder sie kann auf einem glücklichen Einfall beruhen. Sie kann in kompilatorischer Tätigkeit bestehen, die nur bereits Gegebenes sammelt und verbindet, oder sie kann Neues ersinnen und erdenken, sie kann dauernde kulturelle Bedeutung haben oder nur einem vorübergehenden Geschmack dienen. Die einzelnen geistigen Leistungen kultureller Art sind offenbar so unterschiedlich, daß sie vom Recht nicht einheitlich behandelt werden können.

Als Haupteinteilungsgrund bietet sich dabei der Unterschied zwischen Schöpfung und bloßer Leistung an. Den Begriff der geistigen Leistung, der im geltenden Urheberrecht noch nicht gebraucht wird, aber von der neueren Rechtslehre entwickelt wurde, wird man als den umfassenderen Begriff ansehen müssen[10]). Unter ihn fällt jeder individuelle Einsatz, der dem Geistigen dient. Aus diesem weiten Bereich sind die geistigen Schöpfungen als besondere Kategorie auszugliedern. Schwierig ist es allerdings, die Grenze zu ziehen und das Merkmal herauszustellen, durch das eine bloße Leistung zur Schöpfung wird. Unwillkürlich verbindet man mit letzterem Begriff den Gedanken, daß dabei etwas Neues in der Außenwelt geschaffen werde[11]), doch ist das auch bei vielen Leistungen der Fall, die wir doch nicht mit den Schöpfungen auf eine Stufe stellen möchten. So wird z. B. auch durch die Wiedergabe einer Komposition und deren Aufnahme auf Schallplatten etwas Neues geschaffen. Unbrauchbar als Unterscheidungsmerkmal ist auch die Höhe des geistigen Einsatzes[12]). Eine wissenschaftliche Entdeckung z. B. erfordert oft mehr Geist und mehr Mühe als eine kleine Novelle und doch widerstrebt es uns, eine Entdeckung als Schöpfung zu betrachten. Man wird das wesentliche Merkmal der Schöpfung darin erblicken müssen, daß bei ihr der individuelle Geist selbst in eine äußere

[10]) Ebenso Elster, Zeitschr. f. ausl. u. intern. Privatrecht 1932, 914.

[11]) Dies drückt Marwitz, Ufita 1928, 8, so aus, daß der Urheber etwas „aus dem Ur, wie einen Schatz hebt".

[12]) Überhaupt kann es auf den kulturellen Wert nicht ankommen, da hier das richterliche Beurteilungsvermögen versagt. Vgl. darüber unten Kap. 6b.

Form eingeht[13]), daß er sich objektiviert und Ausdruck gewinnt[14]), daß er sozusagen selbst Gestalt annimmt[15]) und aus dieser Gestalt wiedererkannt werden kann. Bei ihr könnte die Individualität des Schöpfers nicht hinweggedacht werden[16]), ohne daß das Ergebnis ein wesentlich anderes wäre[17]). Die 9. Symphonie konnte so, wie sie ist, nur von Beethoven geschrieben werden; wenn zwei Dichter über dasselbe Thema ein Gedicht verfassen, so wird dieses doch bei jedem ein anderes sein. Bei der Schöpfung gewinnt also der individuelle Geist selbst in einer äußeren Form Ausdruck, wobei allerdings das Individuelle im Einzelfall mehr im Inhalt als in der Form liegen kann[18]).

Während der Geist im schöpferischen Wirken einen Teil seines Wesens aus sich selbst heraus in die Außenwelt stellt, indem er sich einem sinnlich wahrnehmbaren Gegenstand aufprägt, so daß ein individuelles Werk entsteht, bleibt er bei der geistigen Leistung nur im Hintergrund erkennbar, er geht nicht selbst in das Erzeugnis ein. Eine Entdeckung z. B. besteht nur aus einem allgemeinen Inhalt, sie enthält nicht den individuellen Geist des Entdeckers. Wäre sie von einem anderen gemacht worden, so wäre doch das Ergebnis dasselbe. Allerdings ist wegen der Verborgenheit des Entdeckten jedem erkennbar, daß der geistige Inhalt nur mit individuellem Einsatz gefunden werden konnte. Auch die künstlerische Wiedergabe einer Komposition setzt eine besondere Leistung voraus, ohne daß dabei aber der individuelle Geist des ausübenden Musikers zur Gestalt wird. Jedenfalls soll dieser nur das Werk interpretieren und den Geist des Komponisten vor uns erstehen lassen. Der vortragende Künstler kann daher in der Regel durch einen anderen ersetzt werden, ohne daß die Wiedergabe eine wesentlich andere würde. Freilich bleibt seine individuelle Leistung

---

[13]) So sagt Goethe vom Maler: „Er erfindet sich selbst eine Weise, macht sich selbst eine Sprache, um das, was er mit der Seele ergriffen wieder nach seiner Art auszudrücken, einem Gegenstand, den er öfter wiederholt hat, eine eigene bezeichnende Form zu geben. . . Nun wird es eine Sprache, in welcher sich der Geist des Sprechenden unmittelbar ausdrückt und bezeichnet.“ (Zitiert nach Cahn-Speyer, GRUR 1930, 779).

[14]) Goethe sagt: „Eigentümlichkeit des Ausdrucks ist Anfang und Ende aller Kunst.“ (Zitiert nach Georg Müller, Goethes urheberrechtliche Gedanken, Ufita 1939, 31).

[15]) Nach Medicus, Das Problem einer vergleichenden Geschichte der Kunst, in Philosophie der Literaturwissenschaft herausg. von Ermatinger, S. 216, ist der Sinn des Schaffens die Selbstgestaltung. Vgl. auch Litt, Mensch und Welt S. 26: „Nicht anders kann ja der Geist Gestalt gewinnen und Dauerform annehmen, als in der Weise, daß er sich der natürlichen Stoffe und Vorgänge bemächtigt und so in sie hineinbildet, daß sie ihm Wohnstatt und Darstellung werden.“

[16]) Gierke, Deutsches Privatrecht, I 1895, 770, sagt vom Werk, daß es sich als originale Schöpfung offenbaren müsse, die so nur aus der Arbeit eines bestimmten persönlichen Geistes hervorgehen könne.

[17]) Zum Unterschied von Schöpfung und Leistung vgl. auch Hoffmann, JW 1934, 486; 1939, 78; GRUR 1932, 132; Ufita 1939, 100; ZAkDR 1940, 28; GRUR 1940, 468; Elster, GRUR 1940, 404; Furler, GRUR 1949, 325; Osterrieth, Wissenschaftliches Eigentum, 1925, 18.

[18]) Elster, Zeitschr. f. ausl. u. intern. Privatrecht 1932, 914, verlegt unter Berufung auf N. Hartmann den Ausdruck der Persönlichkeit in die bloße Formgebung. Ihm gegenüber muß aber betont werden, daß die Individualität auch im Inhalt zum Ausdruck kommen kann, soweit dieser nicht lediglich aus allgemeinen Quellen geschöpft ist.

im Hintergrund erkennbar[19]). Man kann also sagen, daß bei geistigen Leistungen zwischen Ergebnis und individuellem Geist nur ein Kausalitätsverhältnis besteht, während bei der Schöpfung der individuelle Geist nicht nur Ursache ist, sondern selbst in die Wirkung, in das Werk eingeht. Freilich sind hier wie überall im Leben die Übergänge fließend und im Einzelfall mag die Abgrenzung nicht leicht sein.

5. Kapitel

Das Werk als Ausdruck des individuellen Geistes

a) Werke der Literatur

Alle Schöpfungen, alle Werke sind also Ausdruck des individuellen Geistes. Aber bei den einzelnen Werkgattungen wird die Individualität des Schöpfers in ganz verschiedener Weise ausgeprägt, so daß Übergänge selbst dann fehlen, wenn sie vielleicht denselben Gegenstand behandeln. Dies gilt im Verhältnis der Sprachwerke, der Werke der bildenden Künste und der Werke der Tonkunst zueinander. Wird z. B. eine Landschaftsschilderung für ein Gemälde oder eine Symphonie benützt, so kann darin keine Aneignung der individuellen Schilderung, sondern nur eine Benutzung als Anregung liegen.

Das Wesentliche an den Werken der Literatur, seien sie wissenschaftlicher oder schöngeistiger Art, besteht darin, daß ein begrifflicher Inhalt in die Formen der Sprache gegossen wird. Allerdings liegt bei den wissenschaftlichen Werken die Bedeutung mehr im Inhalt, bei der Dichtung mehr im sprachlichen Kleid. Während aber der Wissenschaftler nur das Wahre möglichst rein in Begriffe einzufangen sucht, vermag der Dichter in seinen Worten noch etwas auszudrücken, was in ihrer Bedeutung nicht enthalten ist: es ist das an sich Unaussprechbare, begrifflich nicht Faßbare, nämlich die Idee des Schönen[1]).

---

[19]) Sicher ist De Boor, Ufita 1940, 189, darin Recht zu geben, daß sich bei einer Caruso-Platte in jedem Ton der Glanz dieser gottbegnadeten Persönlichkeit spiegelt. Aber es ist nicht der individuelle Geist des Sängers, der Ausdruck findet, sondern seine Stimme, mit der er dem Geist des Komponisten Ausdruck verleiht. Ähnlich ist es bei einem Porträt; auch hier findet die Persönlichkeit des Abgebildeten Ausdruck; aber es ist nicht ihr Geist, sondern der Geist des Künstlers, den wir daraus erkennen. Ähnlich ist es aber auch bei einem Brief alltäglichen Inhalts, der die Privatsphäre des Schreibers behandelt; auch hier ist Persönliches ausgedrückt, aber nicht der individuelle Geist; denn die Leistung des Briefschreibers ist eine allgemeinmenschliche, eine durchschnittliche. Neben den geistigen Schöpfungen gibt es also noch andere Erzeugnisse, die Wesenszüge der Persönlichkeit ausdrücken. Ein Werk liegt nur vor, wenn der individuelle Geist des Schöpfers in ihm enthalten ist. Der Ausdruck sonstiger Wesenszüge der Persönlichkeit gehört nicht zum Urheberrecht, sondern zum Persönlichkeitsrecht.

[1]) Vgl. N. Hartmann, Das Problem . . . S. 435. „Dichtwerke gehören demselben Schrifttum an, dem soviel anderweitiges geistiges Gut auch angehört, wofern es nur aufgezeichnet ist. Daß aber das Wort, das den nüchternsten Zwecken dient, auch einer Formung höherer Art fähig ist und durch sie Transparenz für das sonst im Leben nicht Sagbare gewinnt, das ist das Tun der Dichtung an ihm." Vgl. auch Ermatinger a. a. O. S. 57: „Gewiß ist auch die Idee des Dichters eine Abstraktion; aber wer bedenkt, daß sie nicht in kühler, logischer Analyse und

Nun kann die Individualität des Urhebers vor allem in der äußeren Form Ausdruck finden. Die zur Verfügung stehenden Sprachformen sind unendlich; zwar sind die einzelnen Wörter und die Sprachregeln Bestandteile des objektiven Geistes und daher Gemeingut, aber es gibt so viele Möglichkeiten der Zusammensetzung als es menschliche Individuen gibt. Jeder Geist kann daher seine besondere Sprachform wählen, um sich darin auszudrücken. „Der Stil ist der Mensch" sagt ein Sprichwort. Eine literarische Schöpfung liegt daher schon vor, wenn nur die Sprachform eine individuelle ist, wie es z. B. bei einer Übersetzung der Fall ist[2]).

Die Individualität kann auch in der inneren Form, in der Ordnung, Auswahl und Zusammenstellung des Inhalts zum Ausdruck gelangen; denn auch hier stehen unendliche Möglichkeiten zur Verfügung, jeder wird seinen Gedanken einen anderen Aufbau, eine andere Ordnung und eine andere Begründung geben.

Aber auch der begriffliche Inhalt kann den individuellen Geist in sich enthalten und ihm Ausdruck verleihen. Dies ist allerdings nur möglich, soweit der Inhalt nicht lediglich aus den allgemeinen Quellen, aus der realen Welt, aus dem Reich der Ideen oder aus dem Kulturgut entnommen ist, sondern auf eigener Erfindung, eigenem Erleben und eigenen Gefühlen beruht wie z. B. die Fabel des Dichters[3]).

Im begrifflichen Inhalt sowohl wie in der inneren und äußeren Form kann also der individuelle Geist des Urhebers seine Ausprägung erfahren. Soweit dies der Fall ist, bedeutet die Benutzung eines jeden dieser drei Bestandteile in einem anderen literarischen Werk eine Verletzung geistigen Eigentums, wenn die Benutzung über eine bloße Anregung hinausgeht. Dagegen kann in ihrer Verwendung für ein Werk der bildenden Künste oder der Tonkunst keine Aneignung fremder Individualität liegen; diese Werkgattungen sind von anderer Natur und unterstehen anderen Gesetzen.

b) Werke der bildenden Kunst

Während der literarische Verfasser in Begriffen denkt, denkt der bildende Künstler in Anschauungen[4]), während ersterer Gegenstände

---

scholastischer Erörterung wie die Begriffe der Wissenschaft entwickelt, sondern im großen, schmerzlich-süßen Kampfe mit feindlichen Lebensmächten erlebt worden ist, der ist sich des Unterschiedes zwischen Schöpferidee und wissenschaftlich-philosophischem Begriff klar bewußt . . ." Vgl. auch Alois Riehl, Bemerkungen zu dem Problem der Form in der Dichtkunst, philosophische Studien aus vier Jahrzehnten, 1925.

[2]) Eine andere Frage ist natürlich, ob es sich dabei um eine selbständige oder nur um eine abhängige Nachschöpfung, um eine Bearbeitung handelt. Letzteres trifft bei der Übersetzung zu.

[3]) Selbst wissenschaftliche Lehren und Theorien können in gewissem Sinn Ausdruck der Individualität sein. So sagt J. G. Fichte, Erste Einleitung in die Wissenschaftslehre, Fichtes Werke herausg. von Medicus, Leipzig o. J. III, 18: „Was für eine Philosophie man wähle, hängt davon ab, was man für ein Mensch ist." Und Georg Simmel, Hauptprobleme der Philosophie, 1911, 27 äußert sich folgendermaßen: „Die Persönlichkeit der Philosophen ist nicht der Inhalt ihrer Behauptungen, sondern diese Behauptungen gehen auf irgendwelche objektive Realitäten, aber jene Persönlichkeit drückt sich in ihnen aus . . ."

[4]) Hessen a. a. O. I, 70: „Der Philosoph bedient sich des Begriffs, der Künst-

abstrakt erfaßt, nimmt letzterer sie in ihrer Gestaltung auf[5]). Wo die Individualität eines Schriftstellers sich im Inhalt oder in der Ordnung des Inhalts, also in der inneren Form ausprägt, kann sie vom fremden Geiste nur verstanden werden, wenn dieser ebenfalls begrifflich und abstrakt denkt. Der Künstler dagegen wandelt die Gedanken des Schriftstellers in Anschauungen, in Bilder[6]) um, so daß diese ihre Individualität verlieren und eine neue annehmen[7]). Die Schilderung einer exotischen Landschaft, die der Dichter in Worte und Begriffe gefaßt hat, wird im Geiste des Malers zu bestimmten Gestalten und Formen und verliert damit ihre künstlerische Eigenart. Die Darstellung in Worten bedeutet daher für den Maler eine bloße Anregung. In dem gemalten Bild ist die Individualität des Dichters nicht mehr ausgeprägt; denn er hat sie nur in Worte und Begriffe gefaßt[8]).

Der Inhalt eines Werkes der bildenden Künste ist also immer ein anschaulicher, der sich auf der Fläche oder im Raum entfaltet. Schon in ihm wird die Individualität des Künstlers wirksam[9]). Wenn zwei Maler dieselbe Landschaft betrachten, so sehen sie doch nicht dasselbe, jeder erfaßt von den unendlichen Möglichkeiten, die sie enthält, etwas Besonderes[10]), einen wesentlichen Zug, auf den er nach seiner inneren Einstellung ausgerichtet ist. Gerade dieser Wesenszug wird ihm zum inneren Erlebnis und drängt zur Ausführung, alles andere versinkt dabei; in ihm erfaßt er die Idee des Schönen in ihrer Unerschöpflichkeit von einer bestimmten Seite.

Der Künstler gibt aber dem Aufgenommenen in der Regel noch eine besondere Gestaltung, die zunächst noch unabhängig ist von der Wahl des Ausdrucksmittels. Er versucht, den besonderen Zug, den er an der Natur entdeckt hat, hervorzuheben[11]), vielleicht indem er ihn steigert, ihn ins Zentrum, in Licht oder Schatten rückt oder indem er alles weniger Wichtige wegläßt. Hierin liegt die innere Formgebung, in der sich die Anschauungs-

---

ler des Bildes. Dort ist die Darstellungsweise eine abstrakte, hier eine anschauliche. Jene will das Denken, diese die Phantasie in Bewegung setzen."

[5]) Dabei nähert sich die Dichtung in ihren größten Vertretern den anschaulichen Künsten. Vgl. Ermatinger a. a. O. S. 58: „Das Erleben eines wahrhaft genialen Dichters, wie z. B. Goethes ist also immer ein symbolisches, sein Anschauen zugleich ein Denken, sein Denken ein Anschauen."

[6]) Vgl. Romano Guardini, Über das Wesen des Kunstwerks S. 13.

[7]) Daß der Künstler die äußere Form eines Sprachwerks nicht übernehmen kann, bedarf keiner besonderen Hervorhebung.

[8]) Der Dichter kann daher nicht etwa als Miturheber des Gemäldes betrachtet werden. Vgl. RG in MuW 27/28, 144, wonach eine bloße Beschreibung den Besteller eines Bildes nicht zum Miturheber macht. Vgl. dazu Elster, Ufita, 1929, 595 und Hoffmann, GRUR 1930, 747. Allerdings benützt der Maler die individuelle Leistung des Dichters, eine solche freie Benutzung muß aber im Interesse der Kunst als zulässig angesehen werden. Vgl. unten Kap. 15a.

[9]) Vgl. N. Hartmann, Das Problem . . . S. 419: „So ist die Objektivation eines bestimmten Inhalts im künstlerischen Werke jederzeit zugleich auch Objektivation der geistigen Haltung selbst und der ihr eigenen Art des Empfindens."

[10]) Vgl. Broder Christiansen, Die Kunst, 1930, 125, wo er betont, die Natur sei vielstimmig, jeder Künstler höre eine andere Stimme heraus.

[11]) Windisch a. a. O. S. 32: „Aller künstlerische oder sonstwie geartete Ausdruck beruht auf der Isolation des Wesenhaften und auf der konsequenten Unterdrückung des Unwesentlichen, Zufälligen oder gar Störenden, er beruht auf kraftvoller Vereinfachung."

weise des Künstlers[12]) vor allem äußert und durch die er den Beschauer auf das von ihm Gesehene hinführt. „Er läßt den Beschauer sehen was dieser von sich aus nicht sieht. Und eben in dieser Macht des Sehenlassens – eines Unwirklichen in der konkreten Fülle des Wirklichen – besteht seine Künstlerschaft"[13]). Dabei ist aber zu beachten, daß die innere Form mit dem Inhalt aufs engste verbunden ist, beide bilden eine untrennbare Einheit. Der anschauliche Inhalt ist nur als gestalteter und geformter denkbar. Während bei einem literarischen Werk die einzelnen Gedanken auch von der inneren Form abgelöst werden können, ist dies bei einem künstlerischen Werk nicht der Fall; denn hier ist sie mit dem inneren Erlebnis aufs engste verbunden, Inhalt und innere Form zusammen ergeben das innere Bild, in dem das intendierte Kunstwerk potentiell bereits enthalten ist[14]).

Freilich muß die äußere Form noch hinzukommen, damit von einer Schöpfung, von einem Werk gesprochen werden kann, die äußere Gestaltung als solche ist unerläßlich[15]). In der persönlichen Ausführung prägt sich die Individualität noch besonders aus[16]). Selbst wo der Künstler die Natur möglichst getreu wiedergibt oder wo er ein fremdes Werk nachbildet, legt er wenigstens in die äußere Form seinen individuellen Geist und sein besonderes Können hinein. Schon die persönliche Ausführung muß daher als individuelle Schöpfung angesehen werden[17]).

Da sich im Werk der bildenden Künste die Individualität des Schöpfers immer in einer anschaulichen Gestalt offenbart, kann sie auch vom Beschauer nur im Sehen erfaßt werden[18]). Die beste Beschreibung vermag das Kunstwerk nicht so, wie es gemeint war, wiederzugeben. Daher bedeutet auch die Schilderung des Dargestellten nicht die Aneignung der individuellen Züge des Künstlers, sondern diese werden zur bloßen Anregung für die Wortfassung.

c) Werke der Tonkunst

Wenn die Individualität literarischer Werke nur durch begriffliches Denken, die Eigenart der Werke der bildenden Kunst nur durch Anschauung erfaßt werden kann, so ist es offenbar auch für den Tonschöpfer nicht mög-

[12]) So sagt Broder Christiansen a. a. O. S. 128, der Künstler habe die Macht „Dinge herauszunehmen aus ihrer empirischen Verflochtenheit, um sie in einer anderen Ordnung, die dem Alltagsblick Geheimnis ist, wie in einer anderen Welt neu zu binden."

[13]) N. Hartmann, Das Problem . . . S. 432.

[14]) Frey a. a. O. S. 85.

[15]) Vgl. Nussberger a. a. O. S. 3; Utitz, Grundlegung, S. 62.

[16]) Vgl. Medicus a. a. O. S. 201.

[17]) Natürlich liegt dort, wo ein fremdes Kunstwerk kopiert wird, nur eine unselbständige Nachschöpfung, eine Bearbeitung vor.

[18]) N. Hartmann, Das Problem . . . S. 419, sagt: „Man kann ein Kunstwerk nicht beliebig ansehen, wenn anders man es wirklich als „Kunstwerk" sehen will. Man muß es schon in bestimmter Weise ansehen – wobei freilich der Auffassung ein gewisser Spielraum bleibt . . . Es nötigt den, der es künstlerisch zu sehen sucht, zu einer bestimmten Art des Sehens . . . Denn wer die spezifische Art des Sehens nicht aufbringt, bleibt unweigerlich von der Teilhabe am Werke ausgeschlossen." Ähnlich Frey a. a. O. S. 75: „Der Sinngehalt des schöpferischen Aktes ist in ihm unmittelbar anschaulich gegeben und kann nur in der Anschauung nacherlebt werden."

lich, aus diesen Werkgattungen mehr als nur eine Anregung zu entnehmen; denn auch auf dem Gebiet der Musik waltet ein eigenes Gesetz des tätigen Geistes. Ein Kunstwerk, das der Komponist betrachtet, eine Dichtung die er liest, wird von ihm, wenn er daraus Anregung für musikalisches Schaffen empfangen will, nicht in der Eigenart erfaßt, die der Künstler oder Dichter hineingelegt haben. Im Geiste des Tonschöpfers verwandelt sich das Gesehene, das Gelesene zu einem inneren Hören[19]) und damit verliert es die fremde Individualität und empfängt seine eigene.

Die Musik unterscheidet sich aber noch dadurch von der Literatur und der bildenden Kunst, daß sie am meisten von allen Werkgattungen auf der freien Phantasie aufbaut. Während dem Wissenschaftler, dem Dichter und dem „nachahmenden" Künstler die reale Welt eine unendliche Fülle von Stoffen und Inhalten bietet, vermag sie dem Komponisten[20]) nur das Grundelement seines Schaffens, den Ton zu geben. Schon der Rhythmus beruht auf menschlicher Erfindung und das ganze Gebiet der Harmonie und ihrer Gesetze mußte der Mensch erst im Laufe einer langsamen Entwicklung herausarbeiten. Dem heutigen Tonschöpfer allerdings stehen eine Reihe von rhythmischen Formen und harmonischen Tonfolgen und Tonverbindungen aus dem geistigen Gemeingut zur Verfügung. Aber das Wesentliche, das Belebende, das was die Tonfolgen und Akkorde erst zur Musik macht, muß er immer aus der eigenen Brust, aus der eigenen Phantasie ursprünglich heraufholen. Es genügt ja nicht, daß er Akkorde neben Akkorde setzt, sie müssen leben, müssen Ausdruck und Seele erhalten. Hierzu ist er immer auf den originellen „musikalischen Einfall"[21]) angewiesen. Erst dieses innere, meist gefühlsmäßige Erlebnis liefert das, was man als den Inhalt eines musikalischen Werkes bezeichnen kann. Es hat kein Vorbild in der umgebenden Welt oder im objektiven Geist.

Dieses innere Erlebnis ist immer bereits in Tönen geformt, es stellt eine Beziehung zwischen ihnen, eine Tonfolge dar. Dabei kann schon eine Folge von zwei oder drei Tönen einen originellen Einfall enthalten. Allerdings läßt diese noch nicht so viele Abwandlungsmöglichkeiten zu, daß sie zum Ausdruck der Individualität des Schöpfers selbst werden könnte. Die kleinste musikalische Einheit, die nicht nur einen einzelnen originellen Gedanken, sondern den individuellen Geist als solchen ausprägt, können wir als Melodie bezeichnen[22]). Sie ist bereits „eine Ganzheit, bei der in den

[19]) N. Hartmann, Das Problem . . . S. 433, nennt es ein musikalisches Hören.

[20]) Vgl. N. Hartmann, Das Problem . . . S. 433: „Die reine Musik hat keine gegenständlichen Themen, die sie aus anderen Gebieten entlehnte, weder dingliche noch menschliche. Wohl lassen sich ihr solche Themen unterlegen und in der Betitelung von Musikwerken hat es zu keiner Zeit daran gefehlt . . . Demgegenüber bleibt es aber stets fraglich, ob das Thematisch-Inhaltliche dieser Art noch als eigentlich musikalischer Gehalt gelten darf."

[21]) Vgl. dazu Hans Pfitzner a. a. O., der die Bedeutung des musikalischen Einfalls besonders hervorhebt.

[22]) Schon Plato sagt, die Bewegung der Melodie ahme die Beschaffenheit der Seele in ihren Affekten nach. Nach Schopenhauer drückt sie die tiefsten Geheimnisse des Wollens und Fühlens aus. Vgl. dazu Kainz a. a. O. S. 478; Baumann a. a. O. S. 78.

einzelnen Tönen doch das Ganze mitgehört wird"[23]). Sie ist immer etwas Ureigenes und Individuelles, sie ist eine freie Erfindung des schöpferischen Geistes[24]). Ihre Individualität ist so stark, daß sie auch dort, wo sie von Mund zu Mund geht und zum Schlager, zum Volkslied wird, doch als etwas Selbständiges und Besonderes im objektiven Geist bestehen bleibt[25]). Aus der Melodie entwickelt sich dann die Architektonik des Tonstücks, indem sie variiert, wiederholt, mit anderen Themen verbunden und in immer neuen Formen ausgestaltet wird. Wenn auch der Aufbau eines Werkes der Tonkunst, z. B. einer Sonate oder einer Symphonie, durch die Tradition gegeben ist, so ist doch diese Architektonik immer das Werk freier Phantasie, in ihr äußert sich vor allem die Formkraft des Komponisten.

Die äußere Form, die der Notenschrift oder dem Klang der Instrumente anvertraut wird, ist mit der inneren Ausgestaltung des Tonstücks bereits gegeben. Hans Pfitzner[26]) sagt mit Recht, es sei unmöglich einen musikalischen Plan zu fassen, ohne bereits die ersten Noten zu wissen. Bei musikalischen Werken bildet also der Inhalt mit der inneren und äußeren Form eine untrennbare Einheit. Während es bei literarischen Werken möglich ist, den Inhalt gesondert von dem sinnlich wahrnehmbaren Gebilde abzuheben, während beim Werk der bildenden Künste wenigstens der Inhalt mit der inneren Gestaltung abgelöst werden kann, ist bei Werken der Tonkunst eine Trennung undenkbar. Wenn aus ihnen ein Gedanke entnommen wird, so ist das nur in Verbindung mit der inneren und äußeren Form möglich[27]).

---

[23]) Kainz a. a. O. S. 483. Diese Ganzheit im zeitlichen Nacheinander der Töne entsteht dadurch, daß die bereits verklungenen Töne im Gedächtnis noch nachwirken und mit den eben erklingenden zu einer Einheit verschmolzen werden, wobei der Hörer meist auch eine bestimmte weitere Folge erwartet. Über das Wesen der Melodie vgl. Pfitzner a. a. O. S. 59; Hindemith, Unterweisung im Tonsatz (Theoretischer Teil) 1937, 202 ff.; Moos, Die deutsche Ästhetik der Gegenwart mit besonderer Berücksichtigung der Musikästhetik, 1931, 368; Broder Christiansen a. a. O. S. 58; Nussberger a. a. O. S. 119; Riemann a. a. O. S. 65. Über die Abgrenzung der Melodie zum Thema, Motiv und Leitmotiv vgl. Baumann a. a. O. S. 86 ff.

[24]) Mit Rücksicht hierauf sagt Pfitzner a. a. O. S. 56: „Der geniale Komponist ist somit der eigentliche und einzige Schöpfer unter allen denkbaren Künstlern." Nussberger a. a. O. S. 430 bezeichnet die Musik als eine rein aus dem Inneren schöpfende Kunst.

[25]) Dagegen vermag ein bloß origineller Akkord oder eine originelle Verbindung einzelner Töne oder ein neu gefundener Stil die Individualität nicht auszuprägen; denn hier steht nur eine begrenzte Zahl von Formen zur Verfügung. Sie gehen daher als Allgemeingut in den objektiven Geist ein, ebenso wie ein durch den Dichter geprägtes neues Wort in den allgemeinen Sprachschatz eingeht.

[26]) Pfitzner a. a. O. S. 94. Er wird in dieser Schrift nicht müde, gegen die Auffassung einer musikalischen Komposition als Dichtung zu polemisieren. Ein dichterischer Gedanke sei etwas ganz anderes als ein musikalischer. Ein Tonstück könne daher nicht durch Erklären mit Worten, sondern nur durch Hören verstanden werden.

[27]) Vgl. Baumann a. a. O. S. 75: „Formlose musikalische Gedanken gibt es nicht, jeder in Tönen ausgedrückte Gedanke hat auch seine bestimmte Form. Form und Inhalt sind untrennbar, es herrscht zwischen ihnen das Verhältnis der Identität." Ähnlich sagt Schering, Das Symbol in der Musik, 1941, 5, in der Musik sei weder Erfinden ohne gleichzeitiges Gestalten, noch Gestalten ohne fortgesetztes Erfinden denkbar. Vgl. auch Cahn-Speyer, GRUR 1930, 758 und die dort angeführten Zitate von Ästhetikern und Komponisten.

Aus diesem Grunde kann auch die Schilderung eines musikalischen Stückes oder der Versuch seiner Darstellung für das Auge zu keiner Aneignung der individuellen Züge, die der Komponist in es hineingelegt hat, führen. Diese können wieder nur durch Hören aufgenommen werden. Sobald sie in Worte oder Bilder gefaßt werden, verlieren sie ihre Eigenart.

d) Die Schichten des Werkes

Nachdem wir nun einen Überblick gewonnen haben über das Wesen des persönlichen Geistes und es in der Selbstentfaltung und in der Selbstverwirklichung gefunden haben, nachdem wir ferner seine Wirkungsweise betrachtet haben und sahen, daß er sich an Inhalten entfaltet, die er aus allgemeinen Quellen schöpft, zu denen er aber von seiner eigenen Individualität etwas hinzugibt, können wir nunmehr einen zusammenfassenden Blick werfen auf die Ergebnisse seines Schaffens, in denen er uns nicht bloß in seiner ursächlichen Kraft erkennbar wird, sondern in denen seine Individualität selbst Gestalt annimmt. Die Werke des persönlichen Geistes enthüllen sich uns als ein mannigfach geschichtetes Gebilde, bei dem es nach der Aufgabe, die wir uns für Zwecke des Urheberrechts gestellt haben, gilt, die Bestandteile aufzuzeigen, die als Eigentum des Schöpfers angesprochen werden müssen[28]).

Das Fundament, das die ganze geistige Schöpfung trägt, ist ein sinnlich wahrnehmbares Gebilde, in der Regel ein festes Material wie Papier, Leinwand, Stein, Holz usw. Es kann aber auch flüchtig und vergänglich sein wie das gesprochene Wort, der verklingende Ton. Soweit es aus festem Stoff besteht, ist dieser Eigentum des Schaffenden; denn selbst wenn er fremden Stoff bearbeitet, erlangt er nach unserer Rechtsordnung schon durch eine bloß allgemeinmenschliche Leistung das Eigentum daran (vgl. § 950 BGB)[29]). Wenn auch beim geistig Schaffenden immer eine besondere geistige Tätigkeit vorliegt, so knüpft doch das Gesetz den Eigentumserwerb durch Verarbeitung an die bloß allgemeinmenschliche, insbesondere an die körperliche Leistung. Der Briefschreiber, der Alltägliches in alltäglicher Form auf fremdem Papier niederschreibt, erwirbt das Eigentum daran ebenso wie der Dichter, der ihm seine Verse anvertraut. Dasselbe gilt für den Handwerker, der mit bloß erlernten Kenntnissen, die Gemeingut sind, aus fremdem Holz einen neuen Gegenstand anfertigt. Unser Recht gibt also dem körperlich Schaffenden mehr als ihm an sich zusteht, indem es ihm auch das Eigentum an dem fremden Stoff verleiht, den er bearbeitet hat[30]).

Dieser Schicht des sinnlich Wahrnehmbaren prägt der Schöpfer eine zweite, eine geistige Schicht auf, die den „mitgegebenen Geist“[31]) enthält.

[28]) Über die Schichten des Werkes vgl. N. Hartmann a. a. O. S. 440.

[29]) § 950 Abs. 1 Satz 2 BGB spricht vom Schreiben, Zeichnen, Malen, Drucken, Gravieren oder einer ähnlichen Bearbeitung der Oberfläche. Darüber, daß § 950 BGB die Arbeitsleistung schützt, vgl. Palandt, 11. Aufl., § 950 Anm. 1.

[30]) Der bisherige Eigentümer wird auf einen Bereicherungsanspruch verwiesen (§ 951 BGB).

[31]) N. Hartmann, Das Problem . . . S. 451.

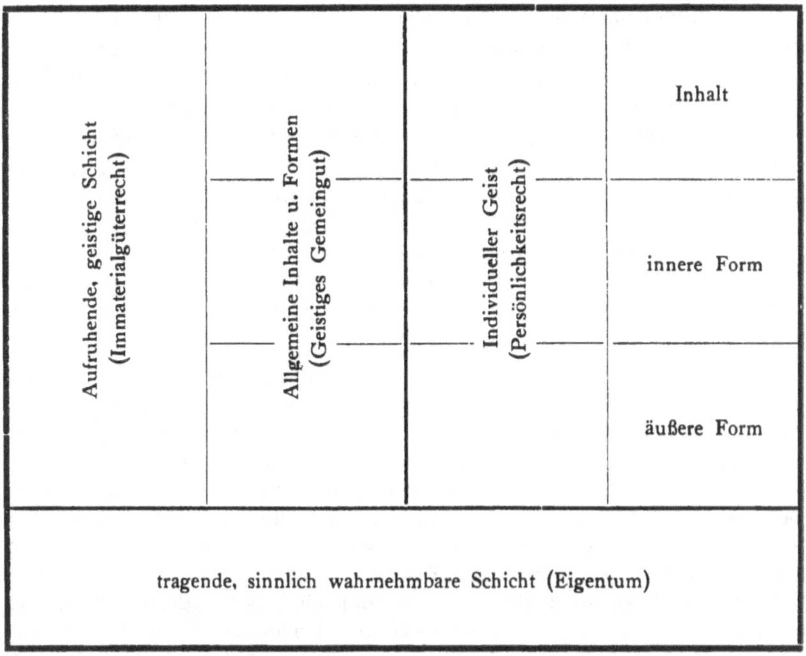

Schematische Darstellung des Werkes

Sie wird vom sinnlich wahrnehmbaren Gebilde getragen, bewahrt aber doch ihm gegenüber ihre Selbständigkeit. Sie kann durch den fremden, „wiedererkennenden Geist“[32]) abgelöst und in sich aufgenommen werden. Sie läßt sich sogar einem anderen Material aufprägen und so nachahmen, nachbilden, wiedergeben und vervielfältigen. Auf diese Weise gewinnt sie eine Selbständigkeit im Verkehrsleben, die sie zur Ware macht, die sie der Sache annähert und zum Verkehrsgut, zum Immaterialgut, wie Kohler sagt, werden läßt.

Diese geistige Schicht kann nun wieder in mehrere selbständig abhebbare Schichten zerlegt werden. Es sind die Schichten der äußeren Form, der inneren Form und des Inhalts. Bei literarischen Werken läßt sich der Inhalt aus dem ganzen Werk herauslösen und wieder in eine andere Gestalt gießen. Aber auch der Inhalt mit der inneren Form, der Gedanke mit seiner Begründung, mit seiner Gliederung, mit seinem logischen Aufbau kann entnommen und mit anderen Worten wiederholt werden. Natürlich lassen sich auch alle drei Schichten zusammen vom sinnlich wahrnehmbaren Gebilde ablösen. Bei Werken der bildenden Kunst dagegen läßt sich der Inhalt, das künstlerische Erlebnis nicht selbständig abheben, es ist ja schon im Schöpfer selbst von vorneherein aufs engste mit der anschaulichen

[32]) N. Hartmann, Das Problem . . . S. 451.

Gestalt verbunden. Hier kann der Inhalt nur in Verbindung mit der inneren Form, mit dem imaginären Bilde, wie Kohler sagt, entnommen[33]) und in eine andere äußere Gestalt gebracht werden; das gemalte Bild kann in einer Radierung, in einem Stich, in einer Plastik usw. nachgemacht werden. Bei Werken der Tonkunst dagegen bilden alle drei Schichten eine untrennbare Einheit. Die Entnahme des musikalischen Gedankens, insbesondere der Melodie bedingt immer auch die Übernahme der Intervalle, des harmonischen Zusammenhangs, des Rhythmus und der Töne. Es kann zwar das schmückende Beiwerk weggelassen werden, die Melodie kann mit anderen Themen und Melodien verbunden werden, sie kann in eine andere Tonart transponiert und anderen Instrumenten anvertraut werden, aber das innere Bezugssystem und der Ausdruck bleiben immer die gleichen.

Alle diese drei Teilschichten nun setzen sich zusammen aus zwei geistigen Massen, die eng miteinander und ineinander verwoben sind und in dieser Verbindung das ganze Werk durchziehen können. Die eine besteht aus dem geistigen Gemeingut, das der Urheber aus allgemeinen Quellen, aus dem Reich der Ideen, aus der realen Welt und aus dem objektiven Geist geschöpft hat, die andere wird von den individuellen Zügen des Urhebers, von seinen eigenen Gedanken, seinen inneren Erlebnissen, seinen Einfällen und seinen erfundenen Formen gebildet. Obwohl diese beiden Teile im Werk zu einer Einheit verbunden sind, läßt sich jedenfalls das verwendete Gemeingut, das ja schon vorher vorhanden war, wieder abtrennen und gesondert benützen. Aber auch die individuellen Züge können teils mit, teils ohne die allgemeinen Inhalte und Formen abgelöst werden.

Der Schöpfer ist mit dem ganzen Werk in allen seinen Schichten eng verknüpft. Mit der sinnlich wahrnehmbaren Schicht verbindet ihn neben dem Vorgang der Bearbeitung vor allem der Umstand, daß sie Träger seines Geistes ist, und zwar auch dort, wo das einzelne Werkstück nicht von ihm geschaffen, sondern von einem anderen durch Nachbildung und Vervielfältigung hervorgebracht wurde. Alle Werkstücke stehen daher, unabhängig davon, in wessen Besitz und Eigentum sie sich befinden, zu ihm in einer besonderen Beziehung. Vor allem aber ist die Schicht des geistigen Gehalts mit ihm für alle Zeiten verknüpft. Sie enthält ja seine individuellen Züge, seinen „mitgegebenen Geist" und damit ein Stück seines Wesens. Den individuellen Teil der geistigen Schicht hat die schöpferische Persönlichkeit aus sich selbst, aus ihrem Inneren herausgestellt. Dieser Teil hat dadurch zwar Selbständigkeit erhalten, aber er gehört doch zu ihr, er ist ja ein Stück ihres Wesens. Die Innigkeit dieser in der Natur des geistigen Schaffens liegenden Verbindung übersteigt die des Eigentümers zu seiner Sache um ein Vielfaches, sie ist nur mit der des Erzeugers zu seinem Kind vergleichbar.

---

[33]) Natürlich können auch Teile des Inhalts – aber immer nur mit der zugehörigen anschaulichen Gestaltung – entnommen werden.

6. Kapitel

Der Wert geistigen Schaffens

a) Geistige Leistungen und das Wertproblem

Kehren wir nun nach dieser besonderen Betrachtung des Werkes wieder zu dem weiteren Gebiet der geistigen Leistungen zurück und zu der Frage, was bei ihnen dem geistig Schaffenden als das „Seine" zugerechnet werden muß! Dabei können wir, bevor wir unsere Untersuchung fortführen, zunächst zusammenfassend folgendes feststellen:

Es muß unterschieden werden zwischen dem konkreten, sinnlich wahrnehmbaren Gegenstand und dem davon ablösbaren geistigen Gehalt, der aus Inhalt und Form bestehen kann. Bei letzterem wieder muß das, was den allgemeinen Quellen, also der realen Welt, dem Reich der Ideen und dem objektiven Geist angehört, getrennt werden vom individuellen Geistesgut, das der Phantasie des Schaffenden entstammt. Schließlich muß die individuelle und die allgemeinmenschliche Leistung auseinandergehalten werden.

Bei Beachtung dieser Unterscheidungen lassen sich folgende Grundsätze aufstellen, die das weite Gebiet der geistigen Leistungen erschöpfend erfassen sollen:

1. Durch eine persönliche Leistung, mag sie auch nur eine allgemeinmenschliche sein, erwirbt der Schaffende Eigentum an dem von ihm hervorgebrachten konkreten Gegenstand. Dabei gewährt ihm das Gesetz auch das Eigentum an dem verarbeiteten fremden Stoff.
2. Für den vom konkreten Gegenstand[1]) ablösbaren geistigen Gehalt (Inhalt oder Form) gilt folgendes:
   a) Das vom Schaffenden aus allgemeinen Quellen entnommene Geistige ist Gemeingut, an dem für einen einzelnen kein Sonderrecht entstehen kann.
   b) Soweit das Auffinden und die Wiedergabe des Geistigen nur durch einen unvermeidbaren individuellen Einsatz, der auch in der Verbindung von geistigem, seelischem, körperlichem und finanziellem Aufwand liegen kann, möglich war, gebührt dem Schaffenden von jedem, der mit dem geistigen Gehalt zugleich seine Leistung benutzt, ein angemessenes Entgelt.
   c) Der allein der schöpferischen Phantasie entnommene geistige Gehalt, der eine individuelle (nicht bloß allgemeinmenschliche) Leistung voraussetzt, ist Eigentum des Schaffenden; jedoch kann dieses nicht Schutz gegen selbständige Neuschöpfung beanspruchen.

Mit diesen Unterscheidungen und Grundsätzen haben wir aber die beim geistigen Schaffen auftauchenden Schwierigkeiten noch nicht erschöpft. Aus ihnen ergibt sich nur die Antwort auf die Frage, was dem einzelnen als das

---

[1]) Wenn das Geistige nicht in einem konkreten Gegenstand materialisiert, sondern nur in Akten der Person, in Worten, Taten oder Bewegungen erkennbar ist, finden dieselben Grundsätze Anwendung.

„Seine" zugerechnet werden muß. Nunmehr entsteht das Problem, ob das „Eigene" im Verkehr der Menschen untereinander geachtet und respektiert werden muß, ob es in der Gemeinschaftsordnung Schutz beanspruchen kann.

Daß dies nicht bei jeder individuellen Leistung der Fall sein kann, leuchtet ohne weiteres ein, sonst müßte ja auch die des Diebes oder Betrügers geschützt werden. Ihre Tat wird ihnen zwar als eigene zugerechnet, aber nicht als etwas, dem Achtung gebührt. Dasselbe gilt für eine Leistung, die erfolglos ist, die keinen Sinn und keine Bedeutung für den einzelnen oder für die Mitmenschen hat[2]). Schutzwürdig ist im menschlichen Leben nur das Wertvolle, nicht das Wertlose und nicht das Wertwidrige.

b) Der kulturelle Wert

Die moderne Wertphilosophie[3]) hat die Analyse der Werte in das Zentrum der Betrachtung gerückt. Ihre Erkenntnisse vermögen auch tiefere Einblicke in das Recht und in die noch vielfach unerkannten Kräfte, die in ihm unbewußt wirksam sind, zu gewähren[4]). Die Rechtswissenschaft ist allerdings auch bisher ohne den Wertbegriff nicht ganz ausgekommen. Aber sie betrachtete in der Regel das Wertvolle als etwas Subjektives und Relatives, als etwas das von verschiedenen Subjekten und zu verschiedenen Zeiten verschieden eingeschätzt werde[5]). Demgegenüber hat die phänomenologische Richtung der Wertlehre das Bestehen absoluter und allgemeingültiger Werte aufgewiesen, die das menschliche Leben beherrschen. Da das Rechtsleben nur einen Ausschnitt des menschlichen Daseins bildet, müssen sie auch in ihm ihre Wirksamkeit äußern.

Wie wir oben[6]) bereits hervorgehoben haben, gehören die Werte zu dem außerhalb des Menschen bestehenden Reich der Ideen. Sie sind nicht etwas, das nur auf menschliche subjektive Wertschätzung zurückgeht, sondern sie sind ideale Gegenstände, die den Menschen aller Zeiten vorgegeben und aufgegeben sind. Das Wahre, das Schöne, das sittlich Gute soll von ihnen erkannt und im Leben verwirklicht werden. Die geistige Entfaltung des Menschen vollzieht sich zum großen Teil in ihrer Erfassung und

---

[2]) Ebenso sagt Elster, GRUR 1940, 14, die individuelle Leistung könne nicht geschützt werden, wenn sie widersinnig sei.

[3]) Vgl. dazu Scheler, Der Formalismus; N. Hartmann, Ethik; Fr. Brentano, Vom Ursprung sittlicher Erkenntnis, 1889; H. Lotze, Mikrokosmos, 4. Aufl. I, 1884; Rickert, Allgemeine Grundlegung der Philosophie, 1921; Münsterberg, Philosophie der Werte, 2. Aufl. 1921; Bauch, Wahrheit, Wert und Wirklichkeit, 1923; W. Stern, Wertphilosophie, 1924; D. v. Hildebrand, Sittlichkeit und ethische Werterkenntnis, in Husserls Jahrb. f. philos. u. phänom. Forschung, 1922 Bd. 5, 462 ff; Cohn, Wertwissenschaft, 1932; v. Rintelen, Der Wertgedanke in der europäischen Geistesentwicklung, 1932; M. Wittmann, Die moderne Wertethik historisch untersucht und kritisch geprüft, 1940; Hessen a. a. O. II; M. Eberhardt, Das Werten, 1950.

[4]) Zu ihrer Bedeutung für das Recht vgl. Coing, Grundzüge der Rechtsphilosophie, 1950; ders., Die obersten Grundsätze des Rechts, 1947. Vgl. auch meinen in Bälde im AcP. erscheinenden Aufsatz über Naturrecht und Rechtsgefühl. Über die Bedeutung des Persönlichkeitswerts als Grundlage des Persönlichkeitsrechts vgl. meine Schrift über das Persönlichkeitsrecht.

[5]) Vgl. M. E. Mayer a. a. O.; Radbruch a. a. O.

[6]) Vgl. Kap. 2 b.

Realisierung, insbesondere bemühen sich Kunst und Wissenschaft ständig um die Erkenntnis des Wahren und des Schönen. Die Geisteswerke wollen gerade diese beiden Werte in Sicht bringen; in ihrem Gehalt an Wahrheit und Schönheit liegt ihr eigener Wert, ihr Sinn und ihre Bedeutung. Um dieses Gehaltes willen gebührt ihnen die Anerkennung und der Schutz der Gemeinschaft. Es kann kein Zweifel darüber bestehen, daß sie eigentlich nur soweit Anspruch auf Rechtsschutz haben, als sie wahr und schön sind, das Falsche, das Häßliche verdient keine Achtung und Duldung von seiten der Mitmenschen[6a]. Nun liegt allerdings hier eine besondere Schwierigkeit. Die Spreu läßt sich nicht so leicht vom Weizen sondern. Das Wahre und Schöne liegt nicht offen zutage, sondern kann nur allmählich im Laufe der Geschichte mehr und mehr erfaßt werden. Nirgends gibt es z. B. soviel Streit wie auf dem Gebiet der Ästhetik. Gerade das Neue muß sich in der Regel erst gegen überlieferte Anschauungen und gegen den bisherigen Geschmack durchsetzen[7]. Am allerwenigsten kann es nun Aufgabe der Rechtswissenschaft und des Richters sein, diesen Streit zu entscheiden und jedes Werk daraufhin zu prüfen, ob es wegen seines Gehalts an Wahrheit und Schönheit Schutz verdient. Diese Werte sind nur der rechtspolitische Grund für den Schutz der kulturellen Leistung. Sie sind also für das Recht nur mittelbar von Bedeutung, nur von der Ferne her wirken sie auf dasselbe ein[8]. Will die Rechtsordnung ihrer Verwirklichung dienen, so muß sie jene Kraft erhalten und fördern, die allein in der Lage ist, jene Werte im Laufe der Zeit aus ihrer Verborgenheit hervorzuholen und dem Kulturleben zugänglich zu machen.

c) Der Persönlichkeitswert

Diese Kraft ist die menschliche Persönlichkeit mit ihren individuellen Anlagen und Fähigkeiten. Wenn wir in der Geschichte zurückblicken, so müssen wir feststellen, daß es immer und überall der einzelne ist, der Großes leistet, der Neues ersinnt, der der Wissenschaft und der Kunst neue Impulse gibt und neue Wege weist. Das Wahre und das Schöne kann nicht vom Menschen auf einmal und in seiner Ganzheit erfaßt werden. Immer gelingt es nur einem bestimmten Individuum auf Grund seiner besonderen Veranlagung und Geistesrichtung, auf Grund der besonderen Umstände, in die es gestellt ist, auf Grund der besonderen Situationen, denen es sich gegenübersieht, ein Stück Wahrheit und eine Seite der Schönheit zu erkennen. Daß dabei oft auch Falsches von ihm für wahr, Häßliches für schön gehalten wird, liegt in der Unzulänglichkeit des Menschen, aber der einzelne hat wenigstens einen Zugang zum Wahren und

---

[6a]) Zum Gedanken der Toleranz vgl. mein Persönlichkeitsrecht S. 30 u. 158.

[7]) Schon ein lateinisches Sprichwort sagt: de gustibus non est disputandum.

[8]) Die meisten Ansichten über das Urheberrecht sind zu sehr vom Ästhetischen her bestimmt. Dies gilt vor allem für Kohler, der auch bei Sprachwerken nur die künstlerische Form als geschützt ansieht. In Wirklichkeit müssen die ästhetischen Werte im Hintergrund bleiben; denn sie stehen außerhalb des richterlichen Urteilsvermögens. Es ist allein der Wert der Individualität, auf den abgestellt werden darf.

Schönen. Wären alle Menschen gleich, so würde uns der weite Bereich des Wertkosmos für immer verborgen bleiben. Die menschliche Persönlichkeit in ihrer Individualität, Mannigfaltigkeit und Verschiedenheit ist es also, die wir als Trägerin der Kultur und des Fortschritts betrachten müssen, sie ist jene Kraft, die die Menschheit vorwärtsbringt[9]). In ihr liegt daher selbst wieder etwas ungemein Wertvolles[10]). Der Persönlichkeitswert gehört zum Reich der sittlichen Werte, die dem einzelnen Richtlinien für sein Handeln geben. Der einzelne soll in seinem Leben neben den übrigen Werten gerade ihn verwirklichen und sich dadurch zur Persönlichkeit bilden. Dieser Wert ist allgemeingültig und nötigt allen Menschen Achtung ab. Trotzdem hat er aber für jeden einen anderen Inhalt. Das Idealbild des Menschentums, das der einzelne in sich verwirklichen soll, sieht für jeden anders aus. Daher darf der einzelne vom ethischen Standpunkt aus nie einfach fremde Individualität nachahmen und übernehmen. So sehr bei sonstigen sittlichen Werten dort, wo sie am leuchtenden Beispiel eines anderen zum Vorbild werden, eine Nachfolge am Platze ist, so wenig darf die Individualität kopiert werden[11]). Die fremde Persönlichkeit in ihrer Eigenart und Besonderheit kann uns immer nur Anregung bedeuten, sie darf uns nur Ansporn und Aufforderung sein, auch in uns gerade unsere eigene Originalität und Einmaligkeit zur Entfaltung zu bringen.

Diese Erwägungen aus dem Bereich der Ethik führen für das Gebiet des geistigen Schaffens zu der Schlußfolgerung, daß der einzelne sich überall, wo er Individuelles erdenkt und formt und wo er eine individuelle Leistung erbringt, selbst entfaltet und damit den sittlichen Persönlichkeitswert verwirklicht. Dies gilt vor allem für geistige Schöpfungen. In ihnen wird der Wert der Individualität unmittelbar realisiert und ausgeprägt[12]). Für den wiedererkennenden Geist, der die fremde Individualität im Werk zu verstehen und zu erfassen vermag, soll sie aber nicht ein Gegenstand der Nachahmung und Nachbildung sein, sondern nur als Anregung zur

---

[9]) Vgl. Brandenstein a. a. O. S. 72: „Die Kultur wird von der menschlichen Person geschaffen. Ein anderes wirkliches und letztes Wirkungsprinzip als die Person gibt es nicht. Insoweit gilt zweifellos der Satz, daß jede (menschliche) Kulturschöpfung aus den verborgenen beinahe rätselhaften irrationalen, unberechenbaren Tiefen der menschlichen Person quillt."

[10]) N. Hartmann, Ethik S. 315: „Dieselben Personen, deren ideale Gleichheit vor dem Gesetz wertvoll ist, sind in Wirklichkeit ungleich, und zwar nicht nur mit ihrem Natursein, sondern gerade auch mit ihrem moralischen Sein. Diese ihre Ungleichheit aber ist selbst wiederum wertvoll. Ja es ist leicht zu sehen, daß dieser Wert tiefer auf das Wesen der Person geht, als der der Gleichheit."

[11]) N. Hartmann, Ethik S. 529: „Nachfolge gibt es in der Nächstenliebe, Rechtlichkeit, Wahrhaftigkeit usw., aber nicht in der Persönlichkeit. Nachfolge ist wesenhaft an allgemeine Werte gebunden. An der Persönlichkeit als solcher wird sie zur Nachahmung, zur Kopie, zur unechten Persönlichkeit. Der Nachahmer ist also nicht nur nicht Persönlichkeit, sondern direkt der Zerstörer und Verfälscher seines eigenen wahren persönlichen Wesens; nicht Mensch, sondern der Affe des Menschen."

[12]) Es kann also Elster, GRUR 1940, 408, nicht zugestimmt werden, wenn er sagt, es sei immer die Volksgemeinschaft, die den Wertmaßstab für die Anerkennung des Werkes gebe. Vielmehr trägt das Werk seinen Wert in sich, und zwar ist dies ein in der Weltordnung selbst begründeter Wert, der auch dann besteht, wenn er von der Volksgemeinschaft oder von der lebenden Generation nicht anerkannt wird.

eigenen Entfaltung dienen[13]). Dies ist der Grund, warum es uns als verabscheuungswürdig erscheint, wenn fremdes, individuelles Gedankengut übernommen und als eigenes ausgegeben wird, es ist der Grund, warum dem Plagiat immer auch ein moralischer Vorwurf anhaftet. Die im einzelnen Werk zum Ausdruck kommende Individualität muß also von anderen respektiert und in ihrer Zugehörigkeit zum Schöpfer geachtet werden, sie muß von der Gemeinschaft besonderen Schutz erfahren, weil sie das einzige Kriterium für den kulturellen Fortschritt ist. Aber auch die geistigen Leistungen, die nicht die Individualität in sich enthalten, sondern nur deren Wirkung sind, sind wertvoll; denn in ihnen entfaltet sich die Persönlichkeit. Nur durch Aktivität kann sich der Geist selbst gestalten und so das werden, was er sein soll. Mit der Persönlichkeit gebührt also auch ihrer Tätigkeit und Aktivität Schutz.

Man wird gegen diese Argumentation, die die Individualität als von der Gemeinschaft zu schützenden Wert herausstellt, einwenden, daß wir doch oben unter Hinweis auf den Dieb oder Betrüger gesagt haben, nicht jede individuelle Leistung verdiene Achtung und Schutz. Nun ist es aber in der Tat so, daß uns oft auch an einem Verbrecher die besondere Leistung, die er bei Ausführung seiner Tat vollbracht hat, noch Achtung abnötigt[14]). Allerdings wird diese übertönt durch die Verachtung, die wir den Unwerten gegenüber empfinden, denen er mit seinem besonderen Einsatz diente. Die Individualität ist eben nur einer von vielen Werten, sie kann am konkreten Akt durch das Wertwidrige, das er enthält, in den Schatten gestellt werden, ebenso wie sie dort noch eine besondere Erhöhung erfährt, wo sie dem Guten, Schönen und Wahren dient. Da wir geistige Leistungen nicht auf ihren Wahrheits- und Schönheitsgehalt hin überprüfen können, sondern das Urteil darüber der Geschichte überlassen müssen, können wir für ihre Schutzwürdigkeit nur darauf abstellen, ob sie den Wert der Individualität verwirklichen. Wo dieser allerdings durch klar erkannte Unwerte übertönt wird, wo z. B. der unsittliche Gehalt eines Werkes eindeutig überwiegt, muß die Schutzwürdigkeit verneint werden.

d) Der Vermögenswert

Aber geistige Leistungen dienen nicht nur der persönlichen Entfaltung des Schaffenden, sie sind auch ein Gut für den Mitmenschen, indem sie ihm Anregung für seine Bildung und Selbstverwirklichung, indem sie ihm Unterhaltung und Freude geben. Wenn ein ferner Erdteil erforscht, ein noch unbezwungener Berg erkundet oder eine wissenschaftliche Entdeckung gemacht wir, so wird das Wissen um diesen geistigen Inhalt begierig von der Allgemeinheit erwartet. Künstlerische oder wissenschaftliche Werke werden von anderen gelesen, angeschaut, angehört und so in sich aufgenommen und weiterverarbeitet. Geistiges Schaffen befriedigt also

[13]) N. Hartmann, Ethik S. 516: „Die Persönlichkeit ‚ist' nicht nur in jeder Einzelperson eine andere, sondern sie ‚soll' auch eine andere sein."

[14]) Dieses Gefühl der Achtung ist überall das Indiz für das Vorhandensein eines Wertes. Vgl. N. Hartmann, Ethik S. 42 ff.

überall ein Bedürfnis der Mitmenschen. In der arbeitsteiligen Wirtschaft, in der sich die Berufe spezialisiert haben und in ihren Arbeitsergebnissen aufeinander angewiesen sind, entsteht durch dieses Bedürfnis, für dessen Befriedigung man bereit ist, Geld hinzugeben, auch ein wirtschaftlicher Wert. Darunter versteht man ja „die Bedeutung, die ein Gut für die Bedürfnisbefriedigung der Menschen hat"[15].

Ein Preis freilich kann sich nur für diejenigen geistigen Leistungen bilden, die im Verkehrsleben selbständige Bedeutung haben, die ein Verkehrsgut darstellen und durch ihre Verkörperung in einem sinnlich wahrnehmbaren Gebilde zur Ware geworden sind. Dies ist vor allem bei Geisteswerken, aber auch bei einem Großteil geistiger Leistungen der Fall. Nun läge es nahe anzunehmen, daß in diesem Preis auch ein Entgelt für die vom Schaffenden benutzten allgemeinen Inhalte und Formen, also für das von ihm verwendete Gemeingut enthalten sei. Eine nähere Prüfung ergibt aber, daß dies in der Regel nicht zutrifft. Die Höhe des Preises und die Gesamtheit der Entgelte, die dem Urheber zufließen, bestimmen sich nur nach der individuellen Leistung, die er auf das Werk verwendet hat[16]. Nach den Erkenntnissen der Volkswirtschaftslehre[17] bildet sich der Preis normalerweise nach dem Knappheitsprinzip. Nur für das, was im Verhältnis zu den bestehenden Bedürfnissen knapp ist, ist man bereit, etwas zu bezahlen. Was unbegrenzt zur Verfügung steht wie Wasser und Luft, was man sich selbst ohne Mühe zu beschaffen vermag, dafür ist man nicht geneigt, Geld hinzugeben. Die allgemeinen Inhalte, die in einem Werk benutzt wurden, sind also nur insoweit mitbestimmend für den Preis, als sie so verborgen oder so verstreut waren, daß ihr Auffinden oder ihr Sammeln eine individuelle Leistung erforderte. Nur diese Leistung, nicht der Wert des Inhalts selbst wird also bezahlt. Es ist leicht einzusehen, daß sonst ein wissenschaftliches, etwa ein physikalisches Werk, das die Ergebnisse einer jahrhundertelangen Versuchsarbeit enthält, völlig unbezahlbar wäre. Die Konkurrenz der geistig Schaffenden wirkt nun dahin, daß das Gemeingut, das ohne große Mühe zusammengetragen werden kann, immer in genügendem Maße für die Befriedigung der vorhandenen geistigen Bedürfnisse bereit liegt. Das freie Wirtschaftsleben sorgt also dafür, daß der Urheber nur für seine individuelle Leistung ein Entgelt erhält.

Man kann daher nicht etwa Beschränkungen der wirtschaftlichen Ausnutzung eines Geisteswerkes damit begründen, daß der Urheber ja auch für etwas bezahlt werde, das nicht von ihm sei, sondern der Gemeinschaft gehöre. Es ist im Gegenteil, wie wir noch sehen werden, auf Grund der besonders ungünstigen Stellung, die die Geisteserzeugnisse innerhalb der Rangstufen der Bedürfnisskala einnehmen, oft so, daß der Urheber nicht einmal für seine individuelle Leistung ein angemessenes Entgelt erhält.

Für diejenigen geistigen Leistungen nun, die im Wirtschaftsleben keine selbständige Bedeutung haben, wie z. B. für wissenschaftliche oder geo-

---

[15] Adolf Weber, Kurzgefaßte Volkswirtschaftslehre, 5. Aufl. 1948, 81.
[16] Vgl. auch Bergmann, Autorenhonorare und Verlegergewinne, o. J., 62.
[17] Vgl. Weber a. a. O. S. 96 ff.

graphische Entdeckungen, bildet sich kein Preis. Soweit sie in wissenschaftlichen Werken niedergelegt werden, wirkt sich zwar die für sie aufgewendete Mühe auch im Preis mit aus, jedoch nicht in angemessener Weise. Ein wissenschaftliches Werk, auf das der Forscher vielleicht seine Lebensarbeit verwendet hat, findet oft nur wenige Interessenten. Trotzdem können wissenschaftliche Entdeckungen einen besonderen wirtschaftlichen Wert besitzen und der Befriedigung menschlicher Bedürfnisse dienen. Sie sind oft für die Menschheit nicht nur vom geistigen, sondern auch vom wirtschaftlichen Standpunkt aus von größter Bedeutung. Alle unsere technischen Errungenschaften, die Bequemlichkeiten und Annehmlichkeiten der modernen Zivilisation gehen letzten Endes auf sie zurück. Allerdings fehlt ihnen meist die unmittelbare praktische Anwendbarkeit. In der Regel muß erst ein Erfinder kommen, der sie technisch auswertet. Erst dadurch erlangen sie über ihren wissenschaftlichen Wert hinaus wirtschaftliche Bedeutung. Aber es kann keinem Zweifel unterliegen, daß der Erfinder und derjenige, der die Erfindung gebraucht, damit zugleich die Leistung des Wissenschaftlers benutzt, dessen Entdeckung in der Erfindung zur praktischen Anwendung kommt. Wissenschaftliche Entdeckungen haben also zwar nur einen mittelbaren wirtschaftlichen Wert, auf ihn aber hat der Forscher ein ursprüngliches Anrecht. Ihm steht nicht etwa ein Eigentum an dem geistigen Inhalt des Entdeckten zu, auf Grund dessen er andere davon ausschließen könnte, sondern nur ein Recht auf den Wert, der darin liegt, daß ein vorher unzugänglicher geistiger Inhalt nunmehr zugänglich gemacht ist. Vom theoretischen Standpunkt aus wäre dieses Recht am besten dadurch zu realisieren, daß dem Forscher ein Vergütungsanspruch gegen jeden gegeben wird, der seine Entdeckung wirtschaftlich auswertet[18]). Dagegen steht ihm vom Standpunkt der Gerechtigkeit aus ein solcher Anspruch nicht gegenüber demjenigen zu, der vielleicht später dieselbe Entdeckung selbständig macht und benutzt. Wenn er auch das Wissen um den allgemeinen geistigen Inhalt als erster aufgefunden hat, so vermag ihm doch diese Priorität nicht etwa ein Ausschlußrecht an dem geistigen Inhalt selbst zu geben. Der Grundsatz der Priorität kann nur als Ordnungsprinzip im Widerstreit gleicher Werte betrachtet werden, er vermag nur unter Gleichberechtigten dem einen eine Vorrangstellung einzuräumen, dagegen kann er ihm nicht etwas zusprechen, was ihm nicht schon an sich gebührt[19]).

[18]) Über die praktischen Schwierigkeiten vgl. unten Kap. 20a.

[19]) Wenn trotzdem im Erfinderrecht auf Grund des Prioritätsgedankens der Doppelerfinder entrechtet wird, so muß darin eine besondere Bevorzugung des ersten Erfinders erblickt werden, die nicht aus dem Prioritätsgedanken als solchen begründet werden kann, sondern nur aus dem allgemeinen Interesse an einer möglichst schnellen Bekanntmachung der Erfindung. Im Urheberrecht spielt der Prioritätsgedanke richtigerweise nicht diese Rolle, weil ein entsprechendes allgemeines Bedürfnis nicht besteht. Wenn einer z. B. dieselbe Melodie selbständig erfindet, die schon ein anderer in einem Werk niedergelegt hat, so darf er sie trotz des in § 13 II LUG enthaltenen starren Melodienschutzes benützen (vgl. KG in Ufita 1941, 182). Es kann daher Elster, Urheber- und Erfinder, Wettbewerbs- und Warenzeichenrecht S. 25, nicht beigestimmt werden, wenn er meint, daß auch das Urheberrecht auf dem Prioritätsgedanken aufbaue. Das Urheberrecht gewährt gerade keine besondere Bevorzugung des ersten Urhebers, sondern es gibt ihm nur das, was ihm von Natur schon zusteht; es schützt ja nicht gegen selbständige

Nicht nur dort, wo der Mensch wie beim Werkschaffen geistige Inhalte und Formen aus seiner Phantasie schöpft, sondern auch wo er individuelle Leistungen dem geistigen Gemeingut widmet, werden also von ihm wirtschaftliche Werte neu erzeugt. Nun ist jedem Menschen seine Individualität, seine besondere Anlage und Befähigung vom Schöpfer als etwas Ureigenes mitgegeben worden, sie ist sein Talent, das er verwerten soll und mit dem er sein Leben und das seiner Familie erhalten soll. Es müssen ihm daher die wirtschaftlichen Werte, die er mit seinem Talent schafft, gehören. Dieser Grundsatz ist auf dem Gebiet der körperlichen Arbeit eine Binsenwahrheit, an der niemand zweifelt. Daß er auch für das Gebiet geistiger Leistungen Geltung hat, folgt schon aus der unabänderlichen Naturtatsache, daß der Geist bei seiner Tätigkeit überall vom Körper abhängig ist, daß er nur durch ihn wirken kann und seine Kräfte verbraucht. Auch der Geistesarbeiter ist darauf angewiesen, die materiellen Werte seiner Tätigkeit für sich in Anspruch zu nehmen, um die Bedürfnisse seines Lebens zu befriedigen. Die wirtschaftlichen Werte bedeuten für ihn, ebenso wie für den körperlich Arbeitenden, die Grundlage seiner Existenz, sie bedeuten das Fundament, auf dem sich erst die Selbstverwirklichung des Geistes vollziehen kann, sie sind unentbehrlich für die Erfüllung der ihm im Leben gestellten sittlichen Aufgabe.

7. Kapitel

Die Grenzen des „geistigen Eigentums"

a) Das Problem der Interessenabwägung

Die individuelle Leistung muß in ihren kulturellen, sittlichen und wirtschaftlichen Werten grundsätzlich vom Mitmenschen respektiert werden. Der auf der Schöpfungstat beruhenden innigen Beziehung des einzelnen zu den von ihm geschaffenen oder realisierten Werten gebührt von allen Achtung.

Allerdings kann dies nur grundsätzlich gelten. Der geistig Schaffende ist mit seiner Arbeit eingebettet in das Leben der Gemeinschaft, in das Geistesleben der Nation und muß sich auf Grund dieser Tatsache gewisse Beschränkungen seines „geistigen Eigentums" gefallen lassen. Schon bei den bisherigen Untersuchungen haben wir uns bemüht aufzuzeigen, wo der geistig Schaffende aus dem Schatz des Gemeinguts schöpft und wo er neue geistige Inhalte und Formen und neue Werte erzeugt. Wir haben überall sein Recht auf das beschränkt, was er aus sich hervorbringt. Es könnte daher zweifelhaft sein, ob er sich darüber hinaus noch irgendwelche Abstriche gefallen lassen muß. Und doch gehört auch das „Eigene" dem ein-

Neuschöpfung, die allerdings sehr selten sein wird, sondern nur gegen Benutzung, Nachahmung und Nachbildung. Es empfiehlt sich auch nicht, bei der Einführung eines Ideenschutzes auf dem Prioritätsgedanken aufzubauen, wie De Boor, Ufita 1944, 50, vorschlägt. Er sollte nur für Beweiszwecke verwendet werden, indem demjenigen, der denselben Gedanken später gehabt hat, die Beweislast dafür auferlegt wird, daß er ihn unabhängig gefaßt hat.

zelnen nicht unbedingt und in jedem Fall und vollständig. Er muß davon an den Mitmenschen abgeben, soweit es notwendig ist, damit auch er seine Lebensaufgabe, seine sittliche Aufgabe erfüllen kann. Gerade der geistig Schaffende soll seinen Nächsten teilhaben lassen an seinen Gedanken und an dem von ihm gefundenen Wahren und Schönen, damit auch er seinen Geist entfalten und sich zur Persönlichkeit bilden kann. Wo verlaufen nun die Grenzen des dem Schaffenden an seiner Leistung zustehenden Rechts?

Diese Grenzen können vom Gesetzgeber nicht willkürlich gezogen werden. Er ist hierbei an jene vorgegebene, naturrechtliche Ordnung gebunden, die nicht Menschenwerk ist, sondern als Grundgesetz des menschlichen Zusammenlebens uns bereits vom Schöpfer mitgegeben wurde. Elster, der sich gerade mit der Frage der Beschränkung des Urheberrechts besonders beschäftigt hat, glaubt folgende Formel aufstellen zu können: „Das Recht gestattet die Benutzung des für die Allgemeinheit vom einzelnen Geschaffenen soweit, wie der Gewinn der Allgemeinheit größer erscheint als die Schädigung des Schaffenden und gestattet es nicht, wenn das Wertverhältnis ein umgekehrtes ist"[1]). Dieses Prinzip der Abwägung des Nutzens der Allgemeinheit gegenüber dem Schaden des einzelnen nach dem Grundsatz: Gemeinnutz geht vor Eigennutz, kann nicht richtig sein. Ebensowenig wie der einzelne im Zusammenleben den anderen um eigenen Nutzens willen schädigen darf, kann dies der Gemeinschaft erlaubt sein. Es mag sein, daß der Gesetzgeber seine Vorrechte nach dem Prinzip des größten Nutzens verteilen kann, beim Urheberrecht handelt es sich aber, wie wir in unseren bisherigen Untersuchungen nachgewiesen haben, nicht um ein Vorrecht, sondern nur um die rechtliche Anerkennung und den rechtlichen Schutz von Werten, die auf Grund der Schöpfungstat dem Urheber ursprünglich zugehören. Im übrigen steht unsere Rechtsordnung auch bezüglich des Sacheigentums nicht auf dem genannten Standpunkt. Vielmehr ist es ein Grundsatz des Rechtsstaates, daß eine Enteignung nur gegen angemessene Entschädigung stattfinden darf. Überhaupt handelt es sich bei den im geltenden Recht enthaltenen Beschränkungen des Urheberrechts nicht immer um eine Polarität von Individuum und Gemeinschaft[2]), eine Reihe von Schranken bestehen vielmehr zugunsten von einzelnen Gruppen von Werknutzern, die allerdings, wie Runge[3]) sagt, „gerne ihre eigenen Interessen mit denen der Gesamtheit identifizieren". Das Problem einer richtigen Begrenzung des Rechts des geistig Schaffenden ist wesentlich schwieriger und komplizierter, als es nach jener Formel den Anschein

---

[1]) In GRUR 1921, 41; ähnlich GRUR 1928, 15; Ufita, 1938, 173; Voigtländer-Elster, Gesetz über das Urheberrecht, 3. Aufl. 1942, 19. Ähnlich auch RGZ 120, 97. Kritisch gegenüber dem Vorrang der allgemeinen Interessen äußert sich Valerio de Sanctis, Urheberrecht und Interessen der Allgemeinheit, Ufita 1934, 254.

[2]) Man darf auch nicht übersehen, daß Individuum und Gemeinschaft sich nicht durchwegs gegensätzlich gegenüberstehen. Böhmer, Grundlagen der bürgerlichen Rechtsordnung II/1 1951, 204, sagt mit Recht, daß alle berechtigten Individualinteressen mittelbar auch Gemeinschaftsinteressen sind.

[3]) a. a. O. S. 4.

hat. Es sind dabei nicht nur Urheberinteressen und Gemeinschaftsinteressen, sondern auch Urheberinteressen und sonstige Gruppeninteressen zum Ausgleich zu bringen.

b) Die den Interessen zugrunde liegenden Werte

Wie hat nun dieser Ausgleich widerstreitender Interessen, den die Rechtsordnung ja nicht nur auf dem Gebiet des geistigen Schaffens, sondern auf allen Gebieten menschlichen Daseins vornehmen muß, zu erfolgen?

Der Mensch strebt überall nach Werten. All sein Handeln ist zweckbedingt und an Zielen ausgerichtet, die er für wertvoll hält. Dieses Streben nach Werten und die Sorge um ihre Erhaltung können wir als Interesse bezeichnen. Würde sich nun die Rechtsordnung bei der Beurteilung der Berechtigung widerstreitender Interessen nach der subjektiven Einschätzung des einzelnen richten, so könnte sie offenbar zu keinem Ergebnis kommen, weil jeder sein Interesse als das wichtigere hinstellen wird. Wir müssen daher nach einem objektiven Maßstab suchen, aus dem sich ihre größere oder geringere Berechtigung ergibt. Einen solchen kann nur die dem Menschen und dem Gemeinschaftsleben vorgegebene sittliche Wertordnung darstellen. Die subjektiven Interessen sind also nach ihrem objektiven Wertgehalt aneinander zu messen und gegeneinander abzuwägen.

Welche objektiven Werte nun auf Seiten der schöpferischen Persönlichkeit bei ihrem Handeln und Streben in Betracht kommen, wurde im vorigen Kapitel bereits klargelegt. Ihr Streben richtet sich einmal auf die geistigen Werte des Wahren und Schönen, ferner auf die Verwirklichung des Persönlichkeitswertes und schließlich auf materielle Güter. Auch letztere haben ihren bedeutsamen Platz in der sittlichen Wertordnung, denn sie sind das Fundament, auf dem sich erst geistiges Leben und sittliches Handeln aufbauen kann. Diesem Wertstreben des geistig Schaffenden werden im geltenden Recht folgende[4]) Interessen der Mitmenschen und der Gemeinschaft gegenübergestellt:

1. Das Streben des Nächsten auf Entfaltung der eigenen Persönlichkeit und auf Ausweitung des eigenen Geistes, bei dem dieser die Anregung durch fremde Gedanken und die Auseinandersetzung mit ihnen benötigt.
2. Das Interesse von Kunst und Wissenschaft, die zur Weiterentwicklung und für den kulturellen Fortschritt auf die Benutzung der geistigen Leistungen des einzelnen angewiesen sind.
3. Das Interesse der Allgemeinheit an religiöser Erbauung, an der Erziehung der Jugend, an schneller und umfassender Information und an kultureller Betätigung und Unterhaltung.
4. Das Interesse von Industrie und Gewerbe auf wirtschaftliche Verwertung geistiger Erzeugnisse.

---

[4]) Vgl. dazu unten Kap. 14 ff.

7. Kapitel. Die Grenzen des „geistigen Eigentums"

An der Benutzung geistiger Leistungen sind also neben dem Urheber die verschiedensten Personenkreise interessiert, so daß ein Ausgleich nicht leicht sein wird. Wir müssen versuchen, die ihrem Streben zugrunde liegenden Werte und deren Ordnung aufzufinden. Da fällt zunächst auf, daß es sich teils um sittliche und religiöse Werte handelt, wie beim Streben nach Persönlichkeitsentfaltung und nach religiöser Erbauung, teils um geistige, wie bei Kunst und Wissenschaft, bei der Erziehung der Jugend und bei der öffentlichen Information, teils um materielle. Zwischen diesen Wertgruppen steht eine Rangordnung innerhalb der abendländischen Kultur seit langem fest. Die sittlichen und religiösen Werte werden als höchste eingeschätzt, ihnen folgen die geistigen und schließlich die materiellen Werte[5]. Dabei muß aber betont werden, daß gerade die materiellen Güter, die wir zwar am niedrigsten einschätzen, doch wieder die wichtigeren sind. Ohne sie ist eine geistige Entfaltung, ein Streben nach höheren Werten überhaupt nicht möglich. In der Tat zeigt die Geschichte, daß sich überall eine höhere Kultur erst auf einer gesicherten materiellen Basis entwickelt hat. Schon hieraus folgt, daß man nicht grundsätzlich sagen kann, wo geistige und sittliche Interessen mit materiellen in Widerspruch geraten, müßten letztere zurücktreten. Denn erstere sind zwar die höheren, letztere aber die wichtigeren, die stärkeren, die weniger entbehrlichen.

Bei dieser Aporie, die sich aus der entgegengesetzten Richtung des Höhen- und des Stärkenverhältnisses[6] der Werte ergibt, scheint zunächst das Problem der Interessenabwägung überhaupt unlösbar zu sein. Auch dort wo gleichartige Werte einander gegenüberstehen, z. B. materielle Interessen des Urhebers und der Werknutzer, führt offenbar eine abstrakte Beurteilung zu keinem Ergebnis. Und doch ist eine Abwägung der beteiligten Werte in der konkreten Situation möglich. Allgemein läßt sich freilich nicht sagen, das Streben nach materiellen Gütern müsse immer gegenüber dem Streben nach geistigen und sittlichen zurücktreten, aber im konkreten Fall läßt sich angeben, ob hier die auf dem Spiele stehenden materiellen Werte so wichtig sind, daß sie die geistigen überwiegen oder nicht. Der Fall kann z. B. so gelagert sein, daß beim einen die ganze Existenz gefährdet wäre, wenn seine materiellen Interessen nicht berücksichtigt würden, während es sich beim anderen zwar um geistige oder sittliche Werte handelt, die er aber an anderer Stelle oder auf andere Weise auch erstreben kann. Ebenso läßt sich im Gegensatz gleichartiger Werte, z. B. wo wirtschaftliches Streben des einen dem des anderen widerstreitet, bei konkreten Umständen angeben, welches Streben wichtiger ist. Die Werte stehen zur Wirklichkeit in bestimmter Beziehung. Erst ein konkreter Sachverhalt führt sie aus der Latenz ihres idealen Seins herauf und macht

[5] Schon Thomas v. Aquin, Summa Theologica II, 2 qu. 104 a. 3 stellt folgende Skala auf: quorum infimum sunt exteriora bona; medium autem sunt bona corporis; supremum autem sunt bona animae . . . Vgl. auch N. Hartmann, Ethik S. 544 ff.

[6] Zur Gegensätzlichkeit von Werthöhe und Wertstärke vgl. N. Hartmann, Ethik S. 595 ff.

sie zu wirklichkeitsnormierenden Kräften. Wie es auf die Umstände ankommt, ob sie überhaupt auf den Plan gerufen werden oder unberührt bleiben, so hängt es von diesen auch ab, ob sie zu intensiverer oder weniger intensiver Wirksamkeit gelangen, ob sie nur einzeln oder in größerer Häufung gefährdet sind, ob sie in unmittelbarer Nähe oder nur in unbestimmter Ferne auf dem Spiele stehen[7]). Werte dürfen also nicht abstrakt, sondern müssen konkret abgewogen werden, d. h. es muß ihre besondere Stellung zum Sachverhalt berücksichtigt werden. Ihre Wirksamkeit ist bis in die feinsten Verästelungen der Umstände hinein zu prüfen und zu verfolgen[8]).

c) Grundsätze der Interessenabwägung

Das Urheberrecht muß also bei der Begrenzung des Rechts des geistig Schaffenden auf die besondere Situation und die besondere Lage abstellen. Allerdings kann das Gesetz nicht Einzelfälle, sondern nur typische Situationen regeln, es wird also auch von der typischen Stellung des Urhebers in unserem Wirtschaftsleben ausgehen müssen.

Dabei ist zu beachten, daß es sich auf seiten des Urhebers um drei Wertgruppen handelt, die beeinträchtigt werden können: um seine geistigen, seine persönlichen und seine materiellen Interessen. Nach dem oben aufgestellten Vorzugsgesetz der Werthäufung ist diese gesamte Interessenlage in Betracht zu ziehen[9]). Schließlich ist zu bedenken, daß diese Werte auf Grund der Schöpfungstat in ganz inniger Beziehung zum Urheber stehen, so daß er sie als die seinigen in Anspruch nehmen kann. Diese von ihm geschaffenen und verwirklichten Werte dürfen offenbar nicht einfach zugunsten größerer Vorteile anderer oder der Gemeinschaft verletzt werden. Werte fordern grundsätzlich Achtung von jedermann, sie dürfen daher nur im unausweichlichen Konflikt zugunsten einer überwiegenden Wertkonstellation beeinträchtigt werden. Es ist immer zuerst nach einem Ausweg zu suchen, der allen beteiligten Interessen gerecht wird; notfalls müssen sich dabei alle einen gewissen Abstrich gefallen lassen. Nur wo objektiv überwiegende Interessen anderer oder der Gemeinschaft es unbedingt notwendig machen, wo sie nicht auf andere Weise verfolgt und erreicht werden können, müssen die genannten Interessen des Urhebers zurücktreten. Dabei ist aber das schonendste Mittel zu wählen[10]), es

---

[7]) Über die Ableitung der Vorzugsgesetze der Wertintensität, der Wertnähe und der Werthäufung, die sich aus dem Verhältnis von Wirklichkeit und Wert ergeben, vgl. meinen in Bälde erscheinenden Aufsatz über Naturrecht und Rechtsgefühl.

[8]) So verfolgt RGZ 152, 253 bei der Beurteilung der Nichtigkeit eines Bierlieferungsvertrages die Beschränkung der wirtschaftlichen Bewegungsfreiheit des Pächters bis in alle Einzelheiten hinein. Es begnügt sich also nicht mit einer abstrakten Abwägung von Vertragstreue und Freiheit.

[9]) Dies betont BGH in GRUR 1953, 252.

[10]) So betont BGH in MDR 1952, 92 im Widerstreit zwischen moralischen und wirtschaftlichen Interessen: „Der Wertkonflikt darf lediglich in der gewählten Art zu lösen sein, wobei derjenige, der berechtigte Interessen nur durch den Eingriff in ein fremdes Rechtsgut wirksam wahrzunehmen vermag, das kleinste Rechtsübel, das schonendste Mittel zu wählen hat."

dürfen nicht mehr Werte verletzt werden, als unbedingt notwendig ist. Wo also die Allgemeinheit auf die Benutzung von Werken angewiesen ist, müssen doch die wirtschaftlichen Interessen des Urhebers gewahrt bleiben. Und wo vielleicht der Kreis der Benutzer, denen ein überwiegendes Interesse zur Seite steht, nicht einmal ein Entgelt zahlen kann, müssen doch wenigstens seine geistigen und persönlichen Belange respektiert werden.

Oberster Grundsatz bei dieser Interessenabwägung, ein Grundsatz, der nicht nur für den Richter, sondern auch für den Gesetzgeber gilt[11]), ist der Gedanke der Gleichbehandlung aller. Er ist Bestandteil des die Rechtsordnung beherrschenden Wertes der Gerechtigkeit[12]). In Art. 3 Bonner Grundgesetz hat er seine ausdrückliche Anerkennung gefunden. Er verlangt, daß innerhalb der bestehenden Rechtsordnung gleiche Interessenlagen auf allen Gebieten gleich bewertet werden. Dabei sind für die Ausgestaltung des Urheberrechts vor allem Parallelen zur Eigentumsordnung zu ziehen. Wir haben ja in unserer bisherigen Untersuchung festgestellt, daß der geistig Schaffende an den seiner Individualität entsprungenen Inhalten und Werten eine Art „geistigen Eigentums" hat. Wo also zugunsten bestimmter Interessen dem Sacheigentümer kein Opfer auferlegt wird, kann um derselben Interessen willen auch vom Urheber keines verlangt werden[13]), es sei denn, daß sich die Notwendigkeit einer Beschränkung seines Rechts aus der Natur des geistigen Schaffens selbst ergibt.

8. Kapitel

Die besondere Lage der geistig Schaffenden im Wirtschaftsleben

a) Die Rangstufe geistiger Bedürfnisse

Als einen der wichtigsten Grundsätze, die bei der Interessenabwägung und der Begrenzung des Urheberrechts zu berücksichtigen sind, haben wir die Notwendigkeit herausgestellt, die konkrete Lage, die bestimmte Situation zu berücksichtigen[1]), wobei allerdings das Gesetz selbst nur die typische Interessenlage zugrunde legen kann. Es soll daher versucht werden, kurz zu zeigen, welchen typischen besonderen Bedingungen die geistigen Leistungen im Rahmen des Wirtschaftslebens unterworfen sind.

[11]) Das Bundesverfassungsgericht hat in seinem ersten Urteil (JZ 1951, 730) folgenden Leitsatz aufgestellt: „Der Gleichheitssatz bindet auch den Gesetzgeber, er verbietet, daß wesentlich Gleiches ungleich, nicht dagegen, daß wesentlich Ungleiches entsprechend der bestehenden Ungleichheit ungleich behandelt wird. Der Gleichheitssatz ist verletzt, wenn sich ein vernünftiger, sich aus der Natur der Sache ergebender oder sonstwie sachlich einleuchtender Grund für die gesetzliche Differenzierung oder Gleichbehandlung nicht finden läßt, kurzum, wenn die Bestimmung als willkürlich bezeichnet werden muß."

[12]) Vgl. Enneccerus-Nipperdey, Allgemeiner Teil des Bürgerlichen Rechts, 1952, 55 und 135.

[13]) Darauf weist mit Recht Richartz in Gema-Nachrichten Nr. 19 hin.

[1]) Mit Recht betont De Boor, Urheber- und Verlagsrecht S. 31, daß „der erste Schritt zur Aufstellung einer gesetzlichen Regel, der erste Schritt auch zur wissenschaftlichen Gesetzeskritik, die Erkenntnis des sozialen Vorganges sein muß, der geregelt werden muß oder geregelt werden soll".

Wir haben oben[2]) hervorgehoben, daß der geistig Schaffende zwar in vieler Hinsicht das geistige Gemeingut benützt und verwendet, daß aber der Preis für sein Werk und die Gesamtheit der Entgelte, die er erhält, sich nur nach der individuellen Leistung bestimmen, weil nur diese knapp ist. Häufig wird nun dieser individuelle Aufwand überhaupt nicht oder in einer völlig unzureichenden Weise entlohnt. Der Grund dafür liegt darin, daß in der Volkswirtschaft der Preis nicht nur von dem vorhandenen Angebot, sondern auch von der Größe der Nachfrage abhängt. Letztere wird durch die Stärke des Bedürfnisses nach dem angebotenen Gut bestimmt. Nun ist es kein Geheimnis, daß die geistigen Bedürfnisse allgemein auf der letzten Stufe der Bedürfnisskala stehen. Vielen Menschen sind kulturelle Dinge überhaupt gleichgültig, aber selbst der geistig Interessierte muß mit dem ihm zur Verfügung stehenden Einkommen erst seine materiellen Bedürfnisse, seinen Bedarf an Nahrung, Kleidung und Wohnung befriedigen. Nur was ihm hierbei noch übrigbleibt, kommt für höhere kulturelle Zwecke in Betracht[3]). So ist es erklärlich, daß gerade der Stand der geistig Schaffenden besonders krisengefährdet ist; jede wirtschaftliche Notzeit wirkt sich bei ihnen zuerst aus. Wir erinnern uns daran, daß noch lange Zeit nach der Währungsreform die Theater- und Konzertsäle leer blieben und daß die Nachfrage nach Büchern und Kunstgegenständen sehr gering war.

Hinzukommt, daß bei vielen geistigen Erzeugnissen der Kreis der Interessenten von vornherein nur ein ganz beschränkter ist. Wissenschaftliche Werke, insbesondere solche, die ein Spezialgebiet betreffen, können auf keinen großen Absatz rechnen, bei vielen vermag der Verkaufserlös nicht einmal die Druckkosten zu decken. Ähnliches gilt für die ernste Musik; man betrachte nur das Rundfunkprogramm, so wird man sehen, welch geringen Raum sie dort einnimmt. So kommt es, daß fast kein Wissenschaftler, fast kein ernster Komponist vom Ertrag seiner Werke leben kann. Dies ließe sich gewiß verschmerzen, wenn ihre geistigen Erzeugnisse keinen kulturellen Wert hätten. So aber zeigen die erwähnten Beispiele, daß gerade die kulturell wertvollsten Werkgattungen den geringsten Absatz haben[4]). Während bei materiellen Gütern im Wirtschaftsprozeß eine natürliche Auslese stattfindet, so daß schlechte Ware auf dem Markt durch die bessere verdrängt wird, ist es auf dem Gebiet geistiger Leistungen fast umgekehrt. Mit einem Schmutz- und Schundroman läßt sich Geld verdienen, mit einem wissenschaftlichen Werk dagegen sehr oft nicht; in vielen Fällen muß der Autor selbst einen Druckkostenzuschuß zahlen oder sonstige wirtschaftliche Opfer bringen[5]).

---

[2]) Vgl. Kap. 6d.
[3]) Vgl. Weber a. a. O. S. 96.
[4]) Vgl. Bergmann a. a. O. S. 59 ff.
[5]) Über die Schwierigkeit der Drucklegung wissenschaftlicher Werke vgl. Sticker, Die Förderung wissenschaftlicher Veröffentlichungen, in Mitteilungen des Hochschulverbandes 1952 Nr. 8. Zur Notlage der Geistesarbeiter in Krisenzeiten vgl. Alfred Weber, Die Not der geistigen Arbeiter, 1923; Hänisch, Die Not der geistigen Arbeiter, 1920; Müller-Mühlheim, Die Not der deutschen Geistesarbeiter und ihre Behebung, 1924; Delp, Die Kulturabgabe, 1950, 2 ff.

Überhaupt fehlt gerade für die besten Werke oft das Verständnis der Zeitgenossen; der geniale Musiker oder Dichter, der den Anschauungen seiner Zeit voraus ist, erntet für sein Schaffen meist Unverständnis und Undank. Vielfach wird ihm erst im späten Alter Anerkennung und damit ein gewisser wirtschaftlicher Erfolg zuteil, oft erlebt er seinen Ruhm überhaupt nicht. So wurden die Werke Johann Sebastian Bachs erst etwa 100 Jahre nach seinem Tode richtig gewürdigt, seine Witwe ist als Almosenfrau in Leipzig gestorben[6]). Aber auch den meisten übrigen großen deutschen Komponisten erging es nicht anders. Fast keiner von ihnen konnte von dem Ertrag seiner Werke leben, geschweige denn seiner Frau und seinen Kindern etwas vererben[7]). So konnten die Hinterbliebenen Mozarts ihm nicht einmal eine eigene Grabstätte geben, so daß er in der „allgemeinen Grube" beigesetzt werden mußte. Franz Schubert ist in bitterer Armut gestorben. Die Witwe Robert Schumanns mußte nach dem Tode ihres Gatten ihre frühere Virtuosentätigkeit wieder aufnehmen. Dies seien nur einige Beispiele, die sich um viele vermehren ließen.

Dabei ist gerade geistiges Schaffen, wenn es zur Anerkennung gelangt ist, sehr ertragreich. Aber bei unserem gegenwärtigen Urheberrechtssystem fließt dieser Ertrag oft nicht in die Hände des Schöpfers, sondern der Werknutzer. Der Urheber ist wegen seiner Notlage meist gezwungen, die Rechte an seinem Werk, sobald er es geschaffen hat, zu verkaufen, also zu einer Zeit, da der Erfolg noch durchaus ungewiß ist. Der Erlös, den er dafür erhält, ist natürlich mit Rücksicht auf diesen ungewissen Erfolg gering. So mußten berühmte Maler ihre Bilder gegen geringes Entgelt abgeben, während sie dem Eigentümer dann Tausende, ja Hunderttausende von Mark an Gewinn brachten. Richard Wagner erhielt für das Verlagsrecht an seinem Lohengrin ganze 200 Taler. Überhaupt ist der einzelne Urheber im Verhältnis zu den Kreisen der Werknutzer bei Vertragsverhandlungen der schwächste Teil, er ist ebenso schwach wie der einzelne Arbeiter dem Unternehmer gegenüber. Er muß ja seine Werke auf den Markt bringen, er muß sie, sollen sie überhaupt Sinn haben, drucken und aufführen lassen. Dabei hat er keine gesicherte Existenz im Hintergrund, die ihn unabhängig machen würde. Die Werknutzer dagegen sind auf ihn nicht angewiesen, ihnen stehen zahlreiche Angebote anderer Urheber zur Verfügung, die schon einen Namen haben. Außerdem besitzen sie ein gut eingeführtes und materiell gesichertes Unternehmen, das sie vielleicht schon von Generationen ererbt haben, während jeder geistig Schaffende von vorne anfangen muß. Selbst der genialste Künstler ist als Anfänger unbedeutend und auf die

---

[6]) Vgl. dazu die Denkschrift der Genossenschaft deutscher Komponisten zu dem vom Reichsjustizamte ausgearbeiteten Entwurf eines Gesetzes betreffend das Urheberrecht an Werken der Literatur und der Tonkunst, o. J. (es handelt sich um eine Denkschrift zum Entwurf des Urheberrechtsgesetzes von 1901). Dort finden sich auch noch eine Reihe weiterer Beispiele. So wurden die letzten Werke Beethovens noch lange Zeit nach seinem Tode nicht verstanden.

[7]) Vgl. dazu die Schilderung einzelner Lebensschicksale deutscher Komponisten bei Schulze, Zur Geschichte des Urheberrechtsschutzes, JR, 51, 294.

Unterstützung anderer angewiesen. Aber selbst wenn er es zu Anerkennung und Berühmtheit gebracht hat, kann er keine Vertragsbedingungen diktieren, weil die Konkurrenz, wie wir noch sehen werden, gerade auf dem Gebiet des geistigen Schaffens besonders groß ist.

b) Die Herstellungskosten geistiger Leistungen

Gegenüber dieser ungünstigen Lage geistiger Leistungen hinsichtlich des Absatzes könnte man versucht sein zu sagen, daß dafür der geistig Schaffende keinen großen Aufwand benötige, daß er keinen Betrieb einrichten, keine Maschinen anschaffen, kein Kapital investieren müsse, sondern in der Regel mit Papier und Bleistift auskomme. Bei näherem Zusehen ergibt sich aber, daß er auch in dieser Hinsicht ungünstiger gestellt ist als die meisten Arbeiter, Gewerbetreibenden und Kaufleute[8]). Nicht nur der Wissenschaftler, sondern auch der Dichter, Komponist oder bildende Künstler benötigt heute durchwegs eine lange Ausbildung. Etwas Gutes und Wertvolles läßt sich ja nur leisten, wenn man den bisherigen Stand von Kunst und Wissenschaft kennt. Während nun der Lehrling im Handwerk, in der Industrie oder im kaufmännischen Betrieb in der Regel schon vom ersten Lehrjahr an etwas verdient, muß der geistig Schaffende während seiner meist wesentlich längeren Ausbildungszeit nicht nur sich selbst erhalten, sondern auch Lehrmittel und Schulgeld bezahlen, ohne etwas zu verdienen. Mit dem Kapital, das er in der Ausbildung investiert, könnte auch ein kleiner Handwerksbetrieb oder ein kleines Geschäft eingerichtet werden.

Hat der geistig Schaffende dann seine Ausbildung beendet, so verdient er immer noch nichts. Nun muß er erst seine schöpferischen Pläne verwirklichen und seine Werke fertigstellen, wozu er oft eine jahrelange Arbeit benötigt. Inzwischen muß er sich selbst und oft auch eine Familie unterhalten. Er muß also auch sein Schaffen vorfinanzieren. Ist sein Erstlingswerk dann fertig, so erlebt er nur allzuoft die bitterste Enttäuschung. Wie die Geschichte beweist, ist es auch für einen genialen Anfänger nichts Ungewöhnliches, daß er nur Interesselosigkeit und Unverständnis findet. Wenn es ihm aber gelingt, für sein Werk einen Verleger, einen Musikveranstalter, eine Bühne oder einen Käufer zu interessieren, so muß er in der Regel mit einem Entgelt zufrieden sein, das nicht einmal eine angemessene Entlohnung für die körperliche Arbeit, die er aufgewendet hat, darstellt. Bis sich wirklich einmal der Erfolg einstellt, hat er meist die Mitte des Lebens bereits überschritten.

---

[8]) Schon Adam Smith, Natur und Wesen des Volkswohlstandes, übersetzt von Waentig, 1923 I, 133, sagt: „Die Erziehung für die schöpferischen Künste und freien Berufsarten ist noch langwieriger und kostspieliger. Deshalb muß auch die Geldentlohnung der Maler und Bildhauer, der Juristen und Ärzte viel reichlicher sein."

Während also der Industriearbeiter schon bei Beginn seiner Beschäftigung verdient, während der Handwerker oder Kaufmann oft in eine ererbte Existenz hineingestellt wird, muß der Urheber sich durch erheblichen Kapitalaufwand erst das geistige Rüstzeug für sein späteres Schaffen erwerben und muß dann die Dauer des Schaffens selbst und oft noch lange Zeit darüber hinaus finanzieren[9]).

c) Die Konkurrenz der geistig Schaffenden

Besonders ungünstig gestellt ist der Stand der Freischaffenden in Bezug auf die Konkurrenz. Es scheint im Zuge der Fortenwicklung einer Kultur zu liegen, daß sich immer mehr Jugendliche den geistigen Berufen zuwenden. Dadurch wächst das Angebot an künstlerischen und geistigen Erzeugnissen meist schneller als die Nachfrage. Der Wettbewerb unter ihnen wird daher zu einem besonders harten Kampf um die Existenz.

Zu dieser Konkurrenz der Lebenden kommt noch die ungleich schlimmere Konkurrenz der Toten. Im übrigen Wirtschaftsleben sind die Toten vom Wettbewerb ausgeschaltet, sie können nicht mehr arbeiten, nicht mehr produzieren. Die geistigen Werke aber haben über den Tod ihres Schöpfers hinaus Bestand; er selbst kann zwar nicht mehr produzieren, aber seine Werke werden ständig und immer wieder reproduziert. So sammelt sich allmählich ein Schatz geistiger Erzeugnisse an, mit denen sich berühmte Namen verbinden, die sich bereits durchgesetzt haben und die daher den Kulturmarkt beherrschen. Mit diesen fortlebenden Werken, die bei den Käufern besonders beliebt sind und daher in Tausenden von Exemplaren vervielfältigt werden, muß es der junge Künstler, der junge Dichter oder Komponist, der weder Namen noch Existenz, nur sein Talent und seinen Idealismus hat, aufnehmen. Während der Unternehmer in der Industrie zwar nicht auf einen einzelnen Arbeiter, aber immerhin auf die Arbeiterschaft also solche angewiesen ist, könnte der Verleger, der Theaterunternehmer auf die ganze lebende Urhebergeneration verzichten, er würde doch mit den Werken der Toten einen sicheren und gewinnbringenden Absatz haben.

Dabei stehen die meisten dieser alten Werke den Werknutzern und den Verbrauchern kostenlos zur Verfügung. Nach unserem Urheberrecht werden ja alle Werke nach Ablauf von 50 Jahren nach dem Tode des Schöpfers frei. Der junge Künstler muß es also nicht nur mit der bereits anerkannten Leistung der alten Werke, sondern auch mit deren Unentgeltlichkeit aufnehmen. Wenn z. B. ein Unternehmer ein ernstes Konzert veranstalten will, so hat er, wenn er Werke von Mozart oder Beethoven wählt, nicht nur einen sicheren Erfolg, sondern braucht nicht einmal etwas zu bezahlen; wählt er dagegen Werke eines lebenden Komponisten, so ist vielleicht der Erfolg durchaus ungewiß, außerdem muß er die Urhebertantieme leisten. Wie oft mag wohl aus diesem Grunde ein alter Meister einem lebenden

[9]) Darüber, daß der Kostenaufwand im Honorar keine Berücksichtigung finden kann, vgl. Bergmann a. a. O. S. 63 ff.

Autor vorgezogen werden? In dieser Unentgeltlichkeit der alten Werke liegt nun eine Belastung der lebenden Urhebergeneration, die im gesamten Wettbewerbsleben keinem Beruf und keinem Stand zugemutet wird. Überall muß der Wettbewerber wenigstens die Selbstkosten im Preis herauswirtschaften. Kein Gewerbezweig könnte existieren, wenn die von ihm erzeugten Waren aus irgendeiner Quelle kostenlos fließen würden. Im kaufmännischen Leben geht unsere Wettbewerbsordnung davon aus, daß die Leistung allein entscheiden solle[10]). Dem Stand der geistig Schaffenden dagegen legt das Gesetz selbst einen Wettbewerb mit kostenlos zur Verfügung stehenden Bestleistungen auf.

[10]) Vgl. Baumbach-Hefermehl, Wettbewerbs- und Warenzeichenrecht, 6. Aufl 1951, 30.

II. Abschnitt

Der Rechtsschutz des Geistes

9. Kapitel

Die historische Entwicklung

a) Das Mäzenatentum

Die Rechtswissenschaft ist wohl die traditionsgebundenste aller Wissenschaften. Was durch alte Sitte geheiligt ist, was den Glanz der Autorität an sich trägt, gilt ihr am meisten. Diese Feststellung darf gewiß kein Vorwurf sein; denn Recht soll gelten, es soll im Volksbewußtsein verankert und vom Volk in seiner verbindlichen Kraft anerkannt sein. Trotz der dadurch bedingten Bindung an das Althergebrachte läßt sich gerade im Urheberrecht ein historischer Fortschritt aufweisen, wie er sonst kaum auf einem juristischen Teilgebiet nachweisbar ist. Dabei verdankt allerdings die Rechtswissenschaft die stärksten Anregungen Gedankengängen von außen. Nicht nur Juristen, sondern vor allem auch Philosophen haben sich um die Aufhellung der hier zu bewältigenden geistigen Zusammenhänge und Probleme bemüht und so im Zusammenwirken allmählich die Grundlagen für die Ausbildung des Urheberrechts geschaffen. Dabei mußte die Jurisprudenz immer wieder neue Rechtsbegriffe und Rechtsformen entwickeln, um den neuen Erkenntnissen auf dem Gebiet des Geistigen Rechnung zu tragen; denn die Quellen aus denen unser heutiges Recht stammt, das römische und das germanische Recht, haben hier noch keine Vorarbeit geleistet. Das Ringen der Rechtswissenschaft ist also, seitdem das Recht des geistig Schaffenden in den Blickpunkt gerückt wurde, von jeher ein Zweifrontenkampf. Rückwärts blickend muß sie die alte, geheiligte Überlieferung und ihre Bindungen überwinden, vorwärts schauend muß sie sich um Klärung der komplizierten Zusammenhänge des geistigen Seins und um seine Bewältigung mit den Mitteln des Rechts bemühen.

Es ist begreiflich und natürlich, daß sich der Mensch bei seinem Nachdenken zuerst um die Erfassung der sinnlich wahrnehmbaren Dinge der Außenwelt bemüht. So war auch das Augenmerk der Griechen und Römer zunächst auf den Kosmos und seine Erkenntnis gerichtet. Sie erkannten zwar hinter den sichtbaren Dingen der Welt bereits das Geistige, den λόγος, den νοῦς νοητός, und erfaßten auch den menschlichen Geist bereits im Spiegel seiner Werke, aber sie vermochten das Geistige nicht aus der Verwebung mit der Welt zu lösen und sahen im Menschen nicht den inneren

Wert, der ihn zur Persönlichkeit macht. Sie hatten noch nicht begriffen, daß der Mensch als Geistwesen nur sich selbst gehört, daß jeder auf sich selbst und seine Individualität einen ursprünglichen Anspruch hat. In der Sklaverei kommt dies deutlich zum Ausdruck. Sie konnten daher auch nicht zu der Ausbildung des Gedankens von einem Eigentum am Erzeugnis des individuellen Geistes kommen. Außerdem vermochten sie nicht die Selbständigkeit des geistigen Gehalts gegenüber seinem körperlichen Substrat zu erfassen. Das römische Recht unterschied zwar zwischen körperlichen und unkörperlichen Gegenständen, zu letzteren aber zählte es nur Rechte, wie das Erbrecht, Obligationen und Dienstbarkeiten[1]). Das Verständnis dafür, daß es auch ein Recht an dem in ein sinnliches Gebilde hineingelegten und von ihm wieder ablösbaren geistigen Gehalt geben könne, war noch nicht erwacht[2]). Lediglich am Manuskript als solchen wurde ein Eigentum anerkannt[3]). Aber es war schon das dunkle Gefühl lebendig, daß es auch ein Recht an Gedankenschöpfungen gebe[4]). So prägte Martial für einen Dichter, der unveröffentlichte Gedichte Martials als eigene ausgab, den Begriff des plagiarius, des Menschenräubers. Einen Niederschlag in der Rechtsordnung fanden solche Gedanken aber nicht. Bei diesem Fehlen eines Rechtsschutzes war der geistig Schaffende auf die finanzielle Unterstützung eines Mäzens angewiesen. Nur auf Grund der Freigebigkeit reicher Männer konnte sich die antike Kultur zu solcher Blüte entfalten[5]).

Im Mittelalter war man zwar zu einer vertieften Erfassung des Geistes vorgestoßen, aber man betrachtete ihn nur im Blickwinkel des Jenseits, zu dem er Verbindung und Brücke bedeutete. Im Diesseits erschien der Mensch eingebettet in die Gesellschaftsordnung, in die Ständeordnung, aus der er sich nicht lösen konnte[6]). So trat die schöpferische Persönlichkeit nicht aus dem Kreis der Zunftgenossen hervor. Von den großen Malern, Bildhauern, Baumeistern und Dichtern jener Zeit sind uns oft nicht einmal die Namen überliefert. Ebenso wie die Mönche, die die eigentlichen Träger der Wissen-

---

[1]) Vgl. Gaius II, 12: Quaedam praeterea res corporales sunt, quaedam incorporales. Corporales hae sunt, quae tangi possunt . . . Incorporales sunt, quae tangi non possunt, qualia sunt ea, quae jure consistunt, sicut hereditas, usus fructus, obligationes quoquo modo contractae.

[2]) Auch der Streit der Proculianer gegen die Sabinianer über die Wirkungen der Specification drehte sich nur um die Frage des Eigentumserwerbs an der neuen körperlichen Sache, nicht um das darin enthaltene geistige Gut. Vgl. Jörs-Kunkel-Wenger, Römisches Recht, 3. Aufl. 1949, 133. Henssler, Urheberschutz in der angewandten Kunst und Architektur, 1950, 9; Kuhlenbeck, Das Urheberrecht an Werken der Literatur und Tonkunst und das Verlagsrecht, 1901, 22; Hölscher, GRUR 1930, 992.

[3]) Vgl. Rintelen, Der Rechtsschutz für geistiges Schaffen, Graz, 1931, 14.

[4]) Es bestanden schon lebhafte Beziehungen zwischen Schriftstellern und Verlegern, es gab einen ausgedehnten Buchhandel und die Vervielfältigungsmittel waren dank dem Sklavenwesen sehr reichlich, vgl. Kohler, Schriftwerksrecht, S. 29.

[5]) Zum Urheberrecht im Altertum vgl. Kohler, Autorrecht, 1880, 319 ff.; Theodor Birt, Antikes Buchwesen, 1882, 358 ff.; ders. im Handbuch d. klass. Altert. Wiss. I 3 (1913), 307 ff.; ders., zur Kulturgeschichte Roms, 1919, 87 ff.; Marquardt, Handbuch d. Röm. Altertümer VII 2 (1886), 381; Karl Dziatzko, Autor und Verlagsrecht im Altertum, Rhein. Museum f. Philologie, N. F. 49 (1894), 559; Ludwig Adam, Unsicherheit des literarischen Eigentums bei Griechen und Römern, 1907.

[6]) Vgl. dazu Hölscher, GRUR 1930, 995.

schaft waren, arbeiteten sie um Gottes Lohn, ihre Ehre trat hinter der Ehre Gottes zurück[7]). Ihre materielle Existenz war innerhalb der Zunft oder des Klosters gesichert. Und doch ist auch nach mittelalterlicher Ansicht geistiger Diebstahl verwerflich, wie aus dem Bericht eines Streitfalles, den uns Thomas v. Aquin überliefert hat, hervorgeht[8]).

b) Das Privilegiensystem

Erst mit dem Aufkommen der Buchdruckerkunst um die Wende vom Mittelalter zur Neuzeit beginnt die Entwicklung des Urheberrechts. Nun wurden für den Druck von Büchern Kapitalien investiert, es wurden Maschinen und Betriebe eingerichtet. Andererseits ermöglichte der Nachdruck eine Vervielfältigung in unbegrenztem Maße. Es leuchtete ein, daß der Drucker den Aufwand an Arbeit und Kosten nur leisten könne, wenn ihm der Absatz durch ein Nachdruckverbot gesichert wurde. So entstanden nun Privilegien, die an die alten Gewerbemonopole anknüpften und sich eng mit der damals überall entwickelten Bücherzensur verbanden[9]). Sie wurden dem Drucker oder Verleger oder auch dem Verfasser, der ein Buch im Selbstverlag erscheinen ließ, für eine bestimmte Zeit gewährt, in der sie die Auflage verkauft und mit dem Erlös die Herstellungskosten gedeckt haben konnten.

Diese Privilegien beruhten aber nicht auf dem Gedanken, daß der Autor, dessen schöpferischer Kraft das Werk zu verdanken war, geschützt werden müsse und die wirtschaftlichen Früchte seiner Arbeit ernten solle[10]), sondern auf der Erwägung, daß derjenige, der das Wagnis und die Kosten des Druckes auf sich nehme, einen gesicherten Absatz verdiene[11]). Jene Zeit, in der die Einzelpersönlichkeit noch nicht einmal in ihren ursprünglichsten Rechten, in ihrer persönlichen Freiheit, in ihrer Religions- und Gewissensfreiheit Anerkennung gefunden hatte, war natürlich auch für den Gedanken noch nicht reif, daß der einzelne auf sein geistiges Erzeugnis ein ausschließliches Anrecht habe. Doch war dieser Gedanke auch damals dem

---

[7]) Vgl. Henssler a. a. O. S. 10; Hölscher, GRUR 1930, 1003 ff.

[8]) Vgl. Thomas v. Aquin, de secreto, ed. Parmensis vol. 24 p. 235 s; Grabmann, Die echten Schriften des hl. Thomas v. Aquin, 1920, 237 ff.; Hölscher, GRUR 1930, 1005. Zwei Dominikanerfratres, beide namens Johannes de Colonia stritten um die Autorschaft an einem Werk. Auch Eike v. Repkow wehrt sich schon in seinem Sachsenspiegel (Praef. rhythm. v. 221–260) gegen eine Verfälschung seines Textes.

[9]) Das Gewerbemonopol, wie es z. B. 1469 dem Johann von Speyer von der Stadt Venedig für die Einführung der Buchdruckerkunst auf 5 Jahre gewährt wurde, sollte eine Entschädigung für die Kosten der Einrichtung des Gewerbezweigs ermöglichen. Seit dem Ende des 15. Jahrhunderts wurden dann auch Privilegien für bestimmte Werke oder Generalprivilegien für ganze Arten von Werken gewährt. Daneben kommen auch bereits allgemeine gesetzliche Nachdruckverbote vor. Vgl. dazu Kohler, Schriftwerksrecht S. 32 ff.; Heymann a. a. O. S. 65 ff.; Gierke a. a. O. S. 751; Osterrieth, Altes und Neues zur Lehre vom Urheberrecht, 1892.

[10]) Nur mittelbar hatte auch der Autor einen Nutzen von den Privilegien, weil dadurch der Verleger instand gesetzt wurde, auch ihm eine Vergütung zu zahlen. Vgl. Rintelen a. a. O. S. 16.

[11]) Vgl. Kohler, Schriftwerksrecht S. 33; Heymann a. a. O. S. 68.

Rechtsbewußtsein nicht fremd. So bezeichnete Luther in seiner Auslegung der Episteln und Evangelien vom Advent an bis Ostern in einer Vermahnung an die Drucker alle diejenigen, die seine Schriften nachdruckten, als Straßenräuber und Diebe und beschwerte sich darüber, daß man seine Handschrift stehle und an seinen Büchern Änderungen vornehme[12]).

c) Die naturrechtliche Lehre vom geistigen Eigentum

Nun begann aber schon in der Renaissance eine Selbstbesinnung des Menschen auf das eigene Ich, eine Betonung der Individualität des einzelnen und seine Herauslösung aus den Bindungen der Ständeordnung. Man besann sich auf die „eingeborenen" Fähigkeiten des Menschen und leitete daraus in der Folgezeit angeborene Rechte ab. Diese Auffassung vom natürlichen Recht, das man der menschlichen Vernunft entnahm, führte mehr und mehr zu der Überzeugung, daß dem Urheber an seinem Werk ein geistiges Eigentum zustehe. Schon Carpzow[13]) und Adrian Beier[14]) beriefen sich für das Verbot des Büchernachdrucks auf das Naturrecht. Vor allem aber betonte Johann Stephan Pütter, die Werke seien „unstreitig ein wahres Eigentum ihres Verfassers, so wie ein jeder das, was seiner Geschicklichkeit und seinem Fleiß sein Dasein zu danken hat, als sein Eigentum ansehen kann"[15]). In England wurde die Lehre vom geistigen Eigentum von Warburton, John Locke und Blackstone[16]), in Frankreich von D' Héricourt, Diderot und Voltaire verfochten. Diese Gedankengänge führten dann in der französischen Revolution zur gesetzlichen Anerkennung der proprieté littéraire et artistique[17]).

---

[12]) Zitiert bei Kuhlenbeck a. a. O. S. 5. Auch beim Rat von Nürnberg beschwerte sich Luther über den veränderten Nachdruck seiner Schriften.

[13]) In seiner Jurisprudentia ecclesiastica seu consistorialis, 1645, lib. II, tit. 25, defin. 414.

[14]) In seinem „kurzen Bericht von der nützlichen und vortrefflichen Buchhandlung und deren Privilegien", 1690.

[15]) In seiner Schrift „Der Büchernachdruck nach ächten Grundsätzen des Rechts", 1774. Für das geistige Eigentum traten auch ein: Thurneisen, De Reusione librorum furtiva, zu Teutsch dem unerlaubten Büchernachdruck, 1738; Ehlers, Über die Zulässigkeit des Büchernachdrucks nach dem natürlichen Zwangsrecht, 1784; Gräff, Versuch einer einleuchtenden Darstellung des Eigentums und der Eigentumsrechte des Schriftstellers und Verlegers, 1794; Becker, Das Eigentum an Geisteswerken, 1789; die Juristenfakultät von Leipzig sprach sich in einem Gutachten von 1706, die von Wittenberg in einem Gutachten von 1722 für das geistige Eigentum aus.

[16]) Warburton, Bischof von Gloucester, veröffentlichte 1747 die anonyme Schrift: A letter from an author to a member of Parliament; concerning litterary propriety. John Locke (On civil government, works II, London 1741 chap. V) begründet das Eigentum überhaupt damit, daß der Mensch seine Arbeit und damit etwas von sich selbst in ein Ding hineinlege. Im Anschluß an ihn führte dann Blackstone (Commentaries II chap. 27 n. 8) das Recht des Autors auf dessen Arbeit und Erfindung zurück. Vgl. Osterrieth, Die Geschichte des Urheberrechts in England, 1895.

[17]) In den Gesetzen von 1791 und 1793. Schon 1709 war in England durch Act 8 Anne cap. 19 das geistige Eigentum der Urheber für 14 Jahre nach dem Tage der ersten Veröffentlichung anerkannt worden. Daneben bildete sich in England die Rechtsprechung aus, daß an unveröffentlichten Werken nach common law ein unbefristetes Eigentum bestehe. Dagegen verblieb das preußische Landrecht von 1794 noch beim Gedanken eines Schutzes des Verlegers.

Diese Theorie, die das Eigentum an geistigen Erzeugnissen mit dem an Sachen verglich, erfaßte bereits klar den Unterschied von Manuskript und geistigem Gut[18]. Sie erkannte auch die innige Verbindung von Werk und Schöpfer, indem sie das geistige Eigentum aus dem Eigentum des Urhebers an seinen Kräften und aus der Arbeit ableitete, die er mit diesen Kräften verrichtet[19]. Trotzdem war diese Lehre zu roh, es fehlte ihr noch die Einsicht in die komplizierten Zusammenhänge des geistigen Seins; sie war mit dem Begriff des Eigentums und der Arbeit zu sehr in körperlichen Vorstellungen befangen und es gelang ihr noch nicht die Unterscheidung von geistigem Gemeingut und individuellem Gut.

d) Die neuere Entwicklung

In der Folgezeit bemühten sich dann die größten deutschen Philosophen, Kant, Fichte, Hegel und Schopenhauer, die geistigen Zusammenhänge, mit denen das Recht auf diesem Gebiet zu ringen hat, aufzuhellen. Kant unterschied an einem Buch das opus mechanicum, an dem ein Sachenrecht bestehe, und die Rede des Verfassers an die Nation, an der der Autor ein persönliches Recht habe[20]. Im Anschluß an ihn hat Gierke die Theorie vom Urheberrecht als einem reinen Persönlichkeitsrecht entwickelt[21]. Fichte verfeinerte diese Ansicht, indem er an einem Buch das Körperliche vom Gedankeninhalt und von der geistigen Form trennte. Der Käufer erwerbe nur das Körperliche, der Gedankeninhalt werde mit der Veröffentlichung frei, dagegen bleibe die Form ausschließliches Eigentum des Verfassers[22]. Ähnlich sagte Hegel, daß der Erwerber eines Geistesproduktes nur den vollen Gebrauch und Wert des Exemplars als eines einzelnen erwerbe, während der Verfasser Eigentümer der allgemeinen Art und Weise bleibe[23]. Vor allem hat dann Schopenhauer[24] den Unterschied von Sacheigentum und geistigem Eigentum herausgearbeitet: „Das Gedankenwerk des Autors ist, wenn irgend etwas auf der Welt, sein Eigentum. Er will es benutzen durch Mitteilung. Die Art und Weise dieser steht ihm frei. Das Gesetz soll sein Eigentum, wie jedes schützen. Dies Eigentum aber ist nicht, wie jedes andere, ein materielles, sondern ein geistiges, immaterielles. Es also wie ein materielles, d. h. nach den Regeln die von diesem gelten würden, behandeln wollen, wie obiges Argument tut (nämlich das Argument, „daß die Nachahmung eines selbstbesessenen Gegenstandes des Buches, nicht Unrecht sei"), ist absurd. Er muß es mitteilen können, ohne sein Eigentums-

---

[18]) So unterschied Warburton bereits zwischen dem Manuskript als körperlichem Gut und der Form als dem geistigen Gut.

[19]) Vgl. Rintelen a. a. O. S. 22.

[20]) Metaphysische Anfangsgründe der Rechtslehre, herausg. v. d. Preuß. Akademie d. Wissenschaften, Bd. 6, 1907, 290; ebenso in seiner Schrift über die Unrechtmäßigkeit des Büchernachdrucks, Berlinische Monatsschrift 1785, 403 ff.

[21]) Gierke a. a. O. S. 751 ff.

[22]) Fichte, Beweis der Unrechtmäßigkeit des Büchernachdrucks, 1791; bei Werken der Kunst unterscheidet er zwischen Körperlichem und Geistigem, das zugleich die Form sei.

[23]) Hegel, Grundlinien der Rechtsphilosophie § 69.

[24]) Neue Parerga und Paralipomena § 270.

recht gefährdet zu sehen: und da die Mitteilung nur durch materielle Mittel geschehen kann, welche als solche sein Eigentum (das mitzuteilende Immaterielle) dem Raub aussetzen, so muß diesem durch Gesetze vorgebeugt werden, deren Charakter ein ganz eigentümlicher und spezieller sein wird, weil in diesem Fall ein immaterielles Eigentum ihr Gegenstand ist, und daher die materiellen Objekte, auf welche sie sich zunächst beziehen, oder bloß per accidens eintretend, gar nicht als solche betrachtet, noch den Regeln solcher unterworfen werden dürfen: vielmehr immer das immaterielle Eigentum der Gegenstand bleibt." Auf diesen Ansichten Schopenhauers, Hegels und Fichtes baute Kohler seine Theorie vom Immaterialgüterrecht, das vom Persönlichkeitsrecht zu trennen sei, und die Unterscheidung zwischen geschützter Form und ungeschütztem Inhalt auf[25]). Das Ergebnis dieser philosophischen und juristischen Untersuchungen hat seinen Niederschlag in den jetzt noch geltenden[26]) Urhebergesetzen von 1901 und 1907 gefunden.

Dieser kurze Überblick über die Entwicklung der theoretischen Grundlagen des Urheberrechts zeigt, daß das Wesen des Geistigen, das uns im Werk so greifbar entgegen tritt, immer klarer erkannt wurde und daß Hand in Hand damit eine bessere rechtliche Erfassung und eine ständige Erweiterung des Rechtsschutzes ging. Wie sehr die Notwendigkeit eines Urheberschutzes dem allgemeinen Rechtsempfinden der Menschheit entspricht, geht vor allem daraus hervor, daß im Laufe des 19. Jahrhunderts in allen Kulturländern entsprechende Gesetze erlassen wurden und daß in der Folgezeit in internationalen Vereinbarungen und Abkommen gerade auf diesem Gebiet eine sonst kaum erreichte Annäherung der Standpunkte vollzogen wurde. Inzwischen sind die philosophischen Grundlagen, wie sie im vorigen Jahrhundert durch unsere größten Philosophen erarbeitet wurden, weiter vertieft und ausgebaut worden, insbesondere durch die umfassende Analyse des geistigen Seins von N. Hartmann. Kant, Fichte, Hegel und Schopenhauer rangen noch mit der Unterscheidung zwischen materiellem und immateriellem Eigentum, mit der Trennung von Inhalt und Form. Heute wissen wir, daß der subjektive Geist sich selbst im Werk fixiert und objektiviert, so daß sein Recht am Werk nichts anderes ist als ein Recht an der eigenen Seinsweise. Wir wissen, daß das Werk ein mehrschichtiges Erzeugnis ist, in dem das Geistige auf einem sinnlichen Realgebilde aufruht, aber von ihm abgelöst und so einem anderen körperlichen Gebilde aufgeprägt werden kann. Wir erkennen auch, daß die Alternative nicht lautet: freier Inhalt und geschützte Form, sondern geistiges Gemeingut und individueller

---

[25]) Vgl. Kohler, Buschs Archiv 47, 170; Das Autorrecht, 1880; Das literarische und artistische Kunstwerk und sein Autorschutz, 1892; Urheberrecht an Schriftwerken und Verlagsrecht, 1907; Kunstwerkrecht, 1908.

[26]) Als erstes Gesetz ging in Deutschland das preußische Gesetz zum Schutz des Eigentums an Werken der Wissenschaft und der Kunst von 1837 nicht mehr vom Schutz des Verlegers, sondern von dem des Urhebers aus. Es begrenzte den Schutz auf 30 Jahre nach dem Tode des Urhebers. Ihm folgten auf Anregung des deutschen Bundes ähnliche Gesetze in den übrigen deutschen Ländern. 1870/71 wurde vom deutschen Reich ein Urheberrechtsgesetz, 1876 ein Kunsturhebergesetz erlassen.

Geist. Die moderne Wertlehre vermittelte uns darüber hinaus auch einen Einblick in den Wert geistigen Schaffens, in die Verwirklichung von Werten durch den persönlichen Geist und in das Haften von Werten an einem realen Gebilde.

Im folgenden soll nun versucht werden, diese Erkenntnisse für das Recht fruchtbar zu machen.

10. Kapitel

Das Geistige und das Recht

a) Die Bedeutung der Werte für das Recht

Wie wenig der „Begriffshimmel", den die Begriffsjurisprudenz[1]) aus dem römischen Recht übernommen hat, ein geschlossenes System darstellt und geeignet ist, alle Lebenserscheinungen zu erfassen, zeigte sich vor allem beim Schutz des Geistigen. Zwingender als auf irgend einem anderen juristischen Gebiet ergibt sich hier die Notwendigkeit, auf das Leben selbst zurückzugreifen, auf die Natur des Geistes und seiner Wirkungsweise, auf die Bedeutung des Geistigen in den mitmenschlichen Beziehungen und auf die Werte, die das menschliche Leben beherrschen und normieren[2]).

Mehr und mehr gewinnt auch in der praktischen Rechtswissenschaft die Einsicht an Boden, daß die sittliche Wertordnung bis tief hinein in das Rechtsleben wirkt, so daß sie die letzte und ursprünglichste Quelle des positiven Rechts ist[3]). Wie die sittliche Ordnung will ja auch das Recht das menschliche Zusammenleben, die Beziehungen zwischen den Menschen untereinander regeln. Eine Reihe von sittlichen Werten sind zugleich Rechtswerte und die aus ihnen entspringenden Gebote sind mit gewissen Einschränkungen zugleich Rechtsgebote[4]).

So ist vor allem der Persönlichkeitswert, der dem einzelnen die Pflicht auferlegt, sich zur Persönlichkeit zu bilden und zu entfalten, für das Recht bedeutsam; zwar kann das Recht dem einzelnen die Persönlichkeitsentfaltung nicht vorschreiben, aber es muß sie ermöglichen und schützen[5]). Die Gesetze müssen daher an diesem Wert, von dem wir gesehen haben, daß

---

[1]) Zur Begriffsjurisprudenz vgl. Böhmer a. a. O. S. 67 ff., insbesondere S. 88. Er nennt die begriffsjuristische Methode mit Recht eine Scheinbegründung, eine logische Selbsttäuschung, die von den wahren Quellen, in denen die letzten Gründe der Rechtssätze zu suchen sind, und damit vom wahren Verständnis des Rechts abführt.

[2]) Vgl. vor allem Coing a. a. O.

[3]) So sagt das führende Lehrbuch des BGB (Enneccerus-Nipperdey a. a. O S. 130): „Dieser allgemeinen ethischen Aufgabe, deren Anerkennung im Grunde den Glauben an eine über den Menschen stehende Wertordnung einschließt, dient auch das Recht. Es soll die äußeren Grundlagen sicherstellen, auf denen allein der einzelne wie die Gesellschaft der ihnen gestellten sittlichen Aufgabe gerecht werden können. Diese Aufgabe aber ist die Fortentwicklung der Kultur, die Vervollkommnung des menschlichen Zusammenlebens und des Menschengeschlechts im Sinne höchster Gerechtigkeit".

[4]) Vgl. dazu meinen in Bälde erscheinenden Aufsatz über Naturrecht und Rechtsgefühl.

[5]) Vgl. dazu mein Persönlichkeitsrecht S. 84 ff.

er im geistigen Schaffen eine besondere Rolle spielt, ausgerichtet sein. Aber auch die kulturellen Werte, die als Grundlage jeder geistig-sittlichen Bildung des Menschen ihren Platz innerhalb der sittlichen Ordnung haben, sind für das Leben der Gemeinschaft von besonderer Bedeutung. Die Geschichte lehrt ja, daß sich dieses erst auf dem Boden der Kultur richtig entfalten und entwickeln konnte. Daraus ergibt sich für das Recht die Notwendigkeit, die Kultur zu erhalten und zu fördern und das Streben des einzelnen nach Wahrheit und Schönheit zu ermöglichen. Zwar darf die Rechtsordnung dieses Streben nicht dirigieren und lenken wollen, weil sie nicht bestimmen kann, was wahr und was schön ist, aber sie muß das freie Kulturschaffen der Persönlichkeit gewährleisten und sichern. Der Schutz des geistigen Schaffens und seine Förderung dort, wo es beim einzelnen aus freiem Antrieb vorhanden ist, muß die Aufgabe des Urheberrechts sein, eine Aufgabe, die sich aus der Verwurzelung der Rechtsordnung in der sittlichen Wertordnung ergibt[6]). Dieses Ziel wird nur erreicht werden können, wenn auch der natürliche Anspruch des Schaffenden auf die von ihm erzeugten wirtschaftlichen Werte anerkannt wird; denn der Geist kann sich nur in Verbindung mit dem Körper und damit nur auf einer gesunden wirtschaftlichen Grundlage zur vollen Wirksamkeit entfalten.

b) Der Grund des Rechtsschutzes geistiger Leistungen

Der Rechtsgrund für die Schutzwürdigkeit geistiger Leistungen liegt also in ihrer Bedeutung für den einzelnen und für die Gemeinschaft, er liegt in ihren in der sittlichen Weltordnung verankerten Werten. Keinesfalls kann der Rechtsschutz, der ihnen gewährt wird, als ein Privileg oder Vorrecht betrachtet werden[7]); denn er bringt seine innere Begründung bereits aus einer vorgegebenen Ordnung mit, nämlich aus der Natur der Wirkungsweise des Geistes und aus den durch ihn verwirklichten Werten, die schon ohne Gesetz von allen Achtung fordern. Das positive Recht hat daher die Berechtigung dieses Schutzes, die bereits aus der natürlichen Ordnung folgt, nicht erst zu verfügen, sondern nur anzuerkennen und durchzusetzen[8]). Diesem Sachverhalt wird die Privilegientheorie nicht gerecht.

---

[6]) Dagegen ist es nur beschränkt richtig ,wenn in der national-sozialistischen Zeit manchmal betont wurde, die schöpferische Leistung verdiene Schutz wegen ihrer Bedeutung für die Gemeinschaft. Der im Werk enthaltene Wert der Individualität verdient vielmehr auch Schutz um seiner selbst willen, auch das Werk, mit dem die Gemeinschaft nichts anzufangen weiß, muß geschützt werden. Freilich wird das Werk in der Regel auch Wert für die Gemeinschaft haben, hierin zeigt sich die innere Verbundenheit von Individuum und Gemeinschaft, aber es geht nicht an, dem einzelnen nur Schutz wegen seines Wertes für die Gemeinschaft zu gewähren, der einzelne ist in erster Linie Zweck an sich selbst und für sich da, er hat schon in diesem Eigensein Anspruch auf Achtung.

[7]) Die Privilegientheorie wird heute fast allgemein abgelehnt. Ihr ähnelt die Ansicht Gerbers, Iherings Jahrbücher 1859, 359, und Labands, ZHR 1878, 621, daß der Urheberschutz nur ein Reflex von Verbotsnormen sei. Gewisse Anklänge an die Privilegientheorie finden sich noch bei Elster (vgl. Einleitung, Fußnote 19). Auf die Entstehung des Urheberschutzes aus den Privilegien beruft sich auch noch ausdrücklich die Begründung des Entwurfs 1932 S. 44.

[8]) Mit Recht sagt Ulmer a. a. O. S. 60: „Die Gesetze bedeuten für das Urheberrecht nur die Anerkennung und nähere Ausgestaltung eines Rechts, dessen Existenz im allgemeinen Rechtsbewußtsein verankert ist".

Aber auch die von der alten Naturrechtslehre entwickelte Ansicht vom geistigen Eigentum entspricht dem Wesen des geistigen Schaffens nicht voll, wenn auch eine Reihe von Vergleichspunkten zum Sacheigentum bestehen. Letzteres findet seinen tieferen Grund in dem Wert, den die Sache für den Menschen, für seine Lebenserhaltung und damit für seine sittliche Aufgabe hat. Diesen Wert trägt die Sache schon an sich. Weil sie für den Menschen lebensnotwendig ist, schützt das Recht schon die bloße Aneignung[9]). Es kann freilich sein, daß der einzelne einer Sache seine Arbeit widmet, sie dadurch wertvoller macht und zugleich ihre Verbindung mit seiner Person enger gestaltet, jedoch ist diese Arbeit für den Eigentumserwerb nicht Voraussetzung. Vielmehr knüpft ihn unsere Rechtsordnung bereits an den Akt der Aneignung, vorausgesetzt natürlich, daß die Sache nicht schon einem anderen gehört (vgl. § 958 BGB).

Beim geistigen Schaffen dagegen genügt die bloße Aneignung nicht. Allgemeine geistige Inhalte können nicht dadurch, daß der einzelne sie in seinen Geist aufnimmt, schon sein Eigentum werden in dem Sinne, daß andere davon ausgeschlossen werden. Sie müssen vielmehr nach wie vor allen offenstehen. Nur das, was der einzelne von sich aus hinzutut, was er aus sich produziert, was seinem eigenen Inneren Dasein und Existenz verdankt, kann er als das Seine beanspruchen[10]). Dabei genügt es nicht, daß dieses geistige Ergebnis neu ist, es muß auch so geartet sein, daß es nicht allen ohne weiteres erreichbar ist. Nur durch individuelle Leistung geschaffene geistige Inhalte und Formen und die dadurch verwirklichten Werte sind „geistiges Eigentum". Freilich ist nicht nur die geistige Leistung schutzwürdig, die Neues schafft, sondern auch diejenige, die bloß entdeckt, die schon Vorhandenes ans Licht rückt und zugänglich macht[11]). Aber auch in diesen Fällen erfolgt immer eine Steigerung des vorhandenen Wertes. Das Unbekannte, noch Unerreichte hat Wert nur als Ziel des Strebens, das Entdeckte dagegen wird zum Besitz, es vermag geistige Bedürfnisse zu befriedigen und oft knüpfen sich daran große wirtschaftliche Erfolge. Auch die Entdeckung schafft in diesem Sinne Werte. Der Rechtsgrund für die Schutzwürdigkeit geistiger Leistungen ist also ein viel tieferer als beim Eigentum[12]), er liegt nicht in der bloßen Aneignung von Sachen, die ihren Wert bereits in sich tragen, sondern in der Schöpfung von Werten[13]). Dabei

---

9) Vgl. Vinding Kruse, Das Eigentumsrecht, 1931, 473 ff.

10) Vgl. Vinding Kruse a. a. O. S. 521 ff.

11) Dagegen meint Kohler, Schriftwerksrecht S. 159, die geistige Arbeit könne nicht geschützt werden. Wenn man liest, daß er literarische oder wissenschaftliche Werke um der verständnisvollen Auswahl der Wörter, der geschmackvollen Satzbildung und der Art und Weise willen, wie die einzelnen Gebilde in die verschiedensten Zusammensetzungen treten, schützen will (a. a. O S. 139), so kann man sich des Eindrucks nicht erwehren, daß hier das Nebensächliche in den Vordergrund geschoben wird. In Wirklichkeit kann es nur die besondere, Werte schaffende Leistung sein, die den Schutz verdient. Zur Kritik der in Deutschland herrschenden Lehre, vgl. Piola Caselli, Diritto di autore, 1943, 181.

12) Vgl. auch Cahn-Speyer, GRUR 1930, 759.

13) Vgl. Müller-Erzbach, Rechtsbildung durch Wertschöpfung, ZHR 1926, 173. Der Eigentumsbegriff eignet sich für das Urheberrecht auch deshalb nicht, weil er in unserer Rechtsordnung auf die Beziehung des Menschen zu einer körperlichen Sache beschränkt ist und weil in ihm für die persönliche Beziehung des Schaffenden zu seinem Werk kein Platz ist.

ist die Beziehung des Urhebers zu seinem Werk eine viel innigere als die des Eigentümers zur Sache; denn sie beruht auf der Verbindung mit dem in die Außenwelt hinausgestellten Teil der eigenen Individualität, während den Eigentümer nur ein materielles Interesse mit seiner Sache verknüpft.

Den Gedanken, daß die Werte verwirklichende Tätigkeit schutzwürdig sei, hat das Recht des geistigen Schaffens gemeinsam mit dem Arbeitsrecht, in das es z. B. im italienischen Rechtssystem eingegliedert ist[14]). Aber es bestehen doch wesentliche Unterschiede zwischen beiden Rechtsgebieten. Ein solcher liegt nicht nur darin, daß das Arbeitsrecht nur die Arbeit, sei es nun körperliche oder geistige, die in abhängiger Stellung erbracht wird, schützt, während das Urheberrecht die freie geistige Tätigkeit regelt, sondern vor allem darin, daß für letzteres nur die individuelle Leistung in Frage kommt, während das Arbeitsrecht lediglich den Einsatz allgemeinmenschlicher Fähigkeiten voraussetzt. Die Bedeutsamkeit dieser Unterscheidung zeigt sich dort, wo in abhängiger Stellung eine individuelle geistige Leistung erbracht wird; in diesem Fall ist nicht bloß Arbeitsrecht, sondern auch Urheberrecht anzuwenden.

Das Recht des geistigen Schaffens ähnelt ferner in gewisser Beziehung dem Eigentumserwerb durch Spezifikation. Auch hier begründet die Arbeit, die auf einen Gegenstand verwendet wird und die dessen Wert steigert, einen besonderen Rechtsschutz (§ 950 BGB). Es besteht jedoch ein grundsätzlicher Unterschied. Bei der Spezifikation ist nur ein Einsatz allgemeinmenschlicher Fähigkeiten und eine Verwendung allgemeiner geistiger Inhalte vorausgesetzt, sie läßt daher auch nur ein Eigentum an dem konkreten Stück entstehen; beim geistigen Schaffen dagegen handelt es sich um den Einsatz individueller Fähigkeiten, und nur soweit ein solcher vorliegt, kann ein Eigentum an geistigen Inhalten und Formen und ein Anspruch auf die damit verbundenen neuen Werte anerkannt werden.

Nach diesem Vergleich mit der Privilegientheorie, dem Eigentumserwerb durch Aneignung, dem Arbeitsrecht und der Spezifikation können wir zusammenfassend sagen, daß der Rechtsgrund für den Schutz des geistigen Schaffens in der Verwirklichung von Werten durch individuelle geistige Leistung liegt.

c) Der Gegenstand des Rechtsschutzes

Daraus ergibt sich als Forderung an das Recht, daß jede geistige Leistung, die diese Voraussetzungen erfüllt, zu schützen ist. Allerdings kommt für das Urheberrecht nur das Kulturschaffen in Betracht. Alle übrigen geistigen

---

[14]) Nach Art. 6 des ital. Gesetzes vom 22. 4. 1941 stellt den originären Erwerbstitel des Urheberrechts die Schaffung des Werkes als besonderer Ausdruck geistiger Arbeit dar. Vgl. Piola Caselli, Diritto ... S. 248; kritisch dazu De Boor, Konstruktionsfragen im Urheberrecht, Ufita 1944, 345. Auch Mitteis a. a. O. S. 24 sagt, den Schutzgegenstand bilde die geistige Arbeit, das Urheberrecht sei dem Arbeitsrecht im weiteren Sinne zuzuzählen. „Es ist das Arbeitsrecht des geistig frei Schaffenden." Gierke a. a. O. S. 778 sagt: „Das Urheberrecht entsteht in der Person seines Schöpfers. Erzeugung durch eigene geistige Arbeit ist der einzige originale Erwerbstitel von Urheberrechten."

Erzeugnisse können daher unberücksichtigt bleiben. Dies gilt insbesondere für die technischen Erfindungen, die Gegenstand des Patent- und Gebrauchsmusterrechts sind, für kaufmännische Leistungen, die zum Recht am Unternehmen sowie zum Wettbewerbs- und Warenzeichenrecht gehören, und für das Geschmacksmuster, das als gewerblich-ästhetische Leistung auf der Grenzscheide zwischen kulturellem und gewerblichem Rechtsschutz steht und im Geschmacksmusterrecht eine besondere Regelung erfahren hat. Für das Gebiet des Kulturschaffens, d. h. jener individuellen Geistestätigkeit, die der Befriedigung geistiger Bedürfnisse dient, sollte allerdings das neue Urheberrecht Vollständigkeit anstreben; denn es ist ein unbefriedigender Zustand, wenn einzelne Leistungen geschützt werden, während andere, die wegen ihrer Individualität und ihres Wertes ebenfalls Schutz verdienen, vernachlässigt werden. Die in den geltenden Urhebergesetzen getroffene Regelung beschränkt sich auf Werke und deren Bearbeitungen, wobei auch mechanische Wiedergabevorrichtungen und Photographien in dieses System gezwängt werden. Inzwischen hat man erkannt, daß die letztgenannten Erzeugnisse nicht zu den Werken gezählt werden sollten, sondern nur als Leistungen einen beschränkteren Schutz verdienen. Die Entwürfe von 1932 und 1939 wollen nun den Kreis der geschützten Leistungen erweitern. Damit wird die Bezeichnung „Urheberrecht" für dieses ganze Rechtsgebiet zu eng, zumal den bloßen Leistungen nicht ein Urheberrecht im subjektiven Sinn, sondern nur ein Leistungsschutzrecht gewährt werden soll. Schon nach dem Plan der bisherigen Entwürfe hat man als Gegenstand der rechtlichen Regelung nicht mehr allein Geisteswerke zu betrachten, sondern ganz allgemein das Kulturschaffen. Das künftige Gesetz sollte sich daher überhaupt als ein Gesetz zum Schutz des kulturellen Schaffens bezeichnen. Wie dabei möglichst alle in Frage kommenden Leistungen erfaßt werden können, soll weiter unten geprüft werden.

Den Gegenstand des Rechtsschutzes bildet also das auf individueller geistiger Leistung beruhende Kulturschaffen. Dabei kann sich das Gesetz nicht auf einen bloßen Normenschutz beschränken, sondern es muß dem einzelnen selbst Rechte zur Verteidigung seiner Interessen in die Hand geben, es muß ihm subjektive Rechte gewähren. Nun ist von jeher die Bestimmung des Gegenstandes des subjektiven Urheberrechts ein besonderes Problem[15]), das sich beim Leistungsschutzrecht ähnlich stellt.

Bei der Begriffsdefinition des subjektiven Rechts geht man in der Regel davon aus, daß dieses dem einzelnen eine Herrschaftsmacht über ein bestimmtes Objekt gewähre. Diese Anknüpfung an einen Gegenstand, die zurückgeht auf die körperlich-sinnliche Vorstellungsweise des römischen Rechts, insbesondere auf den römisch-rechtlichen Eigentumsbegriff, der als unumschränkte Herrschaft über eine Sache verstanden wurde, ist jedoch für eine Erläuterung des Wesens des subjektiven Rechts nur von be-

[15]) Wie wir im geschichtlichen Überblick (Kap. 9) gesehen haben, ist ein großer Teil der philosophischen und juristischen Bemühungen dem Zweck gewidmet, den Gegenstand des Urheberrechts zu bestimmen und ihn gegenüber dem Eigentum abzugrenzen.

schränktem juristischem Wert. Man denke nur an die Fälle, in denen an ein und demselben Objekt verschiedene Rechte bestehen. Eine Sache kann Gegenstand des Eigentums und zugleich eines sonstigen dinglichen Rechts, z. B. eines Pfandrechts sein. Dabei stellt man sich vor, daß das Pfandrecht die Herrschaftsmacht des Eigentümers über die Sache beschränkt. Man denke nun aber an ein Porträt. Es kann im Eigentum einer bestimmten Person stehen, darüber hinaus kann ein Pfandrecht an ihm bestellt sein, aber auch das Recht des Abgebildeten am eigenen Bild bezieht sich darauf und gewährt eine gewisse Herrschaft darüber (vgl. § 22 KUG), schließlich unterliegt es dem Urheberrecht des Malers, und zwar den persönlichkeitsrechtlichen wie den immaterialgüterrechtlichen Befugnissen. Ein einheitlicher Gegenstand ist also hier der Herrschaftsmacht der verschiedensten Berechtigten unterworfen[15a]). Zunächst scheint es, als ließe sich eine Sache in verschiedene rechtliche Herrschaftsbereiche aufteilen, eine Vorstellung, die aber nicht zutrifft, weil die Herrschaftsmacht jeder Person unter Umständen die ganze Sache ergreifen kann. Der Inhalt des subjektiven Rechts läßt sich also nicht nach dem Gegenstand, sondern nur nach der Art der Beziehung einer Person zu ihm hinreichend charakterisieren. Die Bezeichnung des Objekts reicht nicht aus, um den Inhalt des subjektiven Rechts zu umschreiben, sondern es sind noch nähere Bestimmungen erforderlich, aus denen hervorgeht, in welcher Hinsicht der einzelne an ihm berechtigt ist. Die Vorstellung von einem Gegenstand, an dem ein subjektives Recht besteht, vermag also wohl den Inhalt des Rechts anschaulicher zu machen, sie vermag diesen auch oft kurz und schlagwortartig zu umreißen, weshalb diese Vorstellungsweise nicht völlig abgelehnt werden soll, aber man darf nicht meinen, daß sich jedes subjektive Recht durch einen Gegenstand charakterisieren lasse und man darf nicht das Wesen des subjektiven Rechts in der Herrschaft über einen solchen erblicken. Dies ergibt sich vor allem aus einer Betrachtung des Forderungsrechts, das Enneccerus-Nipperdey[16]) als „das Recht einer Person, des Gläubigers, gegen eine andere Person, des Schuldners, auf eine Leistung, genauer auf Befriedigung eines schutzwürdigen Interesses" definiert. Hier ergibt sich ganz deutlich, daß das Wesen des subjektiven Rechts in der Art der Beziehung liegt[17]).

Die Rechtsordnung hat ja das Verhältnis der Menschen untereinander zu regeln. Die Beziehungen des einzelnen zu einem sonstigen Gegenstand interessieren daher für das Recht nur soweit, als daraus Rückwirkungen für das Verhältnis zum Mitmenschen entstehen. Auch das subjektive Recht kann nur als eine Beziehung von Mensch zu Mensch betrachtet werden, nicht aber primär als eine Beziehung zu einer Sache[18]) oder zu einem

---

[15a]) Ein anderes Beispiel ist ein Muster, an dem ein Geschmacksmusterrecht und ein Urheberrecht besteht. Dasselbe Immaterialgut ist hier Gegenstand zweier subjektiver Rechte, die ein verschiedenes rechtliches Schicksal haben können. Vgl. dazu Furler, Das Geschmacksmustergesetz, 1950 S. 53 u. S. 155, 157.

[16]) a. a. O. S. 301.

[17]) Zu den Theorien vom subjektiven Recht und ihrer Kritik vgl. mein Persönlichkeitsrecht S. 105 ff. mit Literaturhinweisen.

[18]) Man wendet gegen die Konstruktion des Eigentums als einer Beziehung des Eigentümers gegen jederman ein, es sei unvorstellbar, daraus Ansprüche

sonstigen Gegenstand. Wenn wir ferner bedenken, daß die Rechtsordnung das Zusammenleben der Menschen entsprechend der sittlichen Wertordnung regeln soll, so muß auch den Kern des subjektiven Rechts der in der Beziehung von Mensch zu Mensch enthaltene Wert bilden. Der Mensch strebt ja überall nach Werten, sie sind der Inhalt seiner Zwecke und Interessen. Das wertvolle Interesse zu schützen, ist Aufgabe der Rechtsordnung. Sie kann sich dabei auf einen bloßen Normenschutz beschränken, sie kann aber auch dem einzelnen die Wahrnehmung seines Interesses selbst in die Hand geben und dann sprechen wir von einem subjektiven Recht. Sein Inhalt wird durch das wertvolle Interesse des einzelnen bestimmt, also durch Zwecke, die wegen ihres objektiven Wertgehalts vom Mitmenschen Achtung fordern. Das subjektive Recht ist eine Beziehung von Mensch zu Mensch, in der der Berechtigte vom Verpflichteten Achtung seiner Interessen, d. h. seiner Werte und seines Wertstrebens, verlangen kann. Es muß nicht unbedingt einen Gegenstand betreffen, wohl aber muß es einen bestimmten Inhalt haben, der durch die Art des geschützten Interesses charakterisiert wird.

Das schutzwürdige Interesse kann allerdings in einer Weise mit dem Wert des Gegenstandes zusammenfallen, daß sich der Inhalt des subjektiven Rechts kurz durch die Bezeichnung des Gegenstandes angeben läßt. So ist es z. B. beim Eigentum. Es ist ein Recht an dem Wert der Sache, den sie für jeden hat, so daß auch jeder bei Nennung der Sache ohne weiteres ihren gemeinen Wert mitdenkt[19]). Es kann aber auch sein, daß der geschützte Wert in der Person selbst, in ihren Akten oder in ihrem

---

gegen alle auf der Welt, vielleicht auch in fremden Erdteilen lebenden Personen auf Unterlassung von Störungen herzuleiten. Und doch besteht das Wesen des Eigentums in diesem Verhältnis zu jedermann. Daß man über die Sache eine Herrschaftsmacht ausübt, die einem gestattet nach Belieben mit ihr zu verfahren, ist für das Recht uninteressant, solange nicht der Mitmensch irgendwie davon berührt wird. Das Eigentum ist also ein Recht gegenüber jedermann, aus dem allerdings erst im Falle der Störung Ansprüche gegen bestimmte Personen entstehen.

[19]) In der modernen Geldwirtschaft fällt dieser Wert in der Regel mit dem finanziellen Wertzusammen. De Boor, Urheber- und Verlagsrecht S. 35 ff. und Ufita 1944, 356, hebt hervor, daß das Eigentum nicht nur finanziellen Interessen, sondern auch anderen, z. B. persönlichen dienen könne. Das Kunstwerk in der Hand des Sammlers, die Familienpapiere und Familienandenken seien eben auch nur durch das Eigentum geschützt, und zwar durchaus adäquat, obwohl es hier offenbar ganz andere als finanzielle Interessen seien, denen der Schutz dienstbar gemacht werde. Dagegen ist zu sagen: Es ist sicher richtig, daß das Eigentum nicht von vorneherein finanzielle Interessen schützt, sondern diesen Charakter erhält es erst in der modernen Geldwirtschaft. Aber man kann wohl sagen, daß das Eigentum den Wert erfaßt, den die Sache für alle, also für durchschnittliche Bedürfnisse hat. Es schützt daher persönliche Werte nicht adäquat. Dies zeigt sich vor allem dort, wo z. B. ein Familienandenken oder Kunstwerk übertragen oder gepfändet wird. Das persönliche Interesse verbleibt beim bisherigen Eigentümer und kann nun nurmehr durch das Persönlichkeitsrecht geschützt werden. Nun gibt es allerdings Eigentum auch an wertlosen Gegenständen, z. B. an einem Papierschnitzel, an einer Haarlocke. Das Recht stellt eben überall zunächst auf das Typische ab und typischerweise hat jede Sache Wert für uns Menschen. Erst im Interessenkonflikt geht das Recht näher auf den Wert im Einzelfall ein, hier wird dann Wert gegen Wert abgewogen. Daher ist auch die Ausübung des Eigentums nur zur Schikane ohne eigenes wertvolles Interesse nicht gestattet (§ 226 BGB).

Handeln oder in der Beziehung zu anderen Personen enthalten ist. So stellt das Forderungsrecht eine Beziehung zwischen Personen dar, bei der der Schuldner ein schutzwürdiges Interesse des Gläubigers befriedigen soll, und zwar auf Grund der in jedem Schuldverhältnis enthaltenen Werte von Treue und Vertrauen. Auch Urheberrecht und Leistungsschutzrecht schützen menschliche Beziehungen, und zwar ähnlich wie das Eigentum Beziehungen zu jedermann. Ihr Gegenstand oder besser ihr Inhalt wird durch das wertvolle Interesse des geistig Schaffenden, das sich aus seiner Leistung ergibt, charakterisiert.

Ein solcher Rechtsbegriff, der von den menschlichen Beziehungen ausgeht und seinen Inhalt durch die Art des geschützten Interesses erhält, vermag nicht nur die Welt der Gegenstände zu umfassen, sondern auch die Welt des subjektiven Geistes, selbst seine Dynamik, seine Tätigkeit, sein Streben und seine Leistungen kann er in sich aufnehmen.

11. Kapitel

Die Erfassung des Geistigen durch juristische Begriffe

a) Geisteswerk und geistige Leistung

Neben dieser Klärung des Begriffs des subjektiven Rechts bedürfen aber noch einige weitere juristische Begriffe, die der rechtlichen Erfassung des Geistigen dienen sollen, einer kurzen Untersuchung. Wir müssen dabei an unsere Ausführungen im ersten Abschnitt anknüpfen.

Wir haben dort gesehen, daß individuelle Leistungen so unterschiedlich sind, daß sie rechtlich nicht einheitlich geregelt werden können. Wir haben daher die Geisteswerke aus dem weiteren Kreis der geistigen Leistungen herausgehoben und sie dahin charakterisiert, daß in ihnen der individuelle Geist selbst Gestalt erhält, so daß sie zum Ausdruck seiner Individualität werden. Sie setzen sich aus zwei Schichten zusammen: einer geistigen Schicht, die aus dem Gedankeninhalt, der inneren und der äußeren Form besteht, wobei diese drei Bestandteile mehr oder minder eng miteinander verknüpft sein können, und der sinnlich wahrnehmbaren Schicht, auf der erstere aufruht. Die Individualität kann die gesamte geistige Schicht durchziehen, sie kann bald mehr im Inhalt, bald mehr in der Form zum Ausdruck kommen. Im ganzen ist dies auch die Ansicht der herrschenden Meinung. Obwohl die geltenden Gesetze den Begriff des Werkes nicht näher umreißen, wird doch von der Rechtsprechung und Rechtslehre darunter nur eine eigentümliche geistige Schöpfung verstanden[1]). Dabei wird allerdings teilweise das Gewicht zu sehr auf die Formgebung verlegt

[1]) Vgl. Runge a. a. O. S. 24. Auch der Entwurf 1932 spricht in § 2 von einer eigentümlichen geistigen Schöpfung. Der Entwurf 1939 spricht von einer Schöpfung eigenpersönlicher Prägung; wie der Bericht (GRUR 1939, 242 ff.) betont, soll damit klargestellt werden, daß der Ausdruck der schöpferischen Persönlichkeit in dem Werk das Wesentliche ist.

und angenommen, daß gerade sie eine individuelle sein müsse[2]). Demgegenüber muß mit dem Reichsgericht betont werden[3]), daß es gleichgültig ist, ob sich die Individualität im Inhalt oder in der Form ausdrückt. Form und Ausdruck freilich sind unerläßlich, aber auch dort, wo das Individuelle im Inhalt liegt, muß von einer Schöpfung, einem Werk gesprochen werden[4]). Alle sonstige individuelle Geistestätigkeit, die vielleicht nur zum Gedanken reift oder, wie bei der künstlerischen Wiedergabe, nur den fremden Geist erstehen läßt oder sich, wie bei der Entdeckung, nur mit allgemeinen Inhalten verbindet oder im Ausdruck nur beschränkte Abwandlungsmöglichkeiten zuläßt, kann nicht als Werk, sondern nur als Leistung bezeichnet werden. Die Grenzen freilich sind oft schwer zu ziehen[5]). Immerhin sollten Kochbücher, Adreßbücher, Kataloge, Gebrauchsanweisungen, Rezeptsammlungen, Spielregeln usw. nicht zu den Geisteswerken gezählt werden. Es mag sein, daß sie im Einzelfall auf eine individuelle Leistung zurückgehen, jedoch kann man nicht sagen, daß hier der individuelle Geist zum Ausdruck kommt, vielmehr bleibt die besondere Leistung nur im Hintergrund erkennbar. Zweifelhaft kann vor allem die Einordnung von Karten und Zeichnungen wissenschaftlicher oder technischer Art sein[6]). Wenn man aber bedenkt, daß der Topograph oder Kartograph ähnlich wie der bildende Künstler aus der Fülle von Material, das ihm die Natur bietet, dasjenige, was ihm bedeutsam erscheint, auswählt[7]) oder daß der wissenschaftliche oder technische Zeichner eine Fülle vom Möglichkeiten zur Verfügung hat, von denen wohl jeder eine andere ausführen würde[8]), so mögen auch diese geistigen Erzeugnisse zu den Werken gezählt werden[9]). Auf den künstlerischen oder wissenschaftlichen Wert darf dabei nicht abgestellt werden, weil der Richter nicht über das Wahre und Schöne

---

[2]) So formuliert Hoffmann in § 1 seines Entwurfs: „Urheberrechtlich geschütztes Werk im Sinne dieses Gesetzes ist jede Äußerung geistiger Tätigkeit, die in ihrer Formgebung eine eigenpersönliche Schöpfung des Urhebers ist." Auch Kohler verlangt eine künstlerische Sprachform bei literarischen Werken, vgl. Schriftwerksrecht S. 128 ff.

[3]) RGZ 81, 122 sagt: „Damit Schriftliches zum Werke wird, muß in ihm eine individuelle geistige Tätigkeit wirksam geworden sein, eine selbständig schaffende, würdige Geistesarbeit, ein Ergebnis persönlicher Schaffenskraft, gleichgültig, ob sich das erforderliche Maß von Eigenart im Inhalt oder in der Form der Gedanken ausdrückt."

[4]) Darüber, daß ein Werk nicht vorliegt, wenn nur irgendeine Seite der Persönlichkeit, z. B. ihre Privatsphäre, ihr Bild, oder ihre Stimme Ausdruck findet, sondern nur dann, wenn der individuelle Geist selbst in seine Wirkung eingeht und so Ausdruck erhält, vgl. Kap. 5, Fußnote 19.

[5]) Vgl. Cahn-Speyer, Zur Grenzbestimmung des Urheberrechts, GRUR 1930, 755 ff.

[6]) So will Hoffmann in § 47 Ziff. 1 seines Entwurfs Zeichnungen, Karten, plastische Darstellungen und sonstige Abbildungen wissenschaftlicher oder technischer Art, wenn sie nicht als Werke der bildenden Kunst anzusehen sind, zu den Leistungen zählen.

[7]) Vgl. Runge a. a. O. S. 307, wo er aus dem kartenwissenschaftlichen Werk von Max Ekert folgenden Ausspruch zitiert: „Die Karte bringt mit einem Minimum an Linien ein Maximum an Gedanken".

[8]) So betont RG in Ufita 1944, 407, Voraussetzung für den Schutz des § 1 I Ziff. 3 LUG sei, daß die Herstellungsart der Abbildung eine willkürliche Formgebung zulasse, die eigenpersönlichem Schaffen entspringe (ähnlich RGZ 105, 160).

[9]) So § 2 des Entwurfs 1932 und § 1 des Entwurfs 1939.

urteilen kann; lediglich auf die individuelle Leistung kommt es an und darauf, ob die Individualität unmittelbar Ausdruck gefunden hat.

b) Werkstück und Erzeugnis

Wichtig für die Erfassung des Geistigen durch juristische Begriffe ist nun die Unterscheidung zwischen Werk und Werkstück[10]. Ein Großteil der philosophischen und juristischen Arbeit des vorigen Jahrhunderts ist der Herausarbeitung dieses Unterschiedes gewidmet. Er ist uns heute ohne weiteres geläufig, aber es ist nicht so leicht, ihn prägnant auszudrücken. Ungenau ist es jedenfalls zu sagen, Werk sei das immaterielle oder unkörperliche geistige Gut[11], während Werkstück das körperliche Gebilde sei; denn zum Werk gehört nicht nur der geistige Gehalt, sondern auch ein materielles Gebilde[11a], andererseits gehört zum Werkstück stets das ihm aufgeprägte Geistige. Wenn wir uns unsere früheren Erörterungen über die Schichten des Werkes und das Aufruhen geistiger Inhalte auf körperlichen Gebilden ins Gedächtnis rufen, so können wir sagen: Werk ist das ganze kompliziert geschichtete Gebilde, wobei die körperliche Schicht aber auswechselbar ist; Werkstück dagegen ist der einzelne körperliche Gegenstand[12], zu dem allerdings notwendig auch der geistige Gehalt gehört, der aber von ihm abgelöst und einem anderen Stück aufgeprägt werden kann. Beim Werkbegriff denkt man also vor allem an die geistige Schicht, wobei die körperliche als auswechselbar in den Hintergrund tritt, mit Werkstück dagegen meint man das konkrete[12a] körperliche Gebilde, dem aber etwas Geistiges anvertraut ist.

Ähnlich muß auch bei geistigen Leistungen, die in körperlichen Gegenständen materialisiert sind, zwischen der Leistung als solcher und dem einzelnen Erzeugnis unterschieden werden. Allerdings führt nicht jede Leistung zu einem Erzeugnis, sie kann auch in einem bloßen Akt der Person, in einem nur erkennbar gemachten Gedanken enthalten sein.

---

[10] Die geltenden Gesetze unterscheiden zwar dem Sinne nach zwischen Werk und Werkstück, gebrauchen aber doch oft den Begriff Werk auch dort, wo nur das Werkstück gemeint ist. Vgl. § 10 Satz 1; § 29 S. 2 LUG; § 9 I; § 13; § 34 I KUG.

[11] So sagt die Begründung zum Entwurf 1932 S. 73: „Als Recht an dem Werk als einem immateriellen Gut, ist das Urheberrecht streng zu unterscheiden von den Rechten an den das Werk verkörpernden Werk- oder Festlegungsstücken ...“.

[11a] Man denke nur an eine Statue. Freilich muß nicht jedes Werk auch ein körperliches Substrat haben, aber eine sinnlich wahrnehmbare Schicht ist unerläßlich. Auch beim Vortrag z. B. wird das Geistige der Materie, nämlich den Luftschwingungen anvertraut und ohne sie wäre er undenkbar. Man kann also nicht Werk gleich Immaterialgut setzen, sondern es gehört immer auch etwas materielles dazu. Das Geistige muß in der Materie in Erscheinung treten, damit ein Werk vorliegt.

[12] Wo das Werk nur einem flüchtigen Ausdrucksmittel wie dem bloßen Ton, der bloßen Sprache anvertraut ist, läßt sich von einem Werkstück nicht sprechen.

[12a] Zum Begriff „konkret“ vgl. die gründliche Untersuchung von Engisch a. a. O. Zum Gegenstand des Urheberrechts vgl. auch Brecher, Das Unternehmen als Rechtsgegenstand, 1953 S. 95.

c) Eigentum, Urheberrecht und Leistungsschutzrecht

Nach dieser Unterscheidung von Werk und Werkstück bzw. geistiger Leistung und einzelnem Erzeugnis können wir auch versuchen, den Gegenstand oder besser den Inhalt der subjektiven Rechte zu bestimmen, mit denen wir es beim geistigen Schaffen zu tun haben. Auch hier ist es ungenau zu sagen, Gegenstand des Urheberrechts sei das immaterielle Gut[12b]), Gegenstand des Eigentums dagegen das Werkstück. Die Rechtsmacht des Eigentümers erstreckt sich nach § 90 mit § 903 BGB nur auf körperliche Gegenstände, bei Werken also nur auf die körperliche Schicht. Allerdings darf der Eigentümer auch den ihr aufgeprägten geistigen Inhalt in sich aufnehmen und genießen. Das ist ja der eigentliche Grund, warum Bücher, Bilder usw. gekauft werden. Nicht wegen ihrer Eigenschaft als körperliche Gebilde sind sie begehrt, sondern wegen ihres geistigen Inhalts, der ihnen aufgeprägt ist. Aber diese Befugnis, den geistigen Inhalt in sich aufzunehmen oder vielleicht von einem begrenzten Personenkreis aufnehmen zu lassen, fließt nicht schon aus dem Eigentum, sondern aus der Gestattung durch den Urheber, die darin liegt, daß er das Werkstück in Verkehr bringt. Nur entsprechend dieser Genehmigung, deren Umfang nach der Verkehrsauffassung auszulegen ist, ist der Eigentümer berechtigt, das geistige Gut zu benützen. Inhalt des Eigentums ist also nur der Sachwert des konkreten Werkstücks, der allerdings durch die begrenzte Benutzungsbefugnis an dem geistigen Inhalt mitbestimmt wird.

Gegenstand des Urheberrechts nun ist nicht lediglich das unkörperliche geistige Gut. Jedenfalls bezieht sich der eine Bestandteil des Urheberrechts, nämlich das Urheberpersönlichkeitsrecht auch auf das einzelne Werkstück. So erstreckt sich das Recht, die Urheberbezeichnung anzubringen, gerade auf das einzelne Buch, auf die konkrete Statue oder das konkrete Bild. Vor allem gilt dies aber von dem von der Rechtsprechung schon bisher anerkannten Recht auf Zugang zu einem Werkstück[13]), das dem Urheber um seines persönlichen Interesses willen zugebilligt wird, wenn er selbst kein Exemplar mehr in Händen hat[14]). Diese Beispiele zeigen, daß es nicht immer möglich ist, den Inhalt eines subjektiven Rechts durch ein bestimmtes Objekt zu kennzeichnen, sondern daß auf die Art der geschützten Interessen zurückgegriffen werden muß. Man wird also als Inhalt des Urheberrechts das schutzwürdige Interesse des Schöpfers an seinem Werk bezeichnen können.

Vom Urheberrecht unterscheidet sich das Leistungsschutzrecht dadurch, daß es sich nicht auf Werke, sondern auf geistige Leistungen bezieht. Die bisherigen Urhebergesetze kennen allerdings diese Art von Rechten nicht, sie gewähren dem Photographen ein Urheberrecht an der Photographie

---

[12b]) Vgl. Fußnote 11.
[13]) Vgl. BGH inn MDR 1952, 92.
[14]) Dadurch, daß das Urheberrecht unter Umständen auch das einzelne Werkstück ergreift, kann es leicht mit dem Eigentum in Konflikt geraten. Vgl. RGZ 79, 397, wo dem Eigentümer eines Gemäldes auf Antrag des Malers verboten wurde, die unbekleideten Sirenen übermalen zu lassen.

und dem vortragenden Künstler ein Bearbeiterurheberrecht an der Schallplatte. Die Entwürfe wollen dagegen eine Reihe von Leistungsschutzrechten anerkennen. Dabei herrscht allerdings vielfach die Ansicht, daß es sich bei ihnen nur um einen wettbewerblichen Schutz handle[15]), nicht um einen solchen gegen jede Nachahmung und Nachbildung wie beim Urheberrecht[16]). Ein bloßer wettbewerblicher Schutz wäre aber für das Gebiet des kulturellen Schaffens nicht ausreichend. Nicht nur Werke, sondern auch Leistungen müssen grundsätzlich dagegen gesichert sein, daß sie benutzt werden, ohne daß dem Schaffenden ein Entgelt bezahlt wird. Dabei kann es nicht entscheidend darauf ankommen, ob der Benutzer als Wettbewerber oder als Verbraucher handelt. Der vortragende Künstler z. B. muß gegen unbefugte Aufnahme seiner Wiedergabe auf Schallplatten oder Tonband auch gegenüber einem privaten Verbraucher geschützt werden[17]).

d) Immaterialgüterrecht und Persönlichkeitsrecht

Die Interessen des Urhebers an seinem Werk, die im Urheberrecht geschützt werden, sind nun nicht einheitlich. In der Regel unterscheidet man zwischen vermögensrechtlichen und ideelen Interessen und zerlegt das Urheberrecht in zwei mehr oder minder eng verbundene Bestandteile, in einen vermögensrechtlichen und einen persönlichkeitsrechtlichen[18]). Über die Konstruktion im einzelnen herrscht dabei durchaus keine Einigkeit und Klarheit[19]).

Nun ist aber die Trennung zwischen vermögensrechtlichen und ideelen Interessen nicht so streng, wie sie sich beim ersten Blick darbietet. In der Brust des Schöpfers sind sie eng ineinander verwoben. Er erstrebt mit einer wirtschaftlichen Verwertung seines Werkes zugleich die Anerkennung seiner Leistung und das Bekanntwerden seines Namens. Andererseits beeinträchtigt oft eine Verletzung seiner ideellen Interessen zugleich seine wirtschaftliche Lage und die Anerkennung, die einem Werk zuteil wird, kann umgekehrt auch den Absatz seiner übrigen Werke

---

15) Vgl. Runge a. a. O. S. 31 und S. 341.

16) Für das Urheberrecht hat die sogenannte Geistesgut-Wettbewerbstheorie Elsters (vgl. Urheber- und Erfinder-, Wettbewerbs- und Warenzeichenrecht S. 21 ff.) fast allgemein Ablehnung gefunden.

17) Vgl. unten Kap. 22 a.

18) Gierke a. a. O. S. 762 ff. stellte das Persönlichkeitsrecht in den Vordergrund und betrachtete die wirtschaftliche Nutzung nur als eine Ausstrahlung dieses Rechts. Ihm gegenüber verfocht Kohler (Buschs Archiv 47, 176 ff., 303 ff.; Arch. Ziv. Prax. 82, 191 ff.; Schriftwerksrecht S. 1 ff.; Kunstwerkrecht S. 25 ff.) eine dualistische Theorie, er betrachtete das Urheberrecht als vermögensrechtliches Immaterialgüterrecht neben das das Individualrecht als selbständiges Recht trete. Die neueren Vertreter der dualistischen Theorie (vgl. die Literaturangaben bei Ulmer a. a. O. S. 65) konstruieren das Urheberrecht als ein Doppelrecht, das aus der Summe beider Rechte entstehe. Demgegenüber befindet sich heute die monistische Theorie im Vordringen, die das Urheberrecht als einheitliches Recht betrachtet, das die Quelle vermögensrechtlicher und persönlichkeitsrechtlicher Befugnisse sei und sich daher weder unter die Vermögensrechte, noch unter die Persönlichkeitsrechte einreihen lasse; so vor allem Ulmer a. a. O S. 66 ff.

19) Vgl. De Boor, Konstruktionsfragen ... Ufita 1944, 345 ff.

günstig beeinflussen[20]). Man kann eben innerhalb der einheitlichen menschlichen Person, die durch die denkbar engste Verbindung von Körper und Geist charakterisiert ist, nicht streng zwischen materiellen und ideellen Interessen unterscheiden. Ebenso wie der Geist bei seinem Schaffen auf den Körper angewiesen ist, muß er auch mit seinen ideellen Zielen zugleich materielle verfolgen, um den Körper zu erhalten.

Man wird daher die Unterscheidung nach einem anderen Merkmal treffen müssen, das im Rechtsleben überall eine besondere Rolle spielt, nämlich nach der Verkehrsfähigkeit. Da das Recht die Beziehungen der Menschen untereinander regelt, ist für es vor allem die Frage von Wichtigkeit, welche Bedeutung ein Gut in diesen Beziehungen hat, ob es am Verkehrsleben teilnimmt, ob es auf dem Markte gehandelt werden kann oder nicht. Die Verwendbarkeit und Verwertbarkeit eines Gutes im Verkehrsleben ist also das rechtlich Bedeutsamste an ihm. Verkehrsfähig ist vor allem das konkrete körperliche Werkstück, dem allerdings der geistige Gehalt als Wert mitbestimmender Faktor aufgeprägt ist. Es kann verkauft und gehandelt werden, kann von einer Person auf die andere übertragen werden. Das Interesse, das sich mit seinem Wert indentifiziert, das daher auch bei allen, die damit in Berührung kommen, dasselbe sein kann, wird durch das Eigentum geschützt.

Verkehrsfähig ist aber auch, wenn wir uns an unsere früheren Erörterungen über den Schichtenbau des Werkes erinnern, die geistige Schicht als solche. Sie kann ja von dem tragenden Realgebilde abgelöst und einem anderen aufgeprägt werden. Damit wird sie selbst zum Handelsobjekt. Der geistige Gehalt kann immer wieder vorgetragen, vervielfältigt, aufgeführt werden. Diese ablösbare und damit verkehrsfähige geistige Schicht können wir als Immaterialgut bezeichnen. Auch an ihm können verschiedene Personen dasselbe Interesse haben, nämlich das Interesse, den geistigen Gehalt auf die durch die Technik entwickelten Möglichkeiten einem anderen Realgebilde aufzuprägen und dadurch wiederzugeben. Nur so erlangt das Immaterialgut Bedeutung im Verkehrsleben und einen wirtschaftlichen Wert. Dieses Interesse an der geistigen Schicht, an ihrer Ablösbarkeit, Verkehrsfähigkeit und beliebigen Wiedergabemöglichkeit schützt das Immaterialgüterrecht[21]).

---

20) Vgl. De Boor, Ufita 1944, 359. In der Rechtsprechung wird wiederholt betont, daß auch Persönlichkeitsrechte eine vermögensrechtliche Bedeutung haben können. So erklärt RGZ 110, 396 das Interesse eines Architekten, als Schöpfer eines Bauwerks genannt zu werden, zugleich als vermögensrechtliches. RG in JW 1931, 1929 erkennt den Vermögenswert des Persönlichkeitsrechts am Namen an. Ebenso RGZ 158, 230. Auch BGH in JZ 1953, 643 erkennt an, daß aus einem Persönlichkeitsrecht ein Anspruch auf eine vermögenswerte Leistung entspringen kann.

21) Der Begriff des Immaterialgüterrechts wird in der Rechtslehre nicht einheitlich verwendet. In der Regel versteht man darunter ein Vermögensrecht und setzt es in Gegensatz zu den ideellen Interessen. Teilweise werden unter Immaterialgüterrechten nur die gewerblichen Schutzrechte verstanden im Gegensatz zum Urheberrecht. Teilweise betrachtet man das Immaterialgüterrecht als Oberbegriff, in dem vermögensrechtliche und persönlichkeitsrechtliche Elemente enthalten seien. Vgl. Kohler, Schriftwerksrecht S. 1; Arch. f. bürgerl. R. X, 246; De Boor, Urheber- und Verlagsrecht S. 179/180; Kisch, Handbuch d. Patentrechts,

Neben diesen Interessen an den selbständig verwertbaren und verkehrsfähigen Erscheinungsformen eines Werkes, die sich beim Eigentum im einzelnen Werkstück, beim Immaterialgüterrecht in dem davon ablösbaren Immaterialgut konzentrieren, müssen noch jene Interessen unterschieden werden, die mit der Person des Schöpfers aufs engste verbunden sind, die bei ihm verbleiben, auch wenn das Werk den Weg auf den Markt gegangen ist. Wie wir früher gesehen haben, enthält das Werk die Individualität des Schöpfers, sie durchdringt es in allen Schichten. Nicht nur der geistige Gehalt besteht zu einem guten Teil aus ihr, sondern sie ist auch dem körperlichen Werkstück aufgeprägt[22]). Dadurch wird zwar der individuelle Geist selbst fixiert und verselbständigt, aber er bleibt doch Geist vom Geist des Schöpfers, und zwar in allen Erscheinungsformen des Werkes. So entsteht ein untrennbares Band zwischen dem Urheber und seinem Werk, das im wahrsten Sinne des Wortes sein Geisteskind ist. Auch wenn es den Weg auf den Markt gegangen ist, begleitet es doch seine Sorge um Reinerhaltung, um Anerkennung der Urheberschaft und Wahrung der Urheberehre. Es handelt sich also um persönliche Interessen, die ein anderer normalerweise nicht haben kann. Sie beziehen sich nicht nur auf das immaterielle Gut, auf die ablösbare geistige Schicht, um deren Reinerhaltung der Urheber vielleicht bemüht ist, sondern auch auf das einzelne Werkstück, zu dem er Zugang begehrt oder auf dem er seinen Namen angebracht wissen will. Sie haben aber mit der Verkehrsfähigkeit dieser Erscheinungsformen des Werkes nichts zu tun, sondern sind in seiner Person konzentriert. Diese Interessen werden wegen ihres Wertgehaltes vom Recht geschützt, indem es zu ihrer Wahrnehmung die persönlichkeitsrechtlichen Befugnisse gewährt; aber es muß sich dabei nicht immer um ideelle oder geistige Werte handeln. Der Urheber kann die Reinerhaltung des Werkes auch deshalb wünschen, weil er sonst für den Absatz fürchtet, oder er kann Zugang zum Werkstück begehren, weil er es für wirtschaftliche Zwecke benötigt, z. B. um eine Photokopie zu machen und diese zu verwerten[23]). Auch in diesen Fällen ist das persönliche Interesse vom Gesetz zu schützen.

Wenn bisher betont wurde, daß die persönlichen Interessen eng mit der Persönlichkeit des Schöpfers verknüpft bleiben und nicht verkehrsfähig sind, weil sie nicht, wie es beim Eigentum oder bei den Werknutzungsrechten der Fall ist, die Interessen einer anderen Person werden können, so soll damit doch nicht gesagt werden, daß die persönlichkeitsrechtlichen

---

1923, 140; Schönfeld, RGPrax. II, 261; Furler, Geschmacksmustergesetz, 1950, 15; Lehmann, Allg. Teil d. BGB, 1947, 60. Enneccerus-Nipperdey, a. a. O. S. 300. Schramm a. a. O. S. 21.

[22]) Runge a. a. O. S. 57: „Jedes Geisteswerk verkörpert in sich ein Stück der Persönlichkeit seines Schöpfers."

[23]) Die Entwürfe sprechen zwar nicht von ideellen Interessen, sondern von persönlichen (Entwurf 1932 § 12 III) oder eigenpersönlichen (Entwurf 1939 § 10) Interessen oder Beziehungen. Sie meinen aber damit wohl nur ideelle Interessen, wie aus dem Zusatz „Urheberehre" in § 10 des Entwurfs von 1939 und aus der Begründung zum Entwurf 1932 S. 45 hervorgeht. Darüber, daß vor allem das Folgerecht, obwohl es persönlichkeitsrechtlicher Natur ist, vermögensrechtliche Interessen schützt vgl. Kap. 13 e.

Befugnisse nicht im Einzelfall übertragbar oder verzichtbar seien. Der Schöpfer kann einzelne persönliche Interessen und deren Wahrnehmung sehr wohl einem anderen anvertrauen, er ist oft sogar darauf angewiesen, dies zu tun; nur sein persönliches Interesse als Ganzes ist unverzichtbar und unübertragbar[24]). Das Urheberpersönlichkeitsrecht muß aber auch vererblich sein[25]); denn die persönlichen Interessen des Urhebers bestehen über seinen Tod hinaus fort, er muß daher die Möglichkeit haben, die Befugnisse zu ihrer Wahrnehmung auch im Erbgang auf andere zu übertragen[26]). Ähnlich wie der Wille des Erblassers im Testament fortwirkt und vom Gesetz respektiert wird, ist auch sein persönliches Interesse am Werk über seinen Tod hinaus zu schützen.

Dieses Urheberpersönlichkeitsrecht ergreift das ganze Werk, und zwar nicht nur den geistigen Gehalt, das Immaterialgut[27]), sondern sogar das einzelne Werkstück, mag es auch vielleicht schon durch mehrere Hände gegangen sein[28]). Das Immaterialgüterrecht dagegen umfaßt nur die Inter-

---

[24]) Die streng romanische Auffassung erklärt dagegen das droit moral für unübertragbar, unverzichtbar und unvererblich. Ihr kann in dieser Form nicht beigetreten werden. Vertragliche Einschränkungen und Übertragungen persönlichkeitsrechtlicher Befugnisse müssen, wenn der Urheber und der Verkehr nicht unbillig gehemmt werden sollen, zulässig sein. Nach geltendem Recht verbleiben die persönlichkeitsrechtlichen Befugnisse, soweit sie im Gesetz überhaupt erwähnt werden, auch bei einer Übertragung des Urheberrechts beim Urheber, anderweitige Vereinbarungen sind aber zulässig (vgl. § 9 I LUG, § 12 I KUG). Dabei bleibt aber ein Rest des Urheberpersönlichkeitsrechts schon nach bisheriger Auffassung auf jeden Fall erhalten. Vgl. RGZ 102, 141; 118, 285; 123, 319; 128, 103; 130, 206; 134, 201 (danach verbleiben die Befugnisse, die sich aus der technischen Entwicklung neu ergeben, trotz Abtretung des Urheberrechts beim Urheber). Vgl. ferner Ulmer a. a. O. S. 198 und 230; Möhring, GRUR 1931, 39 ff.; Klauer, GRUR 1932, 644 ff.; De Boor, in Beitr. z. Handels- und Wirtschaftsrecht, 1950, 692 ff. Die Entwürfe von 1932 (§ 19 u. 20) und von 1939 (§ 16 ff.) gehen davon aus, daß das Urheberrecht als Ganzes, d. h. mit seinem persönlichkeitsrechtlichen Teil nicht übertragbar ist, außer in Erfüllung einer Verfügung von Todes wegen oder im Wege der Erbauseinandersetzung. Dabei lassen aber die §§ 12 u. 22 Entwurf 1932 und §§ 10 a u. 21 Entwurf 1939 erkennen, daß nicht jeder Verzicht und jede Übertragung einzelner persönlichkeitsrechtlicher Befugnisse ausgeschlossen werden soll. Die Begründung zum Entwurf 1932 S. 68 sagt: „Aus der Unübertragbarkeit des Urheberpersönlichkeitsrechts unter Lebenden darf nicht geschlossen werden, daß auch jede sonstige Abrede darüber unzulässig sei". Es wäre aber zweckmäßig, im kommenden Gesetz ausdrücklich zu bestimmen, daß einzelne persönlichkeitsrechtliche Befugnisse übertragbar und verzichtbar sind, soweit dadurch nicht erhebliche persönliche Interessen verletzt werden.

[25]) Der Entwurf 1939 (§ 16 III) legt ausdrücklich die Möglichkeit der Übertragung der Ausübung des Urheberrechts auf einen Testamentsvollstrecker fest. Dabei sollte aber mit Rücksicht auf die 50jährige Schutzfrist die Anwendung des § 2210 BGB ausgeschlossen werden. Zur Vererblichkeit des Urheberrechts vgl. De Boor, Vom Wesen des Urheberrechts, 1933, 42 ff.

[26]) Wie schon das bisherige Recht erklären auch die Entwürfe das Persönlichkeitsrecht für vererblich.

[27]) Wie sehr persönliche Interessen am verselbständigten Immaterialgut bestehen, zeigt sich deutlich bei der Weiterübertragung von Werknutzungsrechten. Dem Urheber kann es nicht gleichgültig sein, in wessen Hände diese gelangen. Die Weiterübertragung sollte daher an die Zustimmung des Urhebers gebunden werden, ohne daß dadurch aber den Verwertungsgesellschaften ihre Vermittlungstätigkeit unnötig erschwert wird (vgl. § 20 Entwurf 1932 u. § 19 Entwurf 1939).

[28]) Daß die persönlichen Interessen das Werkstück ergreifen, zeigt sich z. B. auch bei der Zwangsvollstreckung, die nach geltendem Recht in das Manuskript, das sich in den Händen des Urhebers befindet, nur mit seiner Genehmigung zulässig ist (§ 10 LUG).

essen an dem verselbständigten Immaterialgut. Trotzdem wird man das Urheberrecht als einheitliches Recht betrachten müssen, das alle Interessen des Urhebers am Werk umspannt, sich aber in einen immaterialgüterrechtlichen und einen persönlichkeitsrechtlichen Bestandteil gliedert[29]). Doch dürfen aus dieser Auffassung nicht nach begriffsjuristischer Methode[30]) Schlüsse für die Lösung einzelner Fragen gezogen werden, sondern es muß immer durch den Begriffsschleier hindurch auf die dem Urheberrecht zugrunde liegenden Interessen und auf deren Verhältnis zueinander zurückgegangen werden[31]).

Auch beim Leistungsschutz wird man zwischen einem Immaterialgüterrecht und einem Persönlichkeitsrecht unterscheiden müssen. Wenn auch bei den geistigen Leistungen die Individualität in der Regel nicht unmittelbar Ausdruck gewinnt, so kann sie doch erkennbar bleiben. Je nach den einzelnen Leistungen können mehr oder minder bedeutsame persönliche Interessen vorhanden sein, die Schutz verdienen. So wird man den vortragenden Künstler durch persönlichkeitsrechtliche Befugnisse dagegen schützen müssen, daß sein Vortrag, sein Gesang in minderwertiger Weise auf Schallplatten aufgenommen und dadurch sein Ruf in der Öffentlichkeit geschädigt wird. Jedoch bestehen nicht alle Leistungsschutzrechte aus einem immaterialgüterrechtlichen und einem persönlichkeitsrechtlichen Bestandteil. An denjenigen Leistungen, die keinen selbständigen Wert besitzen, wie z. B. an wissenschaftlichen Entdeckungen besteht ein bloßes Persönlichkeitsrecht, da ein verkehrsfähiges Gut nicht vorhanden ist.

e) Ausschlußrecht und Vergütungsanspruch

Wir haben bisher gesehen, daß das Recht auf Grund seiner Verankerung in der sittlichen Wertordnung die durch die Tätigkeit des Geistes geschaffenen und realisierten Werte schützen muß. Dabei hat es die in der Natur des Schöpfungsaktes liegende enge Beziehung des einzelnen zu diesem Wert durch ein subjektives Recht zu garantieren. Bei den Leistungen, die einen selbständigen, vom Gemeingut trennbaren Wert haben, ist demjenigen, der ihn als den seinen beanspruchen kann, weil er seiner Individualität Dasein und Realisierung verdankt, ein Ausschlußrecht daran

---

[29]) Der Entwurf 1939 betrachtet Persönlichkeitsrecht und Verwertungsrechte nur als Ausstrahlungen eines einheitlichen Rechts (vgl. GRUR 1939, 259); dagegen versucht der Entwurf 1932 eine Scheidung durchzuführen. Zur Kritik vgl. Elster, Zeitschr. f. ausl. u. intern. Privatr. 1932, 916 u. De Boor, Vom Wesen ... S. 25.

[30]) Zur Kritik der Begriffsjurisprudenz im Urheberrecht vgl. De Boor, Vom Wesen ... und Ufita 1944, 345 ff.

[31]) Es wäre daher z. B. verfehlt, aus dieser Einheit zu folgern, das Urheberrecht könne nur mit Werknutzungsrechten und persönlichkeitsrechtlichen Befugnissen zusammen bestehen, es müsse daher bei einem Verzicht auf die Werknutzungsrechte erlöschen. In diesem Fall können vielmehr die persönlichkeitsrechtlichen Befugnisse allein fortbestehen. Ebensowenig kann man daraus schließen, daß das Urheberpersönlichkeitsrecht nach Ablauf der Schutzfrist nicht fortdauern könne. Mit Recht weist Ulmer a. a. O. S. 70 darauf hin, daß einem Ausländer das Urheberpersönlichkeitsrecht zustehe, wenn nach internationalen Regeln seine Werknutzungsrechte bei uns nicht geschützt sind.

zu gewähren[32]). Es liegt im Wesen eines Wertes, daß er vom Menschen Achtung fordert. Diese Achtung muß auch dem vom einzelnen geschaffenen und realisierten Wert entgegengebracht werden. Aus dem Schöpfungsakt erwächst also dem einzelnen schon auf Grund der sittlichen Ordnung ein Anspruch auf Abwehr von Störungen und Beeinträchtigungen gegenüber jedermann. Die Rechtsordnung erkennt dies an, indem sie ein absolutes Recht gewährt.

Nun ergibt sich allerdings aus unseren früheren Erörterungen[33]), daß Werte sich nicht immer und unbedingt im Interessenkonflikt durchsetzen können, sondern daß sie unter Umständen einer überwiegenden Wertkonstellation weichen müssen. Es kann also sein, daß der einzelne sein schutzwürdiges Interesse zugunsten eines anderen aufopfern muß. Trotzdem darf man daraus nicht schließen, daß in diesen Fällen ein absolutes Recht nicht anerkannt werden könne, weil darunter nur solche zu verstehen seien, die nicht nur gegen jedermann, sondern auch generell geschützt seien[34]); denn es gehört zum Wesen des Ausschlußrechts, und zwar gerade auch zum Wesen des Eigentums, das ja von jeher das Urbild des absoluten Rechts ist, daß es seine innere Begrenzung durch das Prinzip der Interessenabwägung in sich trägt. Alle Rechte können nur grundsätzlich Achtung verlangen und müssen im Einzelfall einem höheren Interesse weichen. Gerade beim Urheberrecht, das seit langem als absolutes Recht gilt, ist die soziale Gebundenheit ein geläufiger Gedanke, der in den gesetzlichen Beschränkungen deutlich zum Ausdruck kommt. Dabei ist allerdings eine andere Frage, inwieweit die bestehenden Beschränkungen dem Prinzip der Gerechtigkeit entsprechen[35]). Jedenfals zeigt gerade die geltende Regelung des Urheberrechts, daß für Leistungen, die dem Prinzip der Interessenabwägung unterliegen, ein absolutes Recht anerkannt werden kann.

Voraussetzung dafür ist allerdings, daß der vom einzelnen geschaffene Wert derart Selbständigkeit besitzt, daß er vom geistigen Gemeingut gesondert werden kann. Wo dagegen diese Selbständigkeit fehlt, können nur die persönlichen Interessen durch ein absolutes Persönlichkeitsrecht geschützt werden. Der Inhalt einer wissenschaftlichen Entdeckung z. B. läßt sich nicht zugunsten eines einzelnen monopolisieren, wohl aber ist die Forscherehre von jedermann zu achten. Darüber hinaus könnte dem Forscher aber auch ein Vergütungsanspruch gegenüber demjenigen, der seine individuelle Leistung benutzt, gegeben werden, sofern sich der Benutzer und das Maß der Benutzung feststellen läßt.

[32]) Unter einem Ausschlußrecht ist ein Recht zu verstehen, das die Befugnis gewährt, jedermann von Störungen und Beeinträchtigungen des geschützten Interesses abzuwehren.
[33]) Vgl. oben Kap. 7.
[34]) Zur Theorie des Ausschlußrechts vgl. mein Persönlichkeitsrecht S. 127 ff.
[35]) Vgl. darüber unten Kap. 14 ff.

III. Abschnitt

Der Urheberschutz

12. Kapitel

Der persönliche Geist als Rechtsgut

a) Der Schutz der schöpferischen Persönlichkeit

Nachdem wir nun versucht haben, die für die Regelung des geistigen Schaffens wichtigsten juristischen Begriffe auf Grund unserer früheren Analyse über das Wesen und die Wirkungsweise des Geistes zu überprüfen und in ihrem Inhalt an den Gegebenheiten des Lebens auszurichten, wollen wir dazu übergehen, aus unseren philosophischen Erwägungen einige Anregungen für die Urheberrechtsreform nach ihrer praktischen Seite hin abzuleiten, und zwar zunächst bezüglich der geistigen Schöpfungen.

In unseren Untersuchungen hat sich mehr und mehr der Gedanke herauskristallisiert, daß der persönliche Geist in seiner Individualität, in seiner Eigenart, Einmaligkeit und Originalität die tragende Kraft kulturellen Schöpfertums ist, einem sprudelnden Quell vergleichbar, aus dem unserem Geistesleben ständig neue Gedanken, Formen und Werte zufließen. Daraus ergibt sich als eigentlich selbstverständliche Folgerung, daß das Recht diese schöpferische und erhaltende Kraft, die Individualität des einzelnen hüten, schützen und fördern muß. Nun ist aber der Geist bei seinem Schaffen überall auf die Mitwirkung der seelischen und körperlichen Kräfte angewiesen, der ganze Mensch, die ganze Persönlichkeit ist mittätig. Daher sollte die schöpferische Persönlichkeit als solche im Mittelpunkt eines Rechts des geistigen Schaffens stehen, sie sollte das primäre Schutzobjekt sein. Die geltenden Urhebergesetze dagegen beschränken sich auf einen reinen Werkschutz. Das fertige Werk ist Voraussetzung jedes Rechtsschutzes[1]), von allen Interessen der schöpferischen Persönlichkeit werden nur diejenigen berücksichtigt, die sich auf das Werk beziehen. Auf diesem Standpunkt stehen auch die Entwürfe. Nach der Begründung des Entwurfs von 1932 bildet das Werk den Gegenstand des Schutzes[2]). Der Bericht des Ausschusses der Akademie für Deutsches Recht für die Neugestaltung des Urheberrechts zum Entwurf von 1939[3]) hebt zwar hervor, daß die schöp-

[1]) Dabei wird allerdings von der herrschenden Meinung die Geburtsstunde des Werkes möglichst früh angesetzt, es genügt schon eine flüchtige Fixierung wie z. B. eine Improvisation oder eine Vorskizze; vgl Runge a. a. O, S. 19.

[2]) a. a. O. S. 32.

[3]) Vgl. GRUR 1939, 242 ff.

ferische Persönlichkeit das Wertvolle sei, zieht aber daraus keine Folgerungen, sondern sagt: „Dabei wird man davon auszugehen haben, daß die nach der überkommenen Rechtsprechung des In- und Auslandes als Urheberrecht bezeichnete Rechtsordnung nur ein Ausschnitt des Schutzes der schöpferischen Persönlichkeit ist." Auch dieser Entwurf beschränkt sich daher auf die Regelung der Beziehungen des Urhebers zu seinem Werk.

Dieser Grundsatz steht in seltsamem Gegensatz zu dem Standpunkt, auf dem die Rechtsordnung bezüglich der körperlichen Arbeit steht. Im Arbeitsrecht hat sich seit langem der Gedanke durchgesetzt, daß der Arbeiter als solcher zu schützen ist, daß seine Existenz gesichert, seine Stellung im Betrieb und sein Verhältnis zum Unternehmer geregelt werden muß. Damit soll keineswegs eine Gleichstellung des Urheberrechts mit dem Arbeitsrecht und eine schematische Herübernahme der dort entwickelten Grundsätze befürwortet werden; denn das geistige Schaffen ist in seinen Voraussetzungen und in seiner Natur von der körperlichen Arbeit grundverschieden. Insbesondere kann die schöpferische Individualität nur in der Freiheit, in persönlicher Unabhängigkeit gedeihen, während das Arbeitsrecht von der Arbeit in abhängiger Stellung ausgeht. Mit diesem Vergleich soll nur darauf hingewiesen werden, daß der Gedanke der Fürsorge für die Persönlichkeit unserer Rechtsordnung nichts Fremdes ist.

Natürlich kann auch keine Rede davon sein, daß dem geistig Schaffenden ein Urheberrecht im subjektiven Sinne anders als mit Bezug auf ein bestimmtes fertiggestelltes Werk gewährt werden könnte, aber das Gesetz sollte den Grundsatz vom Schutz der schöpferischen Persönlichkeit als Leitgedanken anerkennen[4]) und seine Regeln an der besonderen Lage des Urhebers ausrichten. Die Stellung des Autors im Verkehrsleben ist ja – ähnlich wie die des einzelnen Arbeiters – dadurch gekennzeichnet, daß er die wirtschaftlich schwächste Partei im Verhältnis zu Werknutzern und Verbrauchern ist[5]). Diese besondere Situation sollte in einem besonderen Schutz ihren Niederschlag finden.

b) Das Recht auf Freiheit des Schaffens

Wie schon erwähnt wurde, kann sich die schöpferische Individualität nur in der Freiheit entfalten, originelle Selbstverwirklichung des Geistes und Unabhängigkeit gehören notwendig zusammen. Wo drückende Bindungen vorhanden sind, wo Abhängigkeit herrscht, da ist der Geist in Fesseln geschlagen, da kann er seine Schwingen nicht zum Höhenflug entfalten. Nun lassen die geltenden Urhebergesetze dem Werkschöpfer in vieler Hinsicht die denkbar größte Freiheit, aber in einem Maße, daß sie dadurch selbst gefährdet wird. Wie oft muß er nebenbei einem drückenden Broterwerb nachgehen, der seine besten Kräfte frühzeitig verbraucht! Wie oft muß er ungünstige Verwertungsverträge abschließen, nur um sein Werk überhaupt

---

[4]) Die Bedeutung der schöpferischen Persönlichkeit wird besonders von Hirsch-Ballin (Auteursrecht in Wording, Zwolle 1947, dazu Benkard in GRUR 1948, 309) in den Mittelpunkt des Urheberrechts gerückt.

[5]) Vgl. oben Kap. 8.

zur Veröffentlichung zu bringen! Wie oft muß er sich dabei auch in seinem künftigen Schaffen in einer Weise binden, daß daraus eine hemmende Fessel für ihn wird!

Nun enthält Art. 5 Bonner Grundgesetz den Grundsatz von der Freiheit von Kunst und Wissenschaft, von Forschung und Lehre. Außerdem hat Art. 2 BGG das Recht auf freie Entfaltung der Persönlichkeit als Menschenrecht herausgestellt. Aus letzterer Vorschrift wird zwar entgegen der bisher herrschenden Meinung auch für das Gebiet des Privatrechts auf die Anerkennung eines allgemeinen Persönlichkeitsrechts geschlossen werden müssen[6]), trotzdem erscheint es aber im Interesse der Verkehrssicherheit zweckmäßig, die einzelnen Persönlichkeitsrechte mehr und mehr gesetzlich zu verankern. Für das Gebiet der Urheberrechts ergibt sich aus den erwähnten Verfassungsbestimmungen die Notwendigkeit, das Recht auf Freiheit des Schaffens als subjektives und absolutes Recht zu normieren, das dem einzelnen die Befugnis gibt, unberechtigte Störungen und Beeinträchtigungen seines Schaffens abzuwehren[7]). Dieses Recht kann natürlich nicht unbeschränkt und unbegrenzt sein. Art. 2 BGG führt selbst als Grenzen die Rechte anderer, die verfassungsmäßige Ordnung und das Sittengesetz an; im übrigen müssen die zulässigen Beeinträchtigungen unserer Kulturauffassung entnommen werden. In gewissem Umfang ist dieses Recht ebenso wie das Urheberpersönlichkeitsrecht auch verzichtbar. Aber solche Verzichte, die unzumutbare Beschränkungen enthalten oder sich als solche auswirken, müssen als unwirksam angesehen werden[8]).

Einen besonders häufigen Fall der Gefährdung der Freiheit des Schaffens stellt die Übertragung des Urheberrechtes an künftigen Werken dar. Eine klare gesetzliche Regelung erscheint daher zweckmäßig und notwendig. Während die geltenden Gesetze darüber keine Bestimmungen treffen, so daß dem Urheber lediglich im Fall der Sittenwidrigkeit nach § 138 BGB geholfen werden kann, bringen die Entwürfe, insbesondere der Entwurf von 1939 eine eingehende Regelung[9]). Grundsätzlich wird man die Zulässigkeit einer Verfügung oder Verpflichtung hinsichtlich künftiger Werke nicht ablehnen dürfen. Bei einer Bindung des Urhebers bezüglich noch nicht geschaffener

---

[6]) Vgl. dazu mein Persönlichkeitsrecht S. 140 ff.

[7]) Dieses Recht kann aber nicht zum Inhalt des Urheberpersönlichkeitsrechts gezählt werden, weil letzteres die persönlichen Interessen des Urhebers nur in Bezug auf ein bestimmtes fertiges Werk betrifft, während das Recht auf Freiheit des Schaffens die Persönlichkeit als solche schützt.

[8]) Die Bestimmung könnte etwa so formuliert werden: „Wer in der Freiheit seines Schaffens unbefugt beeinträchtigt wird, kann auf Unterlassung und, falls die Beeinträchtigung schuldhaft erfolgt, auf Schadensersatz klagen. Ein Verzicht ist unwirksam, wenn er sich als unzumutbare Beschränkung erweist.“ Dabei sind die Ausdrücke „unbefugt“ und „unzumutbar“ zwar generalklauselartige Begriffe, doch kommen sie auch sonst in unserem Recht vor und werden von den Gerichten durchaus zweckentsprechend angewendet; vgl. z. B. § 12 BGB. Der Begriff der Unzumutbarkeit spielt nicht nur bei der Kündigung aus wichtigem Grund, sondern auch bei der Beurteilung der Gültigkeit von Verträgen eine Rolle.

[9]) Vgl. § 25 Entwurf 1932 und § 24 Entwurf 1939.

Werke, die nicht näher oder nur der Gattung nach bestimmt sind, sollte jedoch nach 3 Jahren eine unverzichtbare Kündigungsmöglichkeit gewährt werden[10]).

c) Die Sicherung des Anspruchs auf die Früchte des Werkes

Eine echte Schaffensfreiheit, eine ungehinderte Selbstverwirklichung des individuellen Geistes setzt aber nicht nur äußere Unabhängigkeit voraus, sondern vor allem eine gesicherte Existenzgrundlage. Der Geist ist ja in seinem Wirken überall auf den Körper angewiesen, er zehrt am Körper und verbraucht dessen Kräfte. Er kann sich daher nur auf einer gesunden materiellen Basis zu voller Leistungsfähigkeit entfalten. Nun zeigt allerdings die Vergangenheit, daß gerade viele unserer großen Meister trotz bitterer Not die wunderbarsten Werke hervorgebracht haben. Aber empfinden wir es nicht als tief tragisch, daß sie ihre Werke, an denen wir uns erfreuen, in Leid und Sorge schaffen mußten? Und hätten sie nicht vielleicht noch mehr geleistet, wenn sie nicht ständig mit der Last des Existenzkampfes zu ringen gehabt hätten? Manche von ihnen sind aus Not frühzeitig gestorben, die täglichen Entbehrungen haben ihrem Leben allzu schnell ein Ende gesetzt. Einige haben allerdings schließlich bei einem reichen Gönner Unterstützung und Hilfe gefunden. Heute aber, nach einer Inflation und einer Währungsreform ist es mit dem Mäzenatentum wohl endgültig vorbei. Auch das eigene Vermögen, das in der vergangenen Zeit einzelnen Künstlern ermöglicht hat, sich ohne Sorge ihrer Muse zu widmen, ist großenteils vernichtet. In dieser Hinsicht haben sich also die wirtschaftlichen Verhältnisse seit der Zeit, in der unsere Urhebergesetze entstanden sind, grundlegend geändert. Die Rechtsordnung muß daher mehr als bisher darauf bedacht sein, auch die materielle Lage des geistig Schaffenden zu verbessern. Nun kann freilich nicht jedem, der sich schöpferischer Tätigkeit widmen will, eine gesicherte Existenz geboten werden. Aber es müssen ihm wenigstens die wirstchaftlichen Früchte seiner Arbeit möglichst restlos zugute kommen. Wir haben oben gesehen[11]), daß der wirtschaftliche Wert eines Werkes in der Regel nur auf der individuellen Leistung des Schöpfers beruht, nicht etwa auf dem verwendeten Gemeingut. Daraus folgt, daß der Urheber auf diesen Wert allein und ausschließlich Anspruch hat. Mit Recht hat daher das Reichsgericht den Grundsatz aufgestellt, daß der Urheber überall dort, wo aus seinem Geisteswerk geldwerter Gewinn gezogen wird, daran beteiligt werden muß[12]). Welche Schlußfolgerungen sich daraus für die Zuteilung von Werknutzungsrechten ergeben, soll später geprüft werden, hier sei nur hervorgehoben, daß das Gesetz seiner Aufgabe nicht mit der Anerkennung ausschließlicher Verwertungsrechte genügt; denn der Urheber ist oft nicht in der Lage, sich

[10]) Der Entwurf 1932 läßt eine Bindung auf 1 Jahr, der Entwurf 1939 eine solche auf 4 Jahre zu.
[11]) Vgl. Kap. 6d.
[12]) Vgl. RGZ 118, 285; 122, 68; 123, 312; 128, 113; 134, 201.

damit im Verkehr durchzusetzen. Bei seiner schwachen wirtschaftlichen Stellung[13]) und bei der Unvorhersehbarkeit des Erfolges seines Werkes wird er nur allzuleicht geneigt sein, seine Rechte um ein Linsengericht zu verkaufen, so daß der Gewinn in der Hauptsache den Werknutzern zufällt. Der Urheber muß daher auch bei der Übertragung seiner Rechte geschützt werden.

Die geltenden Gesetze lassen eine Übertragung des Urheberrechts ohne Beschränkung zu (§ 8 III LUG, § 10 III KUG). Die Rechtsprechung hat aber schon bisher durch die Zweckübertragungstheorie den Urheber mit den Mitteln des geltenden Rechts geschützt, soweit sie konnte. Insbesondere hat sie angenommen, daß auf Grund der technischen Entwicklung sich ergebende neue Befugnisse dem Urheber trotz Abtretung aller bis dahin bekannten Werknutzungsrechte verbleiben[14]). Aber das Urheberrecht muß überhaupt als unübertragbar ausgestaltet werden[15]), nur einzelne Befugnisse sollen übertragen werden können und zwar nicht nur immaterialgüterrechtliche, sondern auch persönlichkeitsrechtliche, letztere allerdings nur soweit, als damit keine erhebliche Gefährdung persönlicher Interessen verbunden ist.

Darüber hinaus muß aber Vorsorge getroffen werden, daß dem Urheber der Erfolg seines Werkes möglichst ungeschmälert zugute kommt. Die Verwertungsverträge sollten daher in der Regel eine Gewinn- oder Umsatzbeteiligung vorsehen[16]). Gegen eine Bestimmung, die dies zwingend vorschreibt, spricht aber der Umstand, daß sich oft der Gewinn oder Umsatz nicht leicht feststellen läßt und daß der Urheber meist auf eine Abschlagszahlung angewiesen ist. Um ihn trotzdem dagegen zu sichern, daß der finanzielle Erfolg seines Werkes in fremde Taschen fließt, sollte wenigstens eine gesetzliche Bestimmung geschaffen werden, die dem Urheber in den Fällen, in denen keine Umsatz- oder Gewinnbeteiligung vereinbart wurde, ein unverzichtbares Nachforderungsrecht auf angemessenes Entgelt gibt, wenn sich herausstellt, daß der Gewinn des Werknutzers in auffälligem Mißverhältnis zu der gezahlten Vergütung steht. Dabei sollte dieses Nachforderungsrecht nicht nur gegenüber dem ersten Erwerber eines Verwertungsrechts, sondern auch gegenüber jedem weiteren Erwerber, bei dem die Voraussetzungen vorliegen, gewährt werden. Eine solche Bestimmung wird freilich leicht zu Streitigkeiten und Prozessen führen, doch wiegt dieser Nachteil nicht so schwer, wie die das Rechtsgefühl empörende Tatsache, daß der wirtschaftliche Erfolg des Werkes oft in fremde Hände, statt in die des Urhebers fließt. Im übrigen kennt ja das BGB in § 138 Abs. 2 eine noch einschneidendere Bestimmung. Diese setzt allerdings neben dem Mißverhältnis von Leistung und Gegenleistung noch die Ausbeutung der Notlage, des Leichtsinns oder der Unerfahrenheit eines anderen voraus, knüpft daran aber auch die weitergehende Folge, daß das Rechtsgeschäft überhaupt nichtig ist. Diese Bestimmung genügt für den gewöhnlichen Verkehr, weil

[13]) Vgl. oben Kap. 8.

[14]) Vgl. RGZ 118, 285; 123, 319; 128, 103; 130, 206; 134, 201.

[15]) Vgl. § 19 ff. Entwurf 1932, § 16 ff. Entwurf 1939.

[16]) Bei einer Reihe von Verwertungsverträgen hat sich diese Regel bereits eingebürgert.

hier der Wert der Leistung normalerweise bekannt ist, so daß nur der Unerfahrene, Leichtsinnige oder Notleidende geschützt werden muß. Bei Geisteswerken dagegen ist der wirtschaftliche Wert in der Regel nicht übersehbar. Es ist durchaus ungewiß, ob sie Erfolg haben werden oder nicht; die Größe des zu erwartenden Gewinnes ist nicht abzuschätzen. Hinzukommt, daß der Urheber fast immer die schwächere Partei ist. Diese besonderen Umstände rechtfertigen die Einführung eines Nachforderungsrechts, das im Gegensatz zu § 138 II BGB den Vertrag nicht nichtig machen würde, aber andererseits nicht an den Nachweis der Ausbeutung geknüpft wäre. Wenn man gegenüber diesem Vorschlag einwendet, daß der Gewinn des Werknutzers ja das Entgelt für sein Risiko sei, so ist darauf zu erwidern, daß das Risiko durch einen normalen Gewinn abgegolten wird. Dagegen widersprechen die Fälle, in denen ein auffälliges Mißverhältnis zwischen Gewinn und gezahlter Vergütung vorliegt, bei der besonderen Lage des geistig Schaffenden dem Rechtsgefühl[17]).

Der Gedanke der Existenzsicherung muß auch bei der Regelung der Zwangsvollstreckung gegen den Urheber maßgebend sein. Schon nach bisherigem Recht wird er in seinen persönlichen Interessen am Werk gegen einen Zwangseingriff des Gläubigers geschützt[18]). Dagegen unterliegt die Pfändung von Vergütungs- und Tantiemeansprüchen, die aus einer Übertragung von Werknutzungsrechten entstehen, keiner Beschränkung. Nun dienen aber gerade diese Geldansprüche der Aufrechterhaltung der Existenz des Urhebers, sie bilden die Grundlage für weiteres Schaffen. Beim Arbeitseinkommen ist der Gedanke der Existenzsicherung gegen Pfändung längst durchgeführt. Die §§ 850 ff. ZPO (früher Lohnpf.VO) belassen dem Arbeitenden wenigstens das Existenzminimum. § 850 i ZPO schützt auch die freien Berufe gegen unbeschränkte Pfändung von Vergütungen „für persönlich geleistete Arbeiten oder Dienste" in gewissem Umfang. Diese Bestimmung wird mit Recht auch auf Vergütungsansprüche von Urhebern aus Verlagsverträgen angewendet[19]). Es erscheint aber unsicher, ob die Gerichte diesen Schutz auch den Tantiemen, die die Gema an die in ihr zusammengeschlossenen Urheber auszahlt, zukommen lassen[20]). Es wäre daher zweckmäßig, in das kommende Urhebergesetz eine Bestimmung aufzunehmen, die klarstellt, daß § 850 i ZPO auf alle Vergütungsansprüche, die dem Urheber selbst aus Verwertungsverträgen zustehen, anzuwenden ist.

---

[17]) Das Nachforderungsrecht würde eine Ergänzung zu dem in Kap. 13e behandelten Nachfolgerecht, das auf Werke der bildenden Künste Anwendung finden soll, darstellen.

[18]) Vgl. § 10 LUG u. § 14 KUG. Ähnliche Bestimmungen enthalten auch die §§ 30 Entwurf 1932 u. 30 Entwurf 1939.

[19]) Vgl. Baumbach, Anhang nach § 850 h, § 11 Lohnpf. VO Anm. 2; Stein-Jonas-Schönke, 17. Aufl., Lohnpf. VO § 11 Anm. II 1 b.

[20]) Die Begründung zum Entwurf 1932 S. 79 sagt: „Die Zwangsvollstreckung in die bezeichneten Forderungsrechte wie z. B. in den Anspruch auf Vergütung für die Übertragung eines Werknutzungsrechts oder für die Erteilung einer einfachen Aufführungsbewilligung, und die Zwangsvollstreckung in Vervielfältigungen von Werken aller Art soll – wie nach geltendem Recht – keiner Beschränkung unterliegen". Das AG Berlin-Schöneberg hat in einem Beschl. v. 28. 9. 1953 Az. 22 M 423/50 § 1 Lohnpf.VO auf die Einnahmen, die der Schuldner von der Gema erhielt, angewendet.

d) Die Urheberschutzorganisationen

Es liegt in der Natur geistiger Inhalte, daß sie, sobald sie aus dem Kopf des Schöpfers entlassen sind, von Person zu Person, von Land zu Land, ja von Erdteil zu Erdteil wandern und an keinen Raum, an keine Zeit mehr gebunden sind. So kann eine Komposition an den verschiedensten Orten gleichzeitig aufgeführt, ein Schauspiel auf mehreren Bühnen zugleich gespielt, ein Buch in unzähligen Exemplaren und auf viele Weisen nachgedruckt, photokopiert oder sonst vervielfältigt werden. Die moderne Technik hat es insbesondere durch Funk, Magnetophon und Photokopie möglich gemacht, Geistesprodukte in mannigfacher Weise wiederzugeben. Der einzelne Urheber ist daher nicht mehr in der Lage, zu kontrollieren, wo und von wem sein Werk benutzt wird. Er sieht sich oft außerstande, die ihm vom Gesetz gewährten Rechte praktisch zur Anwendung zu bringen. Andererseits ist es den zahlreichen Verbrauchern der verschiedensten Kreise in der Regel nicht möglich, den Urheber ausfindig zu machen und für die beabsichtigte Werknutzung seine Genehmigung einzuholen. Daraus ergibt sich die Notwendigkeit, den Rechtsverkehr mit geistigen Gütern zu organisieren. Der einzelne Urheber steht der Vielzahl technischer Benutzungsmöglichkeiten seines Werkes hilflos gegenüber, er kann die Verletzung seiner Rechte nur kontrollieren, wenn er sich mit anderen zu Urheberschutzorganisationen zusammenschließt. Dabei muß aber der Gesetzgeber unterstützend eingreifen, um Zersplitterungen zu vermeiden und um andererseits die berechtigten Interessen der Verbraucher zu wahren.

Auf dem Gebiet der Musik, die ja seit dem Aufkommen der Schallplatte und des Rundfunks in unserem Kulturleben wohl die größte Rolle unter allen Künsten spielt und bei der der Kreis der Verbraucher besonders unübersichtlich und unkontrollierbar ist, war dieses Problem seit langem vordringlich. Schon 1903 wurde daher von den beteiligten Kreisen die Genossenschaft deutscher Tonsetzer und die Anstalt für musikalische Aufführungsrechte gegründet, die sich 1930 im Musikschutzverband zusammenschlossen, der die Aufführungs- und Senderechte seiner Mitglieder wahrnahm[21]). 1933 hat dann der Gesetzgeber eingegriffen, indem er durch das Gesetz über die Vermittlung von Musikaufführungsrechten vom 4. 7. 1933[22]) die gewerbsmäßige Vermittlung der sogenannten kleinen Rechte[23]) genehmigungspflichtig machte. Diese Genehmigung wurde dann der Stagma (staatlich genehmigte Gesellschaft zur Verwertung musikalischer Aufführungsrechte) erteilt. 1938 wurde ihr die Anstalt für mechanische Rechte (Amre), die die Rechte der Komponisten und Textdichter zur Herstellung von Schallvorrichtungen wahrnimmt, angegliedert. Nach dem Kriege wurde die Bezeichnung Stagma in Gema (Gesellschaft für musikalische Aufführungs- und

[21]) Vgl. zur historischen Entwicklung Erich Schulze, Urheberrecht in der Musik und die deutsche Urheberrechtsgesellschaft, 1951, 31.

[22]) Zur Weitergeltung des Gesetzes vgl. Ulmer a. a. O. S. 283.

[23]) Darunter sind die Aufführungsrechte, jedoch ohne die bühnenmäßige Aufführung, die Rechte der Rundfunksendung und Rundfunkübertragung, die Tonfilmaufführungsrechte und die Rechte an der Aufführung mittels Schallvorrichtungen zu verstehen.

mechanische Vervielfältigungsrechte) umgeändert. Sie nimmt die kleinen Rechte der in ihr vereinigten Urheber wahr, zieht die Tantiemen ein und verteilt sie wieder an die Berechtigten. Durch Abschluß von Pauschalverträgen mit dem Rundfunk und sonstigen Verbraucherverbänden hat sie das Genehmigungssystem wesentlich vereinfacht und so eine Methode entwikkelt, die der Natur des Geistigen, seiner Ausbreitungsfähigkeit und Flüchtigkeit gerecht wird[24]). Sie arbeitet dadurch nicht nur zum Nutzen der einzelnen Urheber, sondern auch zu dem der Verbraucher, die gegen Zahlung einer verhältnismäßig geringen Pauschalgebühr das gesamte Repertoire der Gema, das fast die ganze in- und ausländische geschützte Musik umfaßt, benützen können, ohne der Gefahr einer Urheberrechtsverletzung ausgesetzt zu sein.

Nach dem Vorbild der Gema sollten auch für die Gebiete der Wissenschaft, der Literatur und Tanzkunst sowie der bildenden Künste ähnliche Verwertungsgesellschaften unter Mitwirkung des Gesetzgebers geschaffen werden[25]). Ebenso wie durch das Stagma-Gesetz von 1933 sollte die Vermittlung von Verwertungsverträgen einer staatlichen Genehmigungspflicht unterworfen werden. Dadurch ließe es sich vermeiden, daß sich zum Schaden der Urheber mehrere nebeneinander bestehende Organisationen bilden. Zugleich könnte dem Staat ein gewisser Einfluß auf die Gesellschaften gesichert werden, indem die Genehmigung nur solchen erteilt wird, deren Satzung die Gewähr für eine gerechte Verteilung und Verwendung der Gelder bietet. Außerdem könnte den Gesellschaften zum Schutz der Verbraucher ein Kontrahierungszwang zu angemessenen Tarifen auferlegt werden[26]). Dadurch würden die Urheber nicht gehindert im Einzelfall auf Grund ihres Urheberpersönlichkeitsrechts eine Wiedergabe ihres Werkes zu verhindern, die ihre persönlichen Interessen verletzt, z. B. weil die Gefahr besteht, daß die Art der Wiedergabe den Ruf des Autors in der Öffentlichkeit schädigt. Eine weitergehende staatliche Einflußnahme sollte jedoch vermieden werden, damit sie nicht eines Tages für kulturpolitische Zwecke oder für eine Beschränkung der Freiheit von Kunst und Wissenschaft benützt werden kann.

[24]) Vgl. im einzelnen Schulze a. a. O. Von Erffa, JR 1951, 312, spricht mit Recht davon, daß sich der Zusammenschluß der Urheber zu Vermittlungsgesellschaften bewährt habe.

[25]) Von den ausübenden Musikern wurde im Jahre 1951 eine Zentralverwertungsstelle der Ton- und Bildträgerrechte mit dem Sitz in Hamburg ins Leben gerufen, vgl. Vogel, GRUR 1953, 202. Zur Behandlung von Urheberrechten im Entwurf eines Gesetzes gegen Wettbewerbsbeschränkungen, vgl. Heydt, GRUR 1952, 493. Es ist ihm zuzustimmen, daß Verwertungsverträge keine unzulässige Wettbewerbsbeschränkung enthalten. Vgl. auch Nipperdey in NJW 1953, 881 und Grundmann in NJW 1954, 297.

[26]) Schon nach geltendem Recht wird von der herrschenden Meinung ein Kontrahierungszwang für die Gema angenommen, vgl. Ulmer a. a. O. S. 186 und die dort angegebene Literatur. Übrigens enthält die Satzung der Gema in § 2 selbst die Bestimmung, daß die Gema verpflichtet ist, die Genehmigung zur Benutzung der Urheberrechte zu erteilen, wenn die erforderliche Gegenleistung erfolgt.

e) Nachwuchsförderung und Altersversorgung

Diesen Urheberschutzorganisationen, in deren Vorständen die anerkanntesten Persönlichkeiten des jeweiligen Fachgebietes vertreten wären, könnte zugleich die Aufgabe der Förderung von Kunst und Wissenschaft auf ihrem Gebiet übertragen werden. Diese Aufgabe muß dem heutigen Staat besonders am Herzen liegen. Ein Volk, das durch den Krieg moralisch, kulturell und wirtschaftlich so schwer geschädigt wurde wie das unsrige, kann diese Schäden nur durch beste Ausnutzung der geistigen Fähigkeiten seiner schöpferischen Menschen wettmachen. Da der einzelne oft trotz seiner idealen Einstellung nicht in der Lage ist, die wirtschaftlichen Schwierigkeiten, die sich einem Anfänger auf dem Gebiet des geistigen Schaffens entgegenstellen[27], zu überwinden, bedarf er einer Förderung und Unterstützung[28], insbesondere bei der Veröffentlichung seiner ersten Werke. Eine solche Unterstützung setzt aber eine richtige Auswahl der tüchtigen Nachwuchskräfte voraus. Der Staat selbst ist dazu nur in beschränktem Maße geeignet, seine Kulturförderung wird nur allzu leicht zur Kulturpolitik und zur Kulturlenkung. Dagegen können die einzelnen Fachverbände und die in ihnen zusammengeschlossenen Fachvertreter am ehesten die schöpferische Veranlagung von einer durchschnittlichen Begabung unterscheiden. Ihnen kann daher auch die Aufgabe der Nachwuchsförderung am besten anvertraut werden.

Woher sollen aber die notwendigen finanziellen Mittel für eine solche gewiß dankenswerte Aufgabe kommen? Jedes einzelne Fachgebiet hat in seinen gemeinfreien Werken ein großes Kapital zur Verfügung, das allerdings auf Grund des bestehenden Rechtszustandes, nach dem Werke nach Ablauf von 50 Jahren seit dem Tode des Urhebers jedem kostenlos zur Verwertung offenstehen, nur allzuoft einzelnen Unternehmern zufällt. Was ist natürlicher, als dieses Kapital für die Förderung von Kunst und Wissenschaft nutzbar zu machen? Durch Einführung einer Kulturabgabe auf gemeinfreie Werke würden erhebliche Geldmittel zusammenkommen, mit denen der junge Nachwuchs unterstützt werden könnte. Insbesondere könnten damit auch Werke finanziert werden, die, wie z. B. wissenschaftliche Werke oder ernste Musik, für das kulturelle Leben besonders wertvoll sind, aber in der Regel keinen wirtschaftlichen Gewinn abwerfen. Ein weiterer Vorteil der Kulturabgabe läge darin, daß die dem heutigen Urheber durch das geltende Recht aufgebürdete, dem Leistungsprinzip widersprechende Konkurrenz mit kostenlos zur Verfügung stehenden Bestleistungen wegfallen würde. Die Einziehung der Abgabe könnte durch die Urheberschutzorganisationen ähnlich wie bei noch nicht freien Werken erfolgen.

---

[27]) Vgl. die Ausführungen oben im Kap. 8.

[28]) Der Gedanke einer Förderung des geistig Schaffenden wird auch im gewerblichen Rechtsschutz erörtert, vgl. Wehr, Erfinderförderung, GRUR 1951, 362. Die Begründung zum Entwurf eines 5. Gesetzes zur Änderung und Überleitung von Vorschriften auf dem Gebiet des gewerblichen Rechtsschutzes (GRUR 1953, 347) spricht sogar von der als notwendig erkannten Förderung der Erfinder.

Im einzelnen soll auf das Problem der Kulturabgabe bei der Besprechung der Beschränkungen des Urheberrechts noch näher eingegangen werden[29]. An dieser Stelle sollte nur hervorgehoben werden, daß damit eine wirksame Förderung der schöpferischen Persönlichkeit und eine Beseitigung der ihre Existenz besonders bedrohenden Konkurrenz der freien Werke erreicht werden könnte. Ein weiterer Vorteil läge darin, daß damit auch die Mittel für eine Altersversorgung der geistig Schaffenden gewonnen werden könnten. Erfahrungsgemäß erreichen nur wenige von ihnen das Ziel, daß sie aus dem Ertrag ihrer Werke leben können. Um noch etwas für das Alter zurückzulegen, dazu reicht ihr Einkommen fast nie aus. Gerade Werkschöpfern, die sich den für die Kultur wertvolleren, aber in der Regel weniger einträglichen Gebieten von Kunst und Wissenschaft gewidmet haben, könnte dadurch wenigstens ein gesicherter Lebensabend beschert werden. Dabei wären wieder die in den einzelnen Fachorganisationen zusammengeschlossenen Fachgenossen am ehesten in der Lage, die Unterstützungswürdigkeit des einzelnen zu beurteilen[30].

13. Kapitel

Der objektivierte Geist als Rechtsgut

a) Die geschützten Werke

Im vorigen Kapitel haben wir versucht, einige Anregungen zu geben, die aus der Erwägung entspringen, daß die schöpferische Persönlichkeit als solche der einzige Träger und Erhalter der Kultur ist, weshalb sie in ihrer Entfaltung und Wirksamkeit unter Wahrung ihrer vollen Freiheit gefördert werden muß. Wenn so auch der Urheber vom rechtspolitischen Standpunkt aus im Mittelpunkt des Interesses steht, so muß doch der Schwerpunkt der praktischen Regelung beim Werkschutz bleiben. Aber auch hierbei ist zu berücksichtigen, daß im Werk der Schöpfer in allen seinen berechtigten Interessen zu schützen ist. Wie wir oben gesehen haben[1], enthält das Werk seine Individualität; ihr verdankt es auch seinen wirtschaftlichen Wert. Da dem einzelnen seine Individualität von der Natur ganz allein und nur für seine persönliche Aufgabe mitgegeben ist, muß ihm auch die Rechtsordnung die dadurch geschaffenen und realisierten Werte allein zuerkennen. Daraus ergibt sich die Notwendigkeit, dem Urheber, dem das Werk seine Existenz verdankt, ein absolutes Recht zu gewähren, das seine im Werk enthaltenen individuellen Züge schützt, das ihm die volle wirtschaftliche Ausnutzung vorbehält und seine berechtigten persönlichen Belange wahrt.

[29] Vgl. unten Kapitel 19 b.

[30] Innerhalb der einzelnen Organisationen wären besondere Ausschüsse zu bilden, denen diese Aufgabe der Nachwuchsförderung und der Altersversorgung anvertraut werden könnte. Gegen ihre Entscheidung müßte eine Art Berufung an einen aus mehreren Mitgliedern zusammengesetzten Ausschuß möglich sein. Die Einzelheiten wären in der vom Staat zu genehmigenden Satzung niederzulegen, wodurch auch dem Staat ein gewisser Einfluß gesichert wäre.

[1] Vgl. Kap. 5 u. 6 c.

Der Wert der Individualität, der im Werk realisiert ist, verlangt ja von allen Achtung. Trotz seiner engen Verbundenheit mit dem Allgemeinmenschlichen und mit dem geistigen Gemeingut ist er in der Regel ohne weiteres erkennbar; auch wenn das Werk veröffentlicht ist und mit seinem Inhalt allmählich in den objektiven Geist eingeht, bleiben seine individuellen Züge meist deutlich von diesem abgehoben. Das Urheberrecht braucht daher nicht etwa im Interesse der Rechtssicherheit an eine Eintragung oder Registrierung gebunden zu werden[2]).

Unsere geltenden Gesetze beschränken das Urheberrecht von vorneherein auf einen nach der Enumerationsmethode fest umgrenzten Kreis von Werken. Sie zählen in § 1 LUG und § 1 KUG meist nach dem gewählten Ausdrucksmittel die einzelnen Werkgattungen auf, die allein für einen Schutz in Frage kommen. Auch der Entwurf 1932 will aus Gründen der Rechtssicherheit, wie die Begründung sagt[3]), an dieser Methode einer erschöpfenden Aufzählung festhalten. Gegenüber diesem Argument wird man darauf hinweisen müssen, daß es gewiß keine Rechtssicherheit bedeutet, wenn die Urheber von Werken, die wegen ihrer Individualität Schutz verdienen, entrechtet werden. Angesichts der technischen Entwicklung ist immer damit zu rechnen, daß eine zunächst erschöpfende Aufzählung schon in verhältnismäßig kurzer Zeit überholt ist. Es ist daher zu begrüßen, daß der Entwurf 1939 in § 1 alle Werke, die Schöpfungen eigenpersönlicher Prägung auf den Gebieten der Literatur und der Kunst sind, schützen will und neben dieser allgemeinen Formulierung die wichtigsten Werkarten nur als Beispiele aufführt. Doch erscheint auch diese Ausdrucksweise noch zu wenig umfassend. Es ist z. B. nicht einzusehen, warum Werke der Gartenbaukunst, wenn sie sich nicht bloß allgemeiner Fachkenntnisse und allgemeiner Formen der Natur bedienen, sondern in der Anlage den individuellen Geist ihres Schöpfers ausdrücken, ungeschützt bleiben sollen[4]). Man wird daher nicht bloß für Werke, die unter die herkömmlichen Begriffe der Literatur und der Kunst fallen, ein Urheberrecht gewähren müssen, sondern für alle kulturellen Geisteswerke individueller Prägung[5]). Es kommt also einmal

---

[2]) Die meisten Rechtsordnungen machen daher den Urheberschutz nicht von einer Registrierung oder Eintragung abhängig. Anders vor allem die USA. Die dort verlangten Förmlichkeiten zur Erhaltung des Urheberschutzes an veröffentlichten Werken erscheinen auch vom Standpunkt der Rechtssicherheit aus nicht als notwendig und gerechtfertigt. Vgl. zum Recht der USA Runge a. a. O. S. 746.

[3]) a. a. O. S. 32.

[4]) Freilich müssen die Beschränkungen ähnlich sein wie bei Denkmälern die sich auf öffentlichen Plätzen befinden. Streitig kann auch sein, ob Bühnenbilder zu den Kunstwerken gehören. Die Frage wurde schon nach geltendem Recht durch eine Entscheidung des Bühnenoberschiedsgerichts, Ufita 1944, 148 und des LG Köln, GRUR 1949, 303 bejaht. Vgl. auch De Boor, Ufita 1944, 38.

[5]) Das Erfordernis der individuellen Prägung verhindert, daß Alltagserzeugnissen Urheberschutz zugesprochen wird, es verweist sogar diejenigen Geisteserzeugnisse, die nur eine individuelle Leistung erfordern, ohne daß der individuelle Geist Ausdruck findet, in das Gebiet des Leistungsschutzes. Vgl. dazu oben Kap. 11 a und Kap. 4 b. Auch Photographien, die nach geltendem Recht als Werke geschützt werden, sind nur zu den Leistungen zu zählen; dasselbe gilt für den Film als solchen. Dagegen müssen die selbständig verwertbaren Drehbücher, die Filmmusik und die Filmbauten Urheberschutz genießen, vgl. darüber unten Kap. 20 d und 22 d.

darauf an, daß es sich um Werke auf dem Gebiet des Kulturschaffens handelt, d. h. um solche, die geistige Bedürfnisse des Menschen befriedigen[6]), wobei es allerdings unschädlich sein muß, wenn daneben auch ein praktischer Zweck verfolgt wird, wie es bei kunstgewerblichen Erzeugnissen[7]) oder Werken der Baukunst der Fall ist[8]). Ferner kommt es darauf an, daß das Werk individuelle Prägung besitzt, d. h. dem individuellen Geist des Schöpfers Gestalt und Ausdruck verleiht[9]).

Dagegen muß es gleichgültig sein, in welchem Ausdrucksmittel das Werk erkennbar geworden ist. Ein sinnlich wahrnehmbares Gebilde, durch das es in der Außenwelt Selbständigkeit gegenüber dem Geist des Schöpfers erhält, ist allerdings für den Werkbegriff unerläßlich; denn erst mit dem Eintritt des Gedankengebildes in die Außenwelt liegt eine Schöpfung vor. Es muß aber schon die Wahl eines flüchtigen Ausdrucksmittels, wie es z. B. bei einem Vortrag oder bei einer künstlerischen Improvisation der Fall ist, genügen. Dies muß auch für choreographische und pantomimische Werke gelten, von denen § 1 II LUG verlangt, daß der Bühnenvorgang irgendwie, wenn auch auf andere Weise als schriftlich, festgelegt ist. Denn auch sie können schon in der bloßen Aufführung nachgeahmt und nachgebildet werden und müssen daher schon in diesem Stadium Schutz genießen[10]).

---

[6]) Dagegen erscheint die Formulierung in § 1 Ziff. 1 LUG, die für den Schutz von Vorträgen und Reden erfordert, daß sie dem Zweck der Erbauung, der Belehrung oder der Unterhaltung dienen, zu eng. Es müssen alle Sprachwerke individueller Prägung geschützt werden. So auch die Entwürfe.

[7]) Die umstrittene Unterscheidung zwischen kunstgewerblichen Werken und solchen, die nur geschmacksmusterfähig sind, muß also darin gesucht werden, ob die Individualität des Schöpfers zum Ausdruck kommt oder ob nur erkennbar ist, daß eine individuelle Leistung vorliegt. Auf den ästhetischen Wert als solchen kann wegen der Unmöglichkeit der Beurteilung nicht abgestellt werden. Die Unterscheidung zum bloß handwerklichen Erzeugnis wird darin liegen, daß bei letzterem nur bekannte geistige Inhalte und Formen vorliegen bzw., soweit es neue enthält, diese mit allgemeinmenschlicher Begabung gefunden werden konnten.

[8]) Die Unterscheidung von geschützten und ungeschützten Werken der Baukunst liegt darin, ob sie nicht nur praktischen Zwecken, sondern zugleich einem geistigen Bedürfnis dienen und ob sie individuelle Prägung besitzen.

[9]) Ein solcher Ausdruck der Individualität ist auch bei wissenschaftlichen Werken, die nur der Sammlung wissenschaftlichen Materials dienen, wenigstens im Stil, in der Sprachform gegeben; er kann aber auch in einer wissenschaftlichen Theorie, die auf Phantasie und Kombination beruht, liegen. Dagegen kann ein bloßes Forschungsergebnis, das nicht in eine individuelle Sprachform gekleidet ist, keinen Urheberschutz genießen, weil es nur Allgemeingut enthält. Hier kommt nur ein Geheimnisschutz oder, soweit es veröffentlicht ist, ein Schutz des wissenschaftlichen Eigentums in Frage, vgl. unten Kap. 19 b und Kap. 20 a. Auch Bearbeitungen können nur ein Bearbeiterurheberrecht begründen, wenn sie dem Werk eine neue Individualität aufprägen. Dieses Erfordernis betonen mit Recht die Entwürfe (§ 4 Entwurf 1932 und § 2 Entwurf 1939). Dasselbe gilt von Sammlungen, hier kann die Individualität in der Auslese und Anordnung der Beiträge Ausdruck finden, auch in dieser Anordnung gewinnt der individuelle Gedanke Gestalt (ähnlich § 5 Entwurf 1932 und § 3 Entwurf 1939).

[10]) Mit Recht sehen daher die Entwürfe von dem Erfordernis der Festlegung ab. Dazu, daß ein flüchtiges Ausdrucksmittel genügt, vgl. Runge a. a. O. S. 19; Ulmer a. a. O. S. 81.

b) Der Schutzumfang

Gegen die vorgeschlagene Formulierung, die an allen kulturellen Geisteswerken individueller Prägung ein Urheberrecht gewähren will, könnte man einwenden, daß dadurch der Kreis der geschützten geistigen Gehalte zu weit gezogen werde. Doch ergibt sich aus dem Erfordernis der individuellen Prägung nicht nur eine Beschränkung des Schutzes hinsichtlich der Art, sondern auch hinsichtlich des Inhalts der Werke. Den ausschließlichen urheberrechtlichen Befugnissen soll nur das Werk in seiner Individualität unterliegen. Nur die Teile des Geistesprodukts, die aus der Individualität des Schöpfers entsprungen sind, sollen gegen Nachahmung und Nachbildung gesichert sein, während das dem geistigen Gemeingut Entnommene allen offenstehen soll. Freilich wird damit immer noch ein weiterer Schutz gefordert, als ihn die herrschende Lehre zugestehen will; denn diese unterscheidet zwischen Inhalt und Form und will nur die letztere, soweit sie eigentümlich und eigenartig ist, dem Urheber vorbehalten.

Gegenüber dieser Lehre, die von Kohler[11]) im Anschluß an Fichte[12]) entwickelt und insbesondere von De Boor[13]) weiter ausgebaut wurde, wendet Ulmer[14]) mit Recht ein, daß nicht zwischen ungeschütztem Inhalt und geschützter Form unterschieden werden solle, sondern zwischen dem geistigen Gemeingut und den individuellen Zügen des Werkes. Wie wir oben[15]) darzulegen versucht haben, schöpft jeder Urheber aus allgemeinen Quellen, aus der realen Welt, aus dem Reich der Ideen und aus dem objektiven Geist, aber er gibt immer auch aus sich, aus seinem eigenen Inneren etwas hinzu und hierauf hat er ausschließlich Anspruch; nur das Individuelle ist das Seine. So ist jedes Werk gespalten in Bestandteile, die aus allgemeinen Quellen stammen, und solche, die dem individuellen Geist ihr Dasein verdanken. Diese Spaltung kann alle geistigen Schichten des Werkes durchziehen[16]): die äußere und die innere Form sowie den Inhalt[17]). Es hat daher für das Recht wenig Sinn zwischen Inhalt und Form zu unterscheiden, zumal sie bei einzelnen Werkgattungen überhaupt nicht trennbar sind. So wurde früher gezeigt[18]), daß bei Werken der Tonkunst der Inhalt mit der inneren und äußeren Form so eng verbunden ist, daß eine getrennte Entnahme aus dem Werk nicht möglich ist. Ebenso ist bei Werken der bildenden Kunst der Inhalt mit der inneren Formgebung zu einer unlöslichen Einheit verschmolzen. Dagegen läßt sich das Gemeingut von den individuellen Zügen sehr wohl trennen, ersteres bleibt unabhängig vom Werk und kann selbständig benützt werden.

---

[11]) Vgl. Schriftwerksrecht S. 128 ff.

[12]) Vgl. oben Kap. 9 d.

[13]) In seinem Urheber- und Verlagsrecht unterscheidet er eine Reihe von übereinander gestaffelten Formen. Vgl. ferner Mitteis a. a. O. S. 29; Allfeld a. a. O. S. 27; Marwitz-Möhring, Das Urheberrecht an Werken der Literatur und der Tonkunst 1929, 12.

[14]) a. a. O. S. 73 ff.

[15]) Vgl. Kap. 2.

[16]) Vgl. das Schaubild oben S. 47.

[17]) Für den Schutz des Inhalts hat sich auch Schramm in GRUR 1950, 403 ausgesprochen.

[18]) Vgl. Kap. 5 c.

Im Einzelfall freilich mag es schwierig sein, das Allgemeine vom Individuellen zu unterscheiden. Dies gilt vor allem für wissenschaftliche Theorien. Es läßt sich bei ihnen zwar bestimmen, was aus dem vorhandenen wissenschaftlichen Gemeingut entnommen wurde, im übrigen dagegen kann oft nicht festgestellt werden, was wissenschaftliche Entdeckung und was bloße Kombination und Phantasie ist. Daher können wissenschaftliche Lehren und Theorien in der Tat nicht in dem Sinne geschützt werden, daß einem einzelnen daran ein Ausschlußrecht eingeräumt werden könnte; denn das Entdeckte, das Wahre kann nicht einem einzelnen vorbehalten werden und eine Unterscheidung zwischen Wahrheit und Phantasie ist oft nicht möglich, jedenfalls kann die Entscheidung eines wissenschaftlichen Meinungsstreites nicht durch das Gericht erfolgen. Die in neuen wissenschaftlichen Lehren, Entdeckungen und Theorien steckende individuelle Leistung ist daher auf andere Weise als durch ein Urheberrecht zu schützen[19]). Die urheberrechtlichen Befugnisse beschränken sich bei wissenschaftlichen Werken in der Tat auf die innere Form, d. h. auf die Gedankenführung, die Beweisgründe, die Gliederung usw., sowie auf die äußere Form, also in der Regel auf das sprachliche Kleid. Dagegen muß auf den Gebieten der Kunst auch der individuelle Inhalt, das künstlerische Erlebnis[20]), die Fabel des Dichters[21]), der musikalische Einfall[22]) dem Urheberrecht unterliegen. Auf diesen Gebieten läßt sich das Individuelle am Inhalt ohne weiteres von dem aus allgemeinen Quellen Entnommenen unterscheiden.

Andererseits darf nicht übersehen werden, daß auch die Formgebung nicht unbedingt dem Urheber allein vorbehalten werden kann. Dies trifft jedenfalls für solche Formen zu, die dem geistigen Gemeingut entnommen sind, wie die einzelnen Wörter, die Gestalten der Natur, musikalische Akkorde usw. Es gilt aber auch für jene, die zwar nur durch individuelle Leistung gefunden wurden, aber die Individualität nicht ausdrücken und daher im objektiven Geist aufgehen. So können der Stil des Künstlers, die Technik des Malers, die besondere Klangfärbung eines musikalischen Werkes, ein musikalischer Akkord oder Tonschritt auf Phantasie und Erfindung beruhen und völlig neu sein. Sie vermögen aber wegen der verhältnismäßig beschränkten Zahl der zur Verfügung stehenden Möglichkeiten nicht die Individualität als solche auszudrücken, wenn auch aus ihrer Neuheit auf die im Hintergrund stehende individuelle Leistung geschlossen werden kann. Mit der Veröffentlichung gehen sie in den objektiven Geist ein und bereichern ihn, sein Leben entfaltet sich ja geradezu in diesen

---

[19]) Vgl. unten Kap. 20 a.

[20]) Schon nach geltendem Recht (§ 15 II KUG) ist für die Verwertung der Nachbildung eines Werkes der bildenden Künste, selbst wenn diese in veränderter Form erfolgt, immer die Zustimmung des Urhebers des Originalwerkes erforderlich. In dieser Bestimmung kommt die enge Verbindung von Inhalt und innerer Form zum Ausdruck. Mit der inneren Form ist hier auch das künstlerische Erlebnis, das ja immer ein anschauliches ist, geschützt.

[21]) Gerade hier hat sich die Notwendigkeit eines Schutzes besonders gezeigt. Vgl. KG in GRUR 1926, 441 ff. (Altheidelberg – Jungheidelberg) und RGZ 121, 65.

[22]) Der musikalische Einfall wird schon nach geltendem Recht in der Melodie, die ja die kleinste musikalische Einheit ist, in der die Individualität zum Ausdruck kommt, geschützt (§ 13 II LUG). Vgl. dazu Kap. 5 c und 15 a.

Formen. Diese Bestandteile eines Werkes können daher nicht Urheberschutz genießen.

Aus all dem ergibt sich, daß im Urheberrecht kein Trennungsstrich zwischen Inhalt und Form gezogen werden kann, sondern grundsätzlich müssen alle Teile des Werkes, die Ausdruck der schöpferischen Individualität sind, dem Urheber vorbehalten werden. Dies gilt auch für die individuellen Gedanken und Inhalte mit Ausnahme der wissenschaftlichen Lehren und Theorien. Nur eine solche Regelung entspricht der Forderung, die sich aus dem Wesen des geistigen Schaffens ergibt; denn das Individuelle und den damit verbundenen Wert kann der einzelne auf Grund jener vorgegebenen naturrechtlichen Ordnung als das Seine ausschließlich für sich in Anspruch nehmen.

c) Die Zurechnung des Werkes an den Schöpfer

Aus der Tatsache, daß das Werk eine Materialisation des individuellen Geistes ist, ergibt sich nicht nur die Schutzwürdigkeit des Werkes selbst, sondern auch die Antwort auf die Frage, wem der Schutz gebührt. Urheber ist derjenige, der dem Werk seinen individuellen Geist aufgeprägt hat.

Auf diesem Standpunkt stehen schon die geltenden Gesetze, wenn auch der Grundsatz in ihnen nicht klar ausgesprochen ist[23]). Die Entwürfe[24]) bestimmen ausdrücklich, daß der Schöpfer eines Werkes Urheber und damit Träger des Urheberrechts ist. Das RG[25]) nahm mit Recht an, daß dies auch für Werke gilt, die im Rahmen eines Arbeitsverhältnisses oder auf Bestellung geschaffen werden. Da die Individualität des Autors das Werk durchdringt, muß auch das Urheberrecht daran in seiner Person entstehen[26]). Dies muß auch dort gelten, wo juristische Personen des öffentlichen Rechts ohne Angabe des Urhebers ein Werk herausgeben. Für diese Fälle bestimmen die geltenden Gesetze[27]), daß die juristische Person als Urheber des Werkes angesehen wird. Die Entwürfe wollen dagegen diese Vorschrift mit Recht fallen lassen[28]), weil kein Grund dafür vorhanden ist, den wahren Urheber zu entrechten[29]). Aber auch amtliche, zum amtlichen Gebrauch hergestellte Schriften, sollten nicht, wie es in den Entwürfen vorgesehen ist[30]), ohne jeden Urheberschutz gelassen werden. Zwar müssen

---

[23]) § 2 I LUG spricht vom Verfasser des Werkes, bei Bearbeitungen vom Übersetzer oder Bearbeiter, § 4 spricht beim Sammelwerk vom Herausgeber.

[24]) Vgl. § 7 Entwurf 1932 und § 5 Entwurf 1939.

[25]) RGZ 110, 393.

[26]) Die Werknutzungsrechte können durch den Arbeitsvertrag auf den Arbeitgeber übertragen werden; bezüglich erst zu schaffender Werke sollte aber die bei Kap. 12 b erwähnte Schutzbestimmung getroffen werden.

[27]) § 3 LUG und § 5 KUG. Dabei ist aber streitig, ob es sich um ein originäres oder abgeleitetes Urheberrecht handelt.

[28]) Der Grund dafür kann aber nicht der sein, daß eine juristische Person nicht Träger des im Urheberrecht enthaltenen Urheberpersönlichkeitsrechts sein könnte (so Möhring, in Beitr. z. Handels- u. Wirtschaftsrecht, 1950, 680), sondern darin, daß der wahre Urheber den Schutz verdient.

[29]) Dagegen bestehen keine Bedenken gegen eine Bestimmung, die der juristischen Person mit der Veröffentlichung nach außen die Werknutzungsrechte zuspricht, so daß sie nicht zum Nachweis ihrer Berechtigung gezwungen ist.

[30]) § 6 Entwurf 1932; § 4 Entwurf 1939.

die Beschränkungen in diesen Fällen im öffentlichen Interesse besonders groß sein, insbesondere können daran keine Werknutzungsrechte anerkannt werden, aber man wird z. B. einem Richter, dessen Entscheidung in einer Zeitschrift verstümmelt oder entstellt wiedergegeben wird, den aus dem Urheberpersönlichkeitsrecht entspringenden Anspruch auf Richtigstellung nicht versagen können.

Schwierig zu entscheiden ist die Frage, wem ein Urheberrecht am Werk zusteht, wenn mehrere Personen an ihm gearbeitet haben, so daß ihre Leistungen miteinander verbunden sind und sich überlagern oder gar gegenseitig durchdringen. Zunächst muß betont werden, daß diejenigen, deren Mithilfe nicht als Werkschaffen angesehen werden kann, keinen Anspruch auf Urheberschutz haben. Dies gilt für alle, die zwar am Werk mitarbeiten, ohne daß aber ihre Individualität selbst Ausdruck findet. Es scheidet daher vom Urheberschutz aus, wer nur unter Einsatz durchschnittlicher geistiger Fähigkeiten etwa beim Sammeln des Stoffes mithilft, ein Register verfaßt oder nach genauer Anweisung des Werkschöpfers einzelne Stellen des Werkes ausarbeitet. In all diesen Fällen handelt es sich nur um eine Gehilfentätigkeit. Aber auch derjenige, der unter Einsatz individueller geistiger Fähigkeiten an einem Werk mitarbeitet, jedoch so, daß seine Tätigkeit nur im Hintergrund bleibt, ohne daß seine Individualität dem Werk oder einzelnen Werkteilen den Stempel aufdrückt, ist nicht Urheber[31]). Wer z. B. einen einzelnen originellen[32]) Gedanken zu einem Werk beisteuert, bleibt bloßer Anreger[33]), wer dagegen eine ganze Fabel liefert, die ein anderer stilistisch formuliert und weiter ausgestaltet, ist Miturheber. Der Besteller eines Bildes, der vielleicht genaue Angaben über die Ausführung gibt, kann nicht etwa als Mitschöpfer angesehen werden, weil die Individualität eines Bildes auf ein anschauliches, nicht auf ein begriffliches Erlebnis zurückgeht[34]).

Nur wenn die Tätigkeit eines jeden Mitarbeiters die Voraussetzungen des Werkschaffens erfüllt, ist jedem von ihnen ein Urheberrecht zu gewähren. Als Formen eines solchen Zusammenwirkens kennen wir die Bearbeitung, die Werkverbindung, die Miturheberschaft und das Sammelwerk. In allen diesen Fällen werden mehrere schöpferische Leistungen miteinander verbunden, die Art der Verbindung ist aber immer eine andere. Um

---

[31]) Mit Recht lehnt daher Ulmer a. a. O. S. 119 den Begriff des unselbständigen Urhebers ab. Man wird nur zwischen Gehilfentätigkeit und einer Miturheberschaft unterscheiden müssen. Die Tätigkeit eines Assistenten z. B., die so selbständig ist, daß seine Individualität das Werk in einzelnen Teilen gestaltet, wird man als Miturheberschaft beurteilen müssen. Wo diese Selbständigkeit nicht vorliegt, bleibt es bei bloßer Gehilfentätigkeit. Es könnte natürlich sein, daß ihm ein Leistungsschutzrecht z. B. für eine schwierige Stoffsammlung zusteht, doch wird dieses Schutzrecht durch den Gehilfenvertrag übertragen.

[32]) Daß derjenige, der nur auf einen allgemeinen Inhalt hinweist, kein Urheberrecht beanspruchen kann, ergibt sich nach den bisherigen Ausführungen von selbst, aber auch ein einzelner origineller Gedanke drückt in der Regel den individuellen Geist noch nicht aus.

[33]) Darüber, ob seine Tätigkeit Leistungsschutz genießt, vgl. Kap. 21 b.

[34]) Vgl. oben Kap. 5 b. Auch RG in MuW 1927/28 S. 144 verneint die Miturheberschaft bei einem Besteller, der einem Maler genaue Ratschläge und Anweisungen für die Ausführung des Bildes gegeben hatte.

über die Unterschiede Klarheit zu gewinnen, müssen wir an das anknüpfen, was wir früher über die Schichtung geistiger Inhalte und Leistungen gesagt haben[35]).

Bei der Bearbeitung, z. B. bei einer Übersetzung, wird den individuellen Zügen eines bereits vorhandenen Werkes eine neue Individualität zusätzlich aufgeprägt, in der Regel, indem von den einzelnen Schichten, die das Werk zusammensetzen, die Schicht der äußeren Form umgestaltet wird[36]). Nur wenn diese Umgestaltung der Individualität des Bearbeiters Ausdruck gibt, vermag sie ein Bearbeiterurheberrecht zu begründen. Dabei bewahrt das Originalwerk seine Selbständigkeit im Verkehrsleben, während die Leistung des Bearbeiters keine Selbständigkeit besitzt. Die Verwertung der Bearbeitung ist daher von der Einwilligung des Originalurhebers abhängig.

Bei der Werkverbindung werden zwei selbständige Werke mit verschiedenem Ausdrucksmittel, z. B. ein Sprachwerk und ein musikalisches Werk oder ein Sprachwerk und eine Abbildung, so übereinander geschichtet, daß sie miteinander harmonieren und auf diese Weise eine gesteigerte Wirkung ergeben, aber doch ihre selbständige Verwertbarkeit im Verkehrsleben bewahren. Angesichts dieser Selbständigkeit beider Werke gewährt das Gesetz jedem Autor ein eigenes Urheberrecht; aber es ist nicht gerechtfertigt, wenn in § 28 Abs. 2 LUG der Textdichter gegenüber dem Komponisten zurückgesetzt wird[37]).

Während sich die Werkverbindung durch das Bild der Schichtung charakterisieren läßt, stellt die Miturheberschaft eine gegenseitige Durchdringung mehrerer schöpferischer Leistungen dar, so daß dadurch ein einheitliches Werk entsteht, das die Individualität jedes Mitarbeiters ausdrückt, ohne daß aber die einzelnen Leistungen selbständig verwertbar wären. Das Verhältnis der Miturheber zueinander in bezug auf das einheitliche Werk ist das einer Gemeinschaft, auf deren Konstruktion im einzelnen aber nicht eingegangen werden soll.

Das Sammelwerk, z. B. eine Zeitschrift, ist durch ein Nebeneinander, durch eine Verbindung mehrerer selbständiger Werke gekennzeichnet, wobei eine neue Individualität in der Art der Verbindung, in der Auswahl und Anordnung der Beiträge Ausdruck gewinnt. Diese schöpferische Leistung des Verbindens begründet ein selbständiges Urheberrecht. Dabei ist aber zu beachten, daß das Sammelwerk als solches nur unter Benutzung der einzelnen Beiträge verwendet werden kann. Seine Verwertung setzt daher die Zustimmung der Beiträger voraus. Dagegen behalten die einzelnen Beiträge ihre Unabhängigkeit im Verkehrsleben.

d) Die ausschließlichen Benutzungsrechte

1. Die Benutzungsrechte im allgemeinen. Da das Werk die Individualität des Schöpfers in sich enthält, muß es ihm nicht nur als das Seine zugerechnet werden, sondern es muß ihm auch die alleinige

[35]) Vgl. oben Kap. 4 c.
[36]) Vgl. Mitteis a. a. O. S. 37 ff.
[37]) Die Entwürfe wollen die Bestimmung dagegen nicht übernehmen.

Benutzung und Verwertung zustehen. Wie oben dargelegt wurde[38]), liegt der Grund für die Gewährung dieses Rechts in der Wertschöpfung, in der Schaffung kultureller Werte, in der Realisierung des Persönlichkeitswertes und in der damit verbundenen Erzeugung wirtschaftlicher Werte. Einen Rechtstitel von größerer Autorität als den der Wertschöpfung kann es kaum geben, er ist dem des Eigentums, der auf der bloßen Notwendigkeit der äußeren Güter für die menschliche Existenz und auf deren Hinordnung auf die sittliche Aufgabe des Menschen beruht, überlegen. Nun gewährt schon das Eigentum nach unserem Gesetz ein absolutes Recht an der Sache, es gewährt die Befugnis, mit ihr nach Belieben zu verfahren und andere von jeder Einwirkung auszuschließen (§ 903 BGB). Um so mehr muß dem Urheber ein ausschließliches Recht auf Benutzung und Verwertung seines Werkes zugebilligt werden. Allerdings bezieht sich dieses Recht, wie wiederholt betont wurde, von vornherein nur auf die individuellen geistigen Gehalte; damit erstreckt es sich aber zugleich auf die materiellen Werte, die die Individualität des Werkes in der arbeitsteiligen Wirtschaft mit sich bringt. Der wirtschaftliche Wert des geistigen Gutes liegt nun einmal darin, daß dieses vom fremden Geist aufgenommen, für sich benützt und genossen werden kann, ferner darin, daß es von seinem sinnlichen Träger abgelöst und einem neuen Realgebilde aufgeprägt werden kann. Grundsätzlich ist daher sowohl die Benutzung des Werkes als auch dessen Nachahmung und Nachbildung von der Genehmigung des Urhebers abhängig.

Es könnte zunächst zweifelhaft sein, ob auch die bloße Benutzung, der bloße Genuß des Werkes in seinen individuellen Zügen dem Urheber vorzubehalten ist. Bei näherer Prüfung ergibt sich aber, daß auch der private Verbraucher, der keinen Gewinn aus dem Werk erzielen will[39]), den Schöpfer entlohnen muß, ebenso wie er denjenigen bezahlen muß, dessen körperliche Arbeit er in Anspruch nimmt. Letzten Endes liegt ja der wirtschaftliche Wert eines Werkes in seiner Eignung, ein privates Bedürfnis zu befriedigen und dem Geist des einzelnen Anregung, Belehrung und Unterhaltung zu bringen. Auch ist der Urheber nur in der Lage, das Werk zu schaffen, wenn er von demjenigen, der es benützen will, ein Entgelt erhält, er ist auf einen Lohn durch den privaten Verbraucher angewiesen. Es ist daher ein mit dem Wesen des geistigen Schaffens nicht zu vereinbarender Standpunkt, wenn das geltende Gesetz in zahlreichen Bestimmungen davon ausgeht, daß der Urheber nur dort Anspruch auf Entlohnung habe, wo aus seinem Werk Gewinn gezogen wird. Vielmehr entspricht es allein der Gerechtigkeit sowie dem Gedanken, daß jeder von seiner Arbeit leben muß und den von ihm geschaffenen Wert für sich in Anspruch nehmen darf, wenn grundsätzlich auch jeder private Benutzer eines Werkes den Urheber entlohnen muß. Nun ist allerdings die Benutzung eines Werkes nur an Hand eines Werkstücks oder auf Grund einer Wiedergabe möglich. In der Regel genügt es daher, wenn der Urheber

[38]) Vgl. Kap. 10 b.

[39]) Den Grundsatz, daß der Urheber überall dort, wo aus seinem Werk Gewinn gezogen wird, beteiligt werden muß, hat die Rechtsprechung schon bisher betont. Vgl. oben Kap. 12 c Fußn. 12.

für das einzelne Werkstück oder für die Wiedergabe ein Entgelt erhält. Dieses kann aber in seiner Höhe nur auf einen in unserem Verkehrsleben üblichen Verbraucherkreis zugeschnitten sein. Der Preis für Unterhaltungslektüre z. B. muß so berechnet sein, daß ihn der durchschnittliche Interessent, der sie für sich und vielleicht für seine Familie kauft, zahlen kann. In diesem Preis ist daher kein angemessenes Urheberentgelt enthalten, wenn das Buch durch eine Bücherei vielleicht Hunderten von Lesern zugänglich gemacht wird. Ebenso kann der Preis für Notenmaterial nicht höher berechnet werden, als derjenige dafür aufzuwenden bereit ist, der das musikalische Werk in der Familie oder im Freundeskreis spielen will. Dagegen kann der Preis nicht auf eine öffentliche Aufführung abgestellt sein, sonst müßte ja der private Käufer das dafür kalkulierte höhere Urheberentgelt mitbezahlen. Das Aufführungsrecht darf also nicht etwa mit dem Notenkauf gekoppelt werden. Dies ist in der Regel dem Nichtjuristen nicht klar. Er ist meist verwundert darüber, daß er mit dem Kauf von Noten nicht schon das Recht erlangt, das Stück öffentlich, z. B. bei einer Vereinsveranstaltung aufzuführen. Und doch muß es jedem einleuchten, daß es ungerecht wäre, wenn der private Benutzer an den Komponisten ebensoviel zahlen müßte wie derjenige, der sein Werk für öffentliche Aufführungen verwendet und damit Gewinn erzielt[39a]).

Es ist also nicht nur im Interesse des Urhebers, sondern auch im Interesse des Verbrauchers notwendig, die einzelnen Benutzungsmöglichkeiten zu trennen und für sie dem Urheber einzelne ausschließliche Benutzungsbefugnisse einzuräumen. Dies ist der Weg, den auch die geltenden Gesetze gehen. Sie zählen die einzelnen Benutzungsmöglichkeiten abschließend auf und gewähren dem Urheber daran ein ausschließliches Recht. Historisch besonders umstritten war das Nachdruckverbot, ihm wurden dann ähnliche Verwertungsarten wie das Vervielfältigungs-[40]), Verbreitungs-, Aufführungs-, Vorführungs- und Vortragsrecht und die Rechte zur Verwertung von Bearbeitungen, z. B. von Übersetzungen[41]), angegliedert. Diese in den §§ 11 und 12 LUG und 15 KUG enthaltene Aufzählung einzelner Verwertungsarten hat sich im Laufe der Zeit als zu eng herausgestellt, als neue technische Wiedergabemöglichkeiten entwickelt wurden. Insbesondere konnte die Rundfunksendung nur unter Ausdehnung der gesetzlichen Begriffe in diesen Katalog einbezogen werden. Mit Rücksicht darauf, daß auch die

---

[39a]) Hierauf weist mit Recht Richartz, Gema-Nachrichten Nr. 18, hin.

[40]) Zu den Vervielfältigungen zählt schon nach bisheriger Rechtsauffassung (vgl. BGH in JZ 1952, 144) auch die Übertragung auf Tonträger. Auch Art. 13 RBÜ behält den Urhebern das Recht der Aufnahme ihrer Werke auf mechanische Wiedergabevorrichtungen und die öffentliche Aufführung mittels solcher Vorrichtungen vor.

[41]) Dabei ist die Bearbeitung als solche für private Zwecke erlaubt, nur die Verwertung der Bearbeitung ist dem Urheber vorbehalten (vgl. § 12 LUG). Gegen diese Regelung bestehen auch weiterhin keine Bedenken, weil die Bearbeitung für eigene Zwecke noch keinen Verbraucherkreis schafft. § 11 Ziff. 6 Entwurf 1939 will allerdings schon die Benutzung eines Werkes zur Herstellung eines Filmwerkes genehmigungspflichtig machen. Dies rechtfertigt sich deshalb, weil hier die Benutzung bei dem großen an der Filmherstellung beteiligten Personenkreis über eine private Verwendung hinausgeht.

Zukunft immer wieder neue Verwertungsmöglichkeiten schaffen kann, ist es notwendig, dem Urheber durch eine allgemeine Formulierung die ausschließliche Benutzung und Verwertung seines Werkes vorzubehalten[42]). Eine solche Formulierung würde dem dem Urheberrecht zugrunde liegenden Gedanken entsprechen, daß jeder einen ursprünglichen Anspruch auf die von ihm geschaffenen Werte hat.

Daneben erscheint es aber im Interesse der Verkehrssicherheit erforderlich, die durch die Technik bisher entwickelten Verwertungsarten als Beispiele besonders aufzuzählen. Dabei muß der Gedanke maßgebend sein. daß jede Verwertungsart, die das Werk einem neuen Verbraucherkreis zugänglich macht oder sozusagen eine neue Öffentlichkeit schafft, eine besondere urheberrechtliche Befugnis begründen muß, weil das Urheberentgelt jeweils auf einen normalen Verbraucherkreis zugeschnitten sein muß. Danach ist jedenfalls ein besonderes Recht, das Werk durch Bild- oder Hörfunk zu senden, gesetzlich zu verankern; denn die Sendung bietet das Werk einer neuen, besonders weiten Öffentlichkeit dar. Mit Recht hat schon bisher das RG das Senderecht anerkannt[43]). Aber auch die Übertragung einer Sendung, einer Aufführung oder eines Vortrags durch Lautsprecher muß dem Urheber entgegen der Rechtsprechung des RG[44]) vorbehalten werden. Dabei ist davon auszugehen, daß die Sendung normalerweise nur für den Hörer im häuslichen Kreis berechnet[45]), eine Aufführung, ein Vortrag oder eine Vorführung nur für eine gewisse Veranstaltung bestimmt ist. Wo also durch Lautsprecher oder ähnliche technische Einrichtungen eine neue Öffentlichkeit geschaffen wird, muß auch der Urheber ein besonderes Entgelt erhalten.

2. Die Befugnis des gewerbsmäßigen Verleihens. Als neue ausschließliche Verwertungsbefugnis sollte dem Urheber das gewerbsmäßige Verleihen vorbehalten werden. Die geltenden Gesetze (§ 11 LUG und § 15 KUG) erklären ausdrücklich das Verleihen ohne weiteres für erlaubt[46]). Sie meinen damit nicht nur eine Leihe im bürgerlich-rechtlichen

---

[42]) Diesen Weg geht mit Recht § 10 des Entwurfs 1939.

[43]) Vgl. RGZ 113, 413; 123, 312; 136, 381; 153, 1; ebenso § 13 Entwurf 1932, § 11 Entwurf 1939 u. Art. 11 bis RBÜ.

[44]) RGZ 136, 377. Dagegen machen die Entwürfe (§ 17 Entw. 1932, § 14 Entw. 1939) die Lautsprecherübertragung genehmigungspflichtig, ebenso Art. 11 u. 11 bis RBÜ. Neuerdings hat der BGH in einem Urteil vom 6. 11. 1953 die Lautsprecherübertragung von Schallplatten für genehmigungspflichtig erklärt (vgl. NJW 1954, 305).

[45]) Der private Hörer kann ja nicht mit einem in der Rundfunkgebühr enthaltenen Urheberentgelt belastet werden, wie es z. B. bei einem Gastwirt, der die Sendungen ständig für seine Gäste übertragen läßt. angebracht ist.

[46]) In § 11 des ersten Entw. des LUG war das Verleihen von der ausschließlichen Verbreitungsbefugnis nicht ausgenommen. In der Begründung dazu (vgl. Materialien zum Gesetz betreffend das Urheberrecht an Werken der Literatur und der Tonkunst S. 23/24) hieß es: „Demgemäß ist der Schriftsteller nicht gehindert über die Art, in der sein Buch verbreitet werden darf, in der Weise Bestimmung zu treffen, daß er es mittels Aufdruck eines Vorbehalts, der Benutzung für bestimmte Zwecke, z. B. durch Leihbibliotheken, entzieht." Im zweiten Entw. wurde dann das Verleihen ausdrücklich von der ausschließlichen Verbreitungsbefugnis ausgenommen. Die Begründung (vgl. Materialien S. 97) führt dazu aus, daß ein Vorbehalt des Verleihens eine Änderung des gegenwärtigen Zustandes

Sinne, die nach § 598 BGB unentgeltlich ist, sondern auch eine entgeltliche Miete[47]). Die sogenannten Leih- oder besser Mietbüchereien zahlen daher für ein Buch keinen höheren Preis als der private Käufer, obwohl sie in der Regel mit ihren Büchern immerhin soviel verdienen, daß sie davon leben können. Auch die oft zahlreichen Benutzer der Bücherei bezahlen zwar diese selbst, nicht jedoch den Urheber. Übrigens ist das gewerbsmäßige Verleihen auch im Musikalien- und Bühnenverlag üblich; das Orchester- und Aufführungsmaterial wird in der Regel nicht verkauft, sondern nur verliehen[48]). An dieser Zulässigkeit des gewerblichen Verleihens wollen auch die Entwürfe nichts ändern. Und doch widerspricht sie sowohl dem Gedanken, daß der Urheber nur schaffen kann, wenn er vom Verbraucher entlohnt wird, als auch dem Grundsatz, daß dort, wo aus einem Werk geldwerter Gewinn gezogen wird, der Urheber daran beteiligt werden muß. Man kann die Zulässigkeit des gewerblichen Verleihens nicht etwa damit rechtfertigen, daß man sagt, dem Urheber entstehe dadurch kein Schaden; denn es ist selbstverständlich, daß mancher von den vielen Tausenden, die in Deutschland die Leihbüchereien benutzen, als Buchkäufer ausscheidet. Gerade in wirtschaftlichen Krisenzeiten, in denen der Urheber oft größte Not leidet, werden die Käufer mehr und mehr zu den Leihbüchereien abgedrängt. Im übrigen darf die Frage, ob dem Urheber ein Schaden entsteht, nicht ausschlaggebend sein. Vom Standpunkt des Gerechtigkeitsprinzips aus kommt es nicht so sehr darauf an, ob er geschädigt wird, als darauf, daß grundsätzlich jeder, der die Leistung eines anderen für sich benützt, dafür ein Entgelt entrichten soll. Auch Diebstahl wird ja nicht etwa erlaubt, wo der Bestohlene den Verlust leicht verschmerzen kann. Das gewerbsmäßige Verleihen schafft ähnlich wie die Rundfunksendung oder Lautsprecherübertragung eine neue Öffentlichkeit. Der Preis des einzelnen Buches kann nicht auf diesen erweiterten Benutzerkreis abgestellt werden, weil sonst derjenige, der das Buch nur für sich und vielleicht für seinen Familien- oder Freundeskreis kauft, diesen erhöhten Preis bezahlen oder als Käufer ausscheiden müßte. Es muß daher dafür eine eigene urheberrechtliche Benutzungsbefugnis anerkannt werden. Man kann dagegen nicht etwa einwenden, daß das Verbot des gewerbsmäßigen Verleihens nicht zum Inhalt des Urheberrechts als eines Rechts an einem unkörperlichen Gut gehöre, weil nur das einzelne Werkstück verliehen werde, das dem Herrschaftsbereich des Eigentümers zugehöre. Beim Verleihen wird das dem sinnlichen Realgebilde aufgeprägte geistige Gut immer

---

bedeuten würde, „die ohne ausreichenden Grund beachtenswerte Interessen weiter Kreise der Bevölkerung schädigen würde. Der Entwurf beugt deshalb dieser Möglichkeit dadurch vor, daß er eine ausschließliche Befugnis, das Werk zu verleihen, dem Urheber ausdrücklich abspricht". Es ist aber nicht einzusehen, wieso die Notwendigkeit der Zahlung einer geringen Gebühr für den Urheber schützenswerte Interessen der Bevölkerung verletzen soll, da diese doch gezwungen ist, für die Befriedigung wesentlich wichtigerer Bedürfnisse, z. B. für Nahrung und Kleidung, ebenfalls ein Entgelt zu zahlen. Jedenfalls erscheinen die Interessen des einzelnen Entleihers, bei dem es sich ja nur um Pfennigbeträge handelt, nicht so schützenswert wie die des Urhebers, bei dem es um Existenzfragen geht.

[47]) Vgl. Ulmer a. a. O. S. 146.

[48]) Vgl. Runge a. a. O. S. 234.

wieder einem anderen zugänglich gemacht, so daß dieser es von seinem körperlichen Träger abheben und in sich aufnehmen kann. Der Verleiher verfügt also in der Tat über das geistige Gut, indem er dieses immer wieder vom einzelnen Werkstück ablösen und benutzen läßt. Dadurch wird klar, daß das Verleihen eines Werkes zum Inhalt des Urheberrechts, und zwar des immaterialgüterrechtlichen Teils desselben gehört. Es ist nicht anders als bei der Schaustellung von Werken der bildenden Künste, auf die weiter unten eingegangen wird.

Aus dem Wesen des Geistigen sowohl wie aus dem Prinzip der Gerechtigkeit ergibt sich also die Notwendigkeit, das gewerbsmäßige Verleihen dem Urheber vorzubehalten. Öffentliche Bibliotheken, Universitätsbibliotheken und sonstige wissenschaftliche oder gemeinnützige Institute könnten dabei ausdrücklich ausgenommen werden. Abgesehen davon, daß sie in der Regel keinen Gewinn erzielen, ist hier im Interesse von Kunst, Wissenschaft und Volksbildung eine Beschränkung des Urheberrechts am Platze.

Praktisch würde sich die Einführung einer ausschließlichen Befugnis des gewerbsmäßigen Verleihens wohl so auswirken, daß die Leihgebühren um den Urheberanteil gesteigert werden müßten; doch würde der Benutzer, der ja die Gebühr des Verleihers ohne weiteres als berechtigt anerkennt, bei entsprechender Aufklärung sicherlich einsehen, daß er auch dem Verfasser, der ihm mit seinem Buch so viele schöne Stunden bereitet, ein Entgelt, das ja in der Regel gering sein wird, zahlen muß. Die Einziehung des Entgelts könnte den zu bildenden Urheberschutzorganisationen überlassen bleiben; auch die Überwachung dürfte auf keine größeren Schwierigkeiten stoßen, als die Überwachung des Aufführungsrechts.

3. Das Vortragsrecht. Auch sonst bedarf der gesetzliche Katalog der Verwertungsrechte einer Erweiterung. Nach § 11 III LUG steht dem Urheber eines Sprachwerks das ausschließliche öffentliche Vortragsrecht nur solange zu, als das Werk nicht erschienen ist. Vom Erscheinen ab, d. h. sobald der Urheber Werkstücke in den Verkehr gebracht hat, erlischt diese Befugnis. Eine solche Beschränkung ist nicht gerechtfertigt. Warum soll ein anderer aus dem Werk Gewinn ziehen dürfen, indem er es öffentlich vorträgt, während der Urheber leer ausgeht? Auch die Berücksichtigung der persönlichen Interessen macht es erforderlich, dem Urheber die Entscheidung über den öffentlichen Vortrag vorzubehalten. Die Entwürfe wollen daher das Vortragsrecht ohne Beschränkung auf die Zeit vor dem Erscheinen anerkennen[49]).

4. Die Befugnis der Schaustellung. Als weiteres Verwertungsrecht muß dem Urheber die ausschließliche Befugnis, ein Werk der bildenden Künste öffentlich zur Schau zu stellen, gewährt werden. Das KUG erkennt eine solche Befugnis nicht an, sondern gestattet dem Eigentümer, an den ein Werk verkauft wurde, die Schaustellung ohne weiteres. Ähnlich wie beim gewerbsmäßigen Verleihen liegt auch in der öffentlichen Ausstellung eine Verfügung über das geistige Gut, das dem Werk-

[49]) Auch Art. 11 der RBÜ enthält das uneingeschränkte Vortragsrecht.

stück aufgeprägt ist. Es wird dadurch einer neuen Öffentlichkeit ermöglicht, den geistigen Gehalt in sich aufzunehmen und zu genießen. Eine solche Verfügung kann nicht zu den Befugnissen des Eigentümers gehören, sondern muß dem Urheber vorbehalten bleiben, wie der Entwurf von 1939 vorschlägt[50]). Im Interesse der Verkehrssicherheit empfiehlt sich allerdings eine Vorschrift, die dem Eigentümer im Zweifel mit der Übertragung des Eigentums auch das Recht zur Schaustellung einräumt[51]).

Bei der gesetzlichen Anerkennung dieser Benutzungsrechte muß aber dafür Sorge getragen werden, daß nicht etwa ausländische Werke, bei denen dem Urheber diese weitergehenden Rechte nicht zustehen, den inländischen Konkurrenz machen können. Die Verbraucher werden natürlich ausländische Werke bevorzugen, wenn diese z. B. bezüglich des gewerbsmäßigen Verleihens nicht mit einem Urheberanteil belastet sind. Soweit also ausländische Autoren nicht ohnehin auf Grund des in der Berner Übereinkunft[52]) enthaltenen Grundsatzes der Inländerbehandlung dieselben Rechte genießen wie die inländischen Urheber, muß den Urheberschutzorganisationen das Recht zuerkannt werden, für ausländische Werke dieselben Urheberanteile zu erheben wie für inländische. Die Erträgnisse könnten für die Nachwuchsförderung und die Altersversorgung verwendet werden.

e) Die persönlichkeitsrechtlichen Befugnisse

1. Die persönlichkeitsrechtlichen Befugnisse im allgemeinen. Die erwähnten Benutzungsrechte sollen die Interessen des Urhebers an der dem Werk aufgeprägten, im Verkehrsleben aber verselbständigten geistigen Schicht möglichst umfassend schützen. Sie müssen aber ergänzt werden durch eine Reihe von Befugnissen, die die in der Person des Schöpfers konzentrierten berechtigten Interessen vor Verletzung bewahren, und zwar ganz gleich, ob sich diese auf das einzelne Werkstück oder auf das geistige Gut beziehen. Der Wert der Individualität, der dem Werk in allen seinen Bestandteilen, in der körperlichen sowohl wie in der geistigen Schicht aufgeprägt ist, verbindet es in besonderer Weise mit der Person des Schöpfers. Um dieses Wertes willen gebührt den persönlichen Interessen Schutz, freilich nur soweit, als sie objektiv wertvoll sind[53]). Liegt diese Voraussetzung vor, so müssen sie Berücksichtigung finden, auch wenn sie im Einzelfall weniger einem ideellen als einem materiellen Zweck dienen. Schon die geltenden Gesetze schützen in meh-

[50]) § 11 Ziff. 4. Der Entwurf 1932 bezieht die Ausstellungsbefugnis in das Veröffentlichungsrecht mit ein.

[51]) So § 23 Entwurf 1932 und § 22 Entwurf 1939.

[52]) Art. 4 RBÜ.

[53]) Der Wert der Individualität ist, obwohl er nur von einem einzelnen verwirklicht werden kann, trotzdem objektiv. Es ist ja nicht das Durchschnittliche, sondern das Besondere, Eigenartige, das uns Achtung abnötigt. Dagegen kann bloße Laune keinen Anspruch auf Achtung oder Schutz beanspruchen. Wo persönliche Interessen mit der Vertragstreue in Widerspruch geraten, können sie nur vorgehen, wenn ihr Wertgehalt im Einzelfall den Wert der Treue überwiegt.

reren Bestimmungen einzelne persönliche Interessen[54]). Rechtsprechung[55]) und Wissenschaft haben darin die gesetzliche Anerkennung des Urheberpersönlichkeitsrechts gesehen und seine einzelnen Befugnisse immer klarer herausgearbeitet. Vor allem hat die Romkonferenz von 1928 in Art. 6 *bis* der revidierten Berner Übereinkunft das Urheberpersönlichkeitsrecht anerkannt und eine Reihe von Einzelbefugnissen festgelegt. Aber die persönlichen Interessen, die sich auf das Werk beziehen, sind nicht abschließend aufzählbar. Die deutschen Entwürfe schlagen daher mit Recht eine Formulierung vor, durch die grundsätzlich[56]) die persönlichen Beziehungen des Schöpfers zum Werk geschützt werden sollen.

2. Das Veröffentlichungsrecht. Daneben ist es freilich notwendig, die bisher herausgebildeten einzelnen persönlichkeitsrechtlichen Befugnisse besonders aufzuzählen, wobei die Rechtsentwicklung über die in den geltenden Gesetzen enthaltenen bereits hinausgeschritten ist. Als wichtigstes persönliches Interesse erscheint das an der Veröffentlichung oder Nichtveröffentlichung des Werkes. Es folgt aus dem Wesen der Schöpfung, daß der Schöpfer die Verfügungsmacht über sein Geschöpf hat, daß er bestimmen kann, was damit geschehen soll. In erster Linie ist jedes Werk für ihn selbst von Bedeutung, es ist ja die Selbstverwirklichung seines Geistes. Seiner Selbstbestimmung muß es daher überlassen bleiben, es weiteren Kreisen zugänglich zu machen und andere daran teilhaben zu lassen oder es für sich zu benutzen und geheimzuhalten. Nur er kann ja beurteilen, ob es für die Öffentlichkeit reif ist. Im ausschließlichen Veröffentlichungsrecht wird daher ein Wesenszug des menschlichen Geistes geschützt, nämlich seine Selbstmächtigkeit und Selbstbestimmung. Mit Rücksicht auf diese programmatische Bedeutung sollte es auch im Gesetz ausdrücklich Anerkennung finden[57]). Freilich kommt dem Veröffentlichungsrecht neben den Benutzungsrechten, wie dem Vervielfältigungsrecht usw. keine selbständige Bedeutung zu[58]), weil die Ausübung dieser Rechte

---

[54]) Vgl. § 9, § 11 I S. 2, § 25 LUG, § 13, § 14 KUG.

[55]) Vgl. RGZ 12, 52; 69, 403; 79, 398; 102, 140; 110, 397; 113, 414; 123, 319; 125, 177.

[56]) § 12 III Entw. 1932 will dem Urheber „Schutz gegen unbefugte Eingriffe in seine berechtigten persönlichen Interessen am Werk" gewähren. § 10 Entw. 1939 spricht vom Schutz des Urhebers „in seinen eigenpersönlichen Beziehungen zu dem Werk". Dabei kann aber der Ausdruck „eigenpersönlich" zu der Mißdeutung führen, daß damit nur individuelle Interessen gemeint seien, zumal der Entwurf 1939 auch beim Werk von „eigenpersönlicher Prägung" spricht. Der Unterschied zwischen persönlich und individuell ist folgender: Persönlich ist alles, was das Wesen der menschlichen Person ausmacht, es muß nicht gerade eigenartig sein, es kann auch etwas allgemeinmenschliches sein. Gerade die persönlichen Interessen sind vielfach nicht eigenartig und einmalig, viele von ihnen, wie z. B. das Interesse an der Reinerhaltung des Werkes, das Interesse an der Urheberehre sind typische Interessen. Der Ausdruck individuell will dagegen das Eigenartige, Originelle und Einmalige bezeichnen. Das Werk muß individuelle Prägung besitzen, an ihm wird gerade das Typische und Allgemeinmenschliche nicht geschützt.

[57]) So mit Recht § 10 a des Entw. 1939, jedoch ist der in § 53 a enthaltene Veröffentlichungszwang gegenüber den Erben nicht zu billigen.

[58]) Darin zeigt sich die enge Verbindung der persönlichen Interessen mit den Benutzungsrechten.

immer auch eine Veröffentlichung mit einschließt. Aber als Grundsatz sollte es wegen der in ihm zum Ausdruck kommenden Schöpferwürde[59]) gesetzlich anerkannt werden.

3. Die Befugnis der Inhaltsmitteilung. In engem Zusammenhang mit dem Veröffentlichungsrecht steht das Recht der Inhaltsmitteilung. Nach dem LUG, nicht jedoch nach dem KUG, ist der Urheber, solange nicht der Inhalt des Werkes mitgeteilt ist, ausschließlich zu einer solchen Mitteilung befugt. Durch dieses Recht wird die Persönlichkeit gegen Indiskretionen geschützt. Ein Bedürfnis für die Anerkennung einer solchen Befugnis besteht bei allen Werkgattungen. Auch Werke der bildenden Künste können beschrieben werden. Es wird zwar dadurch nie das Wesen des Werkes selbst geoffenbart; denn dieses kann nur durch Anschauung aufgenommen werden, aber es wird die Persönlichkeit des Künstlers in ihrem Geheimhaltungsinteresse verletzt. Daher will § 10a des Entw. 1939 das Recht der öffentlichen Inhaltsmitteilung und der Beschreibung für alle Werkgattungen einführen. Da dieses Recht ein persönliches Interesse schützt, zählt es zu den persönlichkeitsrechtlichen Befugnissen, wenn auch mit jeder Ausübung eines Werknutzungsrechts immer eine Inhaltsmitteilung verbunden ist. Schon hieraus ergibt sich, daß dieses Recht übertragbar sein muß. Oft wird ja der Verleger oder sonstige Werknutzer darauf angewiesen sein, bei der Werbung eine kurze Inhaltsangabe zu machen.

Das geltende Recht und die Entwürfe gewähren dem Urheber das ausschließliche Recht der Inhaltsmitteilung nur solange, als das Werk nicht erschienen oder der wesentliche Inhalt nicht veröffentlicht ist. Diese Beschränkung erscheint im Interesse der Kritik und der Information gerechtfertigt, jedoch darf sie nicht dazu führen, daß aus der Inhaltsmitteilung ein Geschäft gemacht wird oder daß sie dazu verwendet wird, die Lektüre des Werkes überflüssig zu machen[60]). Es wäre daher zweckentsprechender, diese Begrenzung bei den Beschränkungen des Urheberrechts zugunsten überwiegender Interessen aufzuführen; dadurch würde klargestellt, daß die Erlaubnis nur bestimmten Zielen und nicht etwa geschäftlichen Zwecken dient.

4. Das Recht auf Anerkennung der Urheberschaft. Ein weiteres Recht zum Schutz persönlicher Interessen ist das Recht auf Anerkennung der Urheberschaft und auf Bestimmung und Anbringung der Urheberbezeichnung. Nach § 13 KUG ist es dem Urheber überlassen, seinen Namen auf dem Werk anzubringen. Nach § 12 KUG und § 9 LUG darf der Erwerber des Urheberrechts keine Änderungen an der Urheberbezeichnung vornehmen. Auch § 18 III KUG verbietet es, auf einer Vervielfältigung die Urheberbezeichnung so anzubringen, daß dadurch Verwechslungen möglich werden. Schon in diesen Bestimmungen kommt die besondere Beziehung des Urhebers zum Werk, und zwar auch zu den einzelnen Werkstücken

[59]) Mit Rücksicht hierauf sollte der persönlichkeitsrechtliche Charakter des Veröffentlichungsrechts nicht zweifelhaft sein.

[60]) Mit Recht hat daher RGZ 129, 252 die Inhaltsmitteilung von Operntexten durch Opernführer für unzulässig erklärt.

zum Ausdruck. Sie wollen die Urheberehre schützen. Aus ihnen hat das RG[61]) das Recht auf Namensnennung abgeleitet[62]). Es bedeutet daher nur die gesetzliche Verankerung eines bestehenden Zustandes, wenn die Entwürfe diese einzelnen Befugnisse aufzählen. Ein Verzicht auf diese Befugnisse kann nur insoweit anerkannt werden, als dadurch nicht erhebliche persönliche Interessen betroffen werden; die Urheberehre als solche ist jedenfalls unverzichtbar und unübertragbar.

5. Das Änderungsrecht. Eine besondere Bedeutung im Verkehrsleben besitzt das Recht des Urhebers, Änderungen, Entstellungen und Verstümmelungen des Werkes zu verbieten. Schon in den geltenden Gesetzen (§ 12 KUG und § 9 LUG) wird diese Befugnis anerkannt; sie verbleibt auch bei einer Übertragung des Urheberrechts beim Urheber. Auch in diesem Recht äußert sich die enge Verbindung des Schöpfers mit dem Werk und mit den einzelnen Werkstücken. Seine Sorge um die Reinerhaltung des Werkes, das ja die Züge seiner Individualität trägt, begleitet dieses auf dem Weg zum Markte, sie überträgt sich auf Vervielfältigungsstücke und Kopien. Das Urheberpersönlichkeitsrecht kann sich also auch gegen den Besitzer oder Eigentümer von Werkstücken richten[63]). Dagegen wird der Urheber von ihnen nicht die Erhaltung oder gar Ausbesserung von Werkstücken verlangen können, wenn diese beschädigt wurden[64]). Mit dem Verkauf eines Werkstückes überantwortet es der Urheber selbst allen Risiken, denen es im Verkehrsleben ausgesetzt ist. Lediglich eine mutwillige Vernichtung wird er verbieten können; dies folgt aber schon aus dem Schikaneverbot des § 226 BGB.

Das Änderungsrecht schützt also das persönliche Interesse an der Reinerhaltung des Werkes. Aber es ist nicht völlig unverzichtbar und unübertragbar. Das geltende Recht erklärt Änderungen für zulässig, für die der Berechtigte nach Treu und Glauben seine Einwilligung nicht versagen kann, wie z. B. bei Ausbesserungen redaktioneller Natur. Darüber hinaus läßt es auch eine Übertragung des Änderungsrechts zu, wie sich aus den Worten „soweit nicht ein anderes vereinbart ist" (§ 9 LUG und § 12 KUG) ergibt. Eine ähnliche Bestimmung enthalten die Entwürfe[65]). Dabei sollte aber ausdrücklich ausgesprochen werden, daß im voraus nicht auf das Recht ver-

[61]) RGZ 110, 393.

[62]) Art. 6 bis RBÜ in der Fassung, die dieser schon auf der Romkonferenz 1928 erhielt, spricht geradezu vom Recht, die Vaterschaft (paternité) am Werk in Anspruch zu nehmen.

[63]) In den Entwürfen (§ 22 Entw. 1932 u. § 21 Entw. 1939) kommt nicht genügend zum Ausdruck, daß sich das Recht, Änderungen zu verbieten, auch auf das einzelne Werkstück beziehen muß. Dagegen wurde dies von der Entscheidung RGZ 79, 397 (betr. das Freskogemälde Felseneiland mit Sirenen) bereits klargestellt.

[64]) Vgl. Nipperdey in DRZ 1946, 133.

[65]) Zu Unrecht zählen sie das Änderungsrecht nicht zu den persönlichkeitsrechtlichen Befugnissen, sondern regeln es bei der Übertragung von Werknutzungsrechten. Dadurch wird die klare Systematik durchbrochen; denn es kann nicht zweifelhaft sein, daß gerade das Recht, Änderungen und Verstümmelungen zu verbieten, dem Schutz persönlicher Interessen dient. Offenbar wollen es aber die Entwürfe nicht zum Urheberpersönlichkeitsrecht rechnen, weil sie dieses für unübertragbar erklären, während das Änderungsrecht übertragbar sein muß. In Wirklichkeit unterscheidet es sich dadurch nicht von den übrigen persönlichkeitsrechtlichen Befugnissen.

zichtet werden kann, Änderungen, die eine erhebliche Beeinträchtigung persönlicher Interessen mit sich bringen, wie z. B. Verstümmelungen oder Entstellungen, zu verbieten.

6. Das Recht auf Zugang zu Werkstücken. Beim Änderungsrecht wie übrigens schon beim Recht auf Anbringung der Urheberbezeichnung zeigt es sich, daß die persönlichkeitsrechtlichen Befugnisse auch das einzelne Werkstück ergreifen, weil sie nicht nur die persönlichen Interessen am Immaterialgut, sondern auch die am körperlichen Realgebilde schützen wollen. Besonders gilt dies für das Recht auf Zugang zum Werkstück, das dem Urheber dann, wenn er selbst keines mehr in Händen hat, die Möglichkeit geben soll, eine Kopie zu machen. Schon der BGH hat in einem Urteil vom 26. 10. 1951[66]) anerkannt, daß der Urheber zwar nicht die Herausgabe des Werkstücks, wohl aber Zugang zu ihm verlangen kann. Eine ähnliche Bestimmung enthalten die Entwürfe. Doch zählen sie dieses Recht nicht zu den persönlichkeitsrechtlichen Befugnissen, sondern regeln es bei der Übertragung von Werknutzungsrechten. Es kann aber kein Zweifel darüber bestehen, daß sein Sinn darin liegt, die persönlichen Interessen des Urhebers zu schützen[67]). Das einzelne Werkstück trägt ja seine Individualität, von ihm kann er daher nicht völlig abgeschnitten werden. Dabei muß es gleichgültig sein, ob der Urheber im Einzelfall ideelle oder materielle Interessen verfolgt, sein Anspruch ist immer gerechtfertigt, wenn er selbst kein Werkstück mehr in Händen hat.

7. Das Folgerecht. Als weitere persönlichkeitsrechtliche Befugnis, die sich auf das Werkstück bezieht, sollte das sogenannte Folgerecht, das droit de suite, anerkannt werden. Es ist bereits von mehreren ausländischen Rechten eingeführt worden[68]) und wurde auch auf der Brüsseler Konferenz in den Text der Berner Übereinkunft (Art. 14 bis) aufgenommen, wobei allerdings die Einführung und Ausgestaltung den Landesgesetzen überlassen blieb. Nach Art. 14 *bis* hat der Urheber von Werken der bildenden Künste, der Literatur und der Tonkunst ein unveräußerliches Recht auf Beteiligung am Erlös späterer Verkäufe von Originalstücken oder Originalhandschriften. Ohne Zweifel entspricht die Anerkennung eines solchen Rechts der Billigkeit und Gerechtigkeit. Wie oben bereits betont wurde[69]), ist der Maler oder bildende Künstler wegen seiner besonderen Lage oft gezwungen, sein Werk zu einem geringen Preis zu verkaufen. Wenn er dann durch sein weiteres Schaffen bekannt oder vielleicht sogar berühmt geworden ist, so steigt auch der Preis für die früheren Werke oft sprunghaft an. Dieser Gewinn, der Tausende von Mark betragen kann, fließt nach geltendem Recht in die Hände des Eigentümers, obwohl er auf dem Schaffen des Künstlers beruht. Der Gesetzgeber sollte an diesem dem Rechtsgefühl offenbar widerstreitenden Zustand nicht ohne sorgfältige Prüfung vorübergehen. Vom ethischen Standpunkt aus kann kein Zweifel darüber bestehen,

---

[66]) MDR 1952, 92.

[67]) Ebenso Ulmer a. a. O. S. 201.

[68]) So in Frankreich, Belgien, Italien und in der Tchechoslowakei, vgl. dazu Ulmer a. a. O. S. 202.

[69]) Vgl. Kap. 8.

daß dem Künstler zumindest ein gewisser Anteil an der Wertsteigerung, die bei einem späteren Verkauf erzielt wird, gebührt; denn seine Individualität, die er dem Werkstück aufgeprägt hat, ist es, die diese Werterhöhung verursacht. Wenn wir früher den Grundsatz aufgestellt haben, daß jeder Mensch auf seine Individualität und auf die mit ihr verbundenen Werte ausschließlich Anspruch hat, so gilt das auch für das Folgerecht. Man kann dagegen nicht einwenden, daß ja der Eigentümer auch das Risiko einer Wertminderung trage. Dieser Einwand kann lediglich dazu führen, daß auch dem Eigentümer ein angemessener Anteil an der Wertsteigerung als Risikoausgleich zuerkannt wird, keinesfalls läßt sich damit ein völliger Ausschluß des Künstlers vom Gewinn rechtfertigen. Von Gerechtigkeitserwägungen aus kann es sich also nicht um die Frage handeln, ob der Künstler einen Anteil am Mehrerlös erhalten soll oder nicht, sondern nur darum, in welcher Höhe der Gewinn *ihm* als Ausgleich für sein Schaffen und in welcher Höhe er dem Eigentümer als Ausgleich für sein Risiko und als Verzinsung für das investierte Kapital zufallen soll[70]).

Was hier bezüglich der Werke der bildenden Kunst gesagt wurde, gilt ebenso von Originalhandschriften. Auch ihre Wertsteigerung ist ja der in der Handschrift zum Ausdruck kommenden Persönlichkeit[71]) zuzuschreiben[72]).

Die praktischen Schwierigkeiten der Durchführung des droit de suite dürften nicht größer sein als die der Einziehung der Tantiemen für das musikalische Aufführungsrecht[73]). Man sollte daher das Folgerecht nicht auf öffentliche Verkäufe beschränken, sondern es auch auf private ausdehnen. Es mag den zu gründenden Urheberschutzorganisationen überlassen bleiben, private Verkäufe zu überwachen und im Prozeß zu beweisen. Jedenfalls sollte die Schwierigkeit des Beweises keinen Grund für die Versagung oder Beschränkung des Folgerechts sein, da es ja auch bei sonstigen Rechten ein alltäglicher Vorgang ist, daß ihre Durchsetzung am Mangel an Beweisen scheitert.

---

70) Eine Beteiligung des Urhebers von 20 % des Mehrerlöses würde der Sachlage wohl gerecht werden.

71) Vgl. mein Persönlichkeitsrecht S. 234.

72) Dagegen erscheint es gerechtfertigt Werke der Baukunst und des Kunstgewerbes auszunehmen, erstere, weil bei ihnen der Wert in der Hauptsache vom Gebrauchszweck bestimmt wird, letztere, weil sie in der Regel in mehreren Stücken hergestellt werden, so daß der Wert nicht so sehr am einzelnen Stück hängt. Ebenso § 18 Entw. 1932.

73) Eine Reihe von praktischen Bedenken äußert v. Erffa in JR 1951, 313. Der Umstand, daß der Urheber, dessen Werke nicht weiterverkauft werden, sondern beim ersten Eigentümer verbleiben, an der Wertsteigerung nicht teilnimmt, kann nicht dazu führen, auch die anderen davon auszuschließen. Eine ungleiche Behandlung der einzelnen Künstler ist darin nicht zu erblicken; denn jedem fällt der Vorteil zu, vorausgesetzt allerdings, daß das Werk weiterverkauft wird. Die Durchführung des Gerechtigkeitsgedankens hängt ja immer von den Umständen ab, das kann aber nicht die Festlegung des Gerechtigkeitsprinzips als solchen hindern. Wenn v. Erffa weiter auf die Notwendigkeit des Aufbaues einer Kontrollorganisation und auf die Behinderung des Kunsthandels hinweist, so ist zu sagen, daß die Kontrollorganisation eines Tages ohnehin wird aufgebaut werden müssen; der Kunsthandel aber wird nicht mehr behindert als der einzelne Gastwirt, der zur Aufführung eines musikalischen Werkes der Genehmigung des Urhebers bedarf.

Systematisch wird man das Folgerecht zu den persönlichkeitsrechtlichen Befugnissen zählen müssen[74]), weil es aus der persönlichen Verbindung des Urhebers mit dem Werkstück, das seine Individualität trägt, entspringt und weil es ein Interesse schützt, das auch nach der Veräußerung des einzelnen Stückes bei ihm verbleibt. Daß dieses Interesse ein vermögensrechtliches ist, hindert nach unseren bisherigen Darlegungen seine Einreihung in das Persönlichkeitsrecht nicht[75]). Damit es seinen Zweck erfüllen kann, muß es vom Gesetz als unverzichtbar ausgestaltet werden. Der Künstler wäre sonst bei seiner schwachen finanziellen Lage in der Regel nur allzu leicht geneigt, darauf zu verzichten, um nur überhaupt etwas zu verkaufen.

8. Das Widerrufsrecht. Dem Schutz persönlicher Interessen soll auch das Widerrufsrecht dienen. Wenn der Urheber einem anderen die Veröffentlichung seines Werkes gestattet und ihm zu diesem Zweck vielleicht das Vervielfältigungs- oder Aufführungsrecht übertragen hat, können nach Vertragsabschluß Umstände eintreten, die für ihn eine Veröffentlichung als unzumutbar erscheinen lassen. Es kann sein, daß er inzwischen seine Überzeugung geändert hat und nun seine früheren Ansichten nicht mehr vor die Öffentlichkeit bringen möchte oder daß ihm Umstände bekannt geworden sind, aus denen er entnehmen muß, daß eine Veröffentlichung seines Werkes sein Ansehen schwer gefährden würde. In diesen Fällen muß es ihm möglich sein, die eingeräumten Befugnisse zu widerrufen. Dabei ist allerdings zu bedenken, daß dem Widerruf die Vertragstreue entgegensteht; man wird ihn daher nur zulassen dürfen, wenn nach dem früher[76]) erörterten Prinzip der Interessenabwägung der objektive Wert der auf dem Spiele stehenden Interessen den Wert der Vertragstreue überwiegt. Falls der Werknutzer bereits Aufwendungen für die Veröffentlichung gemacht hat, ist eine Entschädigungspflicht angebracht. Eine ähnliche Bestimmung enthält bereits § 35 des Verlagsgesetzes. Der Entwurf von 1939 (§ 10 a III) will sie mit Recht auf alle Arten von Verwertungsverträgen ausdehnen.

9. Das Rückrufsrecht. Wie das Widerrufsrecht soll auch das Rückrufsrecht eine Aufhebung von Verwertungsverträgen ermöglichen. Der Urheber hat in der Regel ein erhebliches Interesse an der baldigen Veröffentlichung seines Werkes, oft kommt es ihm mit der Übertragung von Verwertungsrechten nicht so sehr darauf an, einen Gewinn zu erzielen, als sein Werk vor die Öffentlichkeit zu bringen. Er muß daher da-

---

[74]) Gesetzestechnisch könnte man vielleicht auch das in Kap. 12 c erwähnte Nachforderungsrecht bei einer Übertragung von Werknutzungsrechten, das ja ähnlichen Gedankengängen entspringt, im Zusammenhang mit dem Nachfolgerecht regeln. Auch das Nachforderungsrecht wäre als persönlichkeitsrechtliche Befugnis anzusehen. Der erhöhte Gewinn, den der Werknutzer aus der Verwertung des Werkes erzielt, ist ja der Individualität des Schöpfers zu danken.

[75]) Dagegen will Ulmer a. a. O. S. 202 das Folgerecht mit Rücksicht auf das vermögensrechtliche Interesse aus dem Urheberpersönlichkeitsrecht ausscheiden. Der Entwurf 1932 will es offenbar weder zu den Wertnutzungsrechten noch zum Urheberpersönlichkeitsrecht zählen, vgl. § 12 II.

[76]) Vgl. Kap. 7 b und c.

gegen geschützt sein, daß der Werknutzer, dem er vielleicht das Vervielfältigungs- oder Aufführungsrecht übertragen hat, davon keinen Gebrauch macht, sondern das Werk liegen läßt. Dem Urheber wird es ja bei seiner schwachen Position oft nicht möglich sein, dem Werknutzer vertraglich eine Veröffentlichungspflicht aufzuerlegen. Er muß daher wenigstens durch das Gesetz die Möglichkeit eingeräumt erhalten, die übertragenen Rechte zurückzurufen, falls sie nicht innerhalb angemessener Frist ausgeübt werden. Eine solche Bestimmung enthält bereits das Verlagsgesetz in § 17 und § 45. Der Entwurf 1939 (§ 28)[77] will darüber hinaus jedem Urheber ein unverzichtbares Rückrufsrecht, dessen Ausübung vertraglich nur auf 5 Jahre ausgeschlossen werden kann, geben für den Fall, daß der Werknutzer nicht innerhalb von 2 Jahren von dem eingeräumten Recht Gebrauch macht.

[77]) Vgl. auch De Boor, Vom Wesen ... S. 58.

IV. Abschnitt

Die Grenzen des Urheberschutzes

14. Kapitel

Beschränkungen zugunsten der persönlichen Entfaltung

a) Allgemeine Grundsätze

Das Urheberrecht mit seinen einzelnen Befugnissen ist schon nach den geltenden Gesetzen ein absolutes Recht, d. h. es ist grundsätzlich gegen jedermann und gegen jeden Eingriff geschützt. Dies entspricht dem ethischen Prinzip, daß die im Werk realisierten Werte von jedermann zu achten sind. Das bedeutet aber nicht, daß nicht gewisse inhaltliche Beschränkungen zulässig seien. Jedes Werk ist in den Lebenszusammenhang hineingestellt, in dem zahlreiche Werte wirksam sind, in dem das Wertstreben der verschiedensten Personen sich auswirkt, teils dem des Urhebers entsprechend, teils ihm widerstreitend. Nicht immer wird sich daher das Interesse des Urhebers durchsetzen können. Nach unseren früher entwickelten Gedankengängen[1]) muß die Rechtsordnung auf Grund der typischen Lage, die sich aus dem Wesen des Geistes und aus der besonderen wirtschaftlichen Stellung der geistig Schaffenden ergibt, die widerstreitenden Interessen nach den in ihnen enthaltenen objektiven Werten gegeneinander abwägen und so dem Urheberrecht gewisse Grenzen ziehen. Oberstes Ziel muß hierbei sein, eine unsere ganze Rechtsordnung durchziehende gleiche Bewertung gleicher Interessenlagen herbeizuführen; denn nur dies entspricht dem Prinzip der Gerechtigkeit und dem in der Verfassung verankerten Gleichheitsgrundsatz.

Unsere geltenden Gesetze enthalten nun eine Reihe von Beschränkungen des Urheberrechts, die diesen Prinzipien widersprechen. Vielfach sind sie nur aus der historischen Entwicklung verständlich, in der sich ja der Urheberschutz überhaupt erst allmählich durchsetzen mußte. Man merkt es ihnen oft deutlich an, daß die Zeit des Privilegiensystems bei der Schaffung der geltenden Gesetze noch nicht allzu weit zurücklag und daß man glaubte, dem Urheber dafür, daß man ihm ein Recht gab, das ihm das positive Gesetz noch vor wenigen Jahrzehnten verweigert hatte, eine Reihe von Lasten und Beschränkungen auferlegen zu können, die die Rechtsordnung anderen Bevölkerungskreisen erspart. Eine objektive Betrachtung dieser Gesetzesbestimmungen wird sich also vor allem von der historischen

---

[1]) Vgl. oben Kap. 7.

Perspektive freimachen müssen; denn gerade auf dem Gebiet des Urheberrechts sind historische Argumente die schlechtesten.

Im folgenden soll versucht werden, die im LUG und KUG enthaltenen Beschränkungen nach den ihnen zugrunde liegenden Interessen und Werten einer Überprüfung zu unterziehen und darzulegen, inwieweit sie berechtigt sind oder nicht. Wenn Beschränkungen als zulässig erachtet werden müssen, dürfen sie natürlich nicht weitergehen, als zur Erreichung des schützenswerten Zweckes erforderlich ist. Aus dem Gedanken der Wertabwägung folgt ja, daß ein fremdes Interesse nur soweit verletzt werden darf, als es zugunsten eines überwiegenden unbedingt erforderlich ist. Dies gilt vor allem für die zulässigen Entlehnungen, sie dürfen nicht zu einer Verletzung persönlicher Interessen führen, wo eine solche nicht notwendig ist. Mit Recht bestimmen daher schon die geltenden Gesetze, daß bei den freien Werknutzungen keine unnötigen Änderungen vorgenommen werden dürfen (§ 24 LUG, § 21 KUG) und daß die Quelle deutlich anzugeben ist (§ 25 LUG, § 19 II KUG).

b) Die Vervielfältigung zum persönlichen Gebrauch

Ein Interesse an der Benutzung des Werkes in seinen allgemeinen und individuellen Zügen hat zunächst einmal der private Verbraucher, der den geistigen Inhalt in sich aufnehmen, genießen und für seine persönliche Fortbildung und Entfaltung verwenden will. Dieses Interesse deckt sich weitgehend mit dem des Urhebers. Mag dieser es vielleicht auch zur persönlichen Freude und Selbstentfaltung schaffen, veröffentlichen wird er es nur, wenn er damit zugleich geistige Bedürfnisse der Mitmenschen befriedigen will. Dabei hat er aber, da er ja von seinem Werkschaffen mit seiner Familie leben muß, grundsätzlich Anspruch auf Entgelt gegenüber jedem Verbraucher. Dies entspricht auch der bei dieser Sachlage angebrachten Interessenwertung; denn beim Urheber handelt es sich um die Existenzfrage, beim privaten Verbraucher aber nur um ein einzelnes geistiges Bedürfnis. Nun ist freilich in unserem Verkehrsleben immer damit zu rechnen, daß von einem Werkstück, das verkauft wird, nicht nur der Käufer selbst Kenntnis nimmt, sondern auch der Kreis derjenigen Personen, die mit ihm durch ein persönliches Band, z. B. das der Familie, der Verwandtschaft oder Freundschaft verknüpft sind. Es muß auch damit gerechnet werden, daß der Käufer sein Werkstück später verkauft und es dadurch einem neuen, aber wieder begrenzten Kreis von Verbrauchern zugänglich macht. Diese Möglichkeiten der Benutzung eines einzelnen Werkstücks sind in unserem Verkehrsleben normal, mit ihnen muß der Urheber beim Verkauf seines Werkstückes und bei der Bestimmung des Preises rechnen. Mit der Zahlung des Kaufpreises für ein Exemplar kann also zugleich die Benutzung durch die aufgezeigten privaten Verbraucherkreise als abgegolten angesehen werden[2]).

[2]) Insofern ist die Erschöpfungstheorie des RG, nach der das ausschließliche Verbreitungsrecht sich durch das von einem Berechtigten erfolgte in Verkehr Bringen eines Werkstückes erschöpft, berechtigt (RGZ 63, 394 ff.). Sie kann jedoch

Nun läßt unser Gesetz über diesen Tatbestand hinaus auch eine Vervielfältigung zum persönlichen Gebrauch zu, wenn sie nicht den Zweck hat, mit dem Werk eine Einnahme zu erzielen (§ 15 II LUG, ähnlich § 18 I KUG[3]). Danach kann also auch ein außerhalb des oben skizzierten Kreises Stehender für sich und diejenigen Personen, zu denen er in naher Beziehung steht, ein neues Werkstück herstellen. Schon dadurch entsteht eine gewisse Gefährdung berechtigter Interessen des Urhebers, die nur hingenommen werden kann, wenn und soweit auf der anderen Seite Interessen stehen, die die Gefahr für den Urheber an Wert überwiegen. Nun ist es in der Tat so, daß der einzelne, wenn er jedes Werk kaufen müßte, das er für sich und seine geistige Entfaltung benötigt, von dem Großteil geistiger Güter abgeschnitten wäre. Man denke nur an den Studenten oder Gelehrten; es ist ihnen unmöglich, alle Bücher zu kaufen, die sie für ihre wissenschaftliche Arbeit benötigen. Oder man denke an den Musikfreund, auch er wird sich nicht alle Musikalien beschaffen können, die in seinem Interessengebiet liegen. Ein gesundes Geistesleben, ein weiter kultureller Gedankenaustausch würde also unterbunden, wollte man nicht auch Vervielfältigungen zum persönlichen Gebrauch zulassen. Aber diese Zulässigkeit muß dort ihre Grenze haben, wo sie für die Werkschaffenden selbst zu einer erheblichen Gefahr wird, die ihre Existenz und damit ihre schöpferische Tätigkeit bedroht.

Das LUG von 1901 hatte noch keinen Anlaß, eine solche Grenze für den persönlichen Gebrauch zu ziehen, weil damals für den einzelnen nur eine Vervielfältigung mit der Hand durch Abschreiben in Frage kam[4]). Es war also nicht zu befürchten, daß diese Vervielfältigungen einen solchen Umfang annehmen könnten, daß der Absatz von Büchern und sonstigen Werken erheblich leiden und so eine Gefährdung wesentlicher Urheberinteressen eintreten würde. Inzwischen sind aber technische Verfahren entwickelt worden, die Vervielfältigungen für einzelne Personen ohne Schwierigkeiten und Umstände zulassen. Durch Photokopien, Mikrokopien und Tonbandaufnahmen kann der Druck oder die Aufführung eines Werkes weitgehend ersetzt werden[5]). Ganze Gewerbebetriebe, z. B. Photokopieranstalten und Tonstudios, sind inzwischen entstanden, die für private Verbraucher Vervielfältigungen von Büchern, Zeitschriften und musikalischen Werken herstellen. Aber auch für den einzelnen macht die

---

nicht gelten, wo das Verbreiten in einer Weise geschieht, daß dadurch eine neue Öffentlichkeit geschaffen wird, wie es beim gewerbsmäßigen Verleihen der Fall ist.

[3]) Dabei ist die Formulierung des § 18 I KUG enger als die des § 15 II LUG.

[4]) Wie sich aus der Begründung zu § 15 II LUG ergibt, dachte man bei der Vervielfältigung zum persönlichen Gebrauch in der Hauptsache an das Abschreiben von Noten und Rollen durch Gesang- und Theatervereine,die damit keine Einnahme erzielen wollen.

[5]) Vgl. dazu BGH in JZ 1953, 144 mit Anm. von Kleine; KG in NJW 1951, 382; ferner die von der Gema herausgegebene Gutachtensammlung: Magnettongeräte und Urheberrecht, 1952; De Boor, Droit d'auteur 1951, 33; Baum, Schweiz. Mitt. über gewerblichen Rechtsschutz und Urheberrecht 1949, 20; Möhring, NJW 1951. 743; Gentz, GRUR 1952, 495; Troller, Schweiz. Mitt. über gewerblichen Rechtsschutz und Urheberrecht 1951, 53; Splett, GRUR 1949, 154; Ulmer a. a. O. S. 165; Runge a. a. O. S. 152; Schreiber, Ufita 1936, 41.

Beschaffung solcher Apparate keine allzu großen Kosten, so daß es für ihn rentabel wird, sie sich anzuschaffen, um dann künftig keine Zeitschrift, keine Schallplatte mehr kaufen zu müssen. Dadurch ist eine erhebliche Gefahr für den Absatz von Büchern, insbesondere aber von Zeitschriften und Schallplatten entstanden, eine Gefahr, die so groß werden kann, daß sich der Druck von Büchern und Zeitschriften oder die Herstellung von Schallplatten nicht mehr lohnt, so daß die Produktion und Veröffentlichung von Geisteswerken leidet und damit das Geistesleben selbst unterbunden wird. Es gilt also, die richtige Mitte zu finden einerseits zwischen dem berechtigten Interesse des privaten Verbrauchers, am Geistesleben möglichst umfassend teilzunehmen, andererseits zwischen der Notwendigkeit, den Urheber in seiner Existenz und in seinem Anspruch auf Lohn für seine Arbeit zu schützen. Es gilt, einen Weg zu finden, der allen Beteiligten ihr Wertstreben ermöglicht.

Die richtige Mitte dürfte darin liegen, daß man die Vervielfältigung für den persönlichen Gebrauch bei Werken der Literatur und der Tonkunst[6]) nur durch Abschreiben einzelner Stücke mit der Hand oder mit der Schreibmaschine zuläßt, wenn nicht bezweckt wird, damit eine Einnahme zu erzielen; dabei sollte es auch erlaubt sein, das Abschreiben durch Dritte, die dafür entlohnt werden, z. B. durch eine Sekretärin, vornehmen zu lassen, nicht jedoch durch einen Gewerbebetrieb[7]). Eine solche Regelung macht jedem einzelnen, auch dem finanziell schwach Gestellten, wie bisher eine Teilnahme am Geistesleben möglich, ohne daß eine erhebliche Gefährdung der Interessen des Urhebers eintritt. Die Ausschaltung von Gewerbebetrieben ist deshalb geboten, weil es unbillig erscheint, daß ein Betrieb, z. B. ein Schreibbüro, Gewinn erzielt, ohne den Urheber daran zu beteiligen. Solche Betriebe könnten sich von den Urheberschutzorganisationen die Genehmigung zur Vervielfältigung gegen Zahlung einer Lizenzgebühr erwerben. Dasselbe gilt für den, der Vervielfältigungen mit den neuen technischen Vervielfältigungsapparaten herstellen will. Durch den Ausschluß dieser Apparate von der Vervielfältigung zum persönlichen Gebrauch wird also praktisch keineswegs die technische Entwicklung gehemmt, sondern lediglich für die Hersteller solcher Apparate die Notwendigkeit begründet, für ihre Käufer durch Zahlung einer Lizenzgebühr an die Urheberschutzorganisationen die Genehmigung zur Vervielfältigung zu erwerben.

Man kann gegen eine so enge Grenzziehung nicht einwenden, daß dadurch der einzelne in seiner Privatsphäre, in seiner privaten Handlungs-

---

[6]) Bei Werken der bildenden Künste ist die bisherige Regelung des § 18 I KUG angemessen.

[7]) Der Entw. 1932 (§ 31) wird der Interessenlage nicht gerecht. Aber auch der Entw. 1939 (§ 31) schafft keine klaren Verhältnisse, indem er die Benutzung technischer Vervielfältigungsmittel nur bei einer Vervielfältigung durch Dritte ausschließt. Nur wenn diese technischen Apparate überhaupt ausgeschlossen werden, ist es den Urheberschutzorganisationen möglich, durch Verhandlungen mit den Verkäufern eine Lizenzgebühr für ihre Benutzung zu erreichen. Andernfalls wird die Verwendung dieser Apparate völlig unkontrollierbar. Mit Rücksicht hierauf sollte auch für öffentliche Behörden oder Bibliotheken keine Ausnahme gemacht werden. Dagegen ist die Vorschrift des § 31 III Entw. 1939 zu billigen.

freiheit ungebührlich beschränkt werde; denn man muß bedenken, daß er immerhin fremdes Geistesgut benützt. Bei körperlichen Gegenständen wird eine solche Benutzung fremden Gutes für persönliche Zwecke als Gebrauchsdiebstahl bestraft[8]); bei Rundfunksendungen ist das private Schwarzhören strafbar. Unsere Rechtsordnung steht also durchaus nicht auf dem Standpunkt, daß die bloße private Handlungsfreiheit so hoch zu bewerten sei, daß sie auch die Benutzung fremder Güter rechtfertige. Nur das Interesse an einer umfassenden Teilnahme am Geistesleben kann die private Benutzung fremder Werke rechtfertigen, aber wieder nur so lange, als dadurch nicht der fundamentale Anspruch des Schöpfers auf Entlohnung für seine Arbeit gefährdet wird.

Eine weitere Beschränkung des Urheberrechts zugunsten des persönlichen Interesses eines anderen ist noch bei Bildnissen angebracht, die auf Bestellung angefertigt werden. § 18 II KUG gibt mit Recht dem Besteller und seinem Rechtsnachfolger, falls nichts anderes vereinbart ist, ein Vervielfältigungsrecht in gewissem Umfang. Die Entwürfe[9]) wollen diese Befugnis auch dem Abgebildeten, der ja vom Besteller verschieden sein kann, und nach seinem Tode den Angehörigen zubilligen. Die genannten Personen haben ein berechtigtes Interesse daran, über das Bildnis zu verfügen und Lichtbilder davon an Bekannte und Freunde weiterzugeben. Für den Künstler bedeutet diese Befugnis keine erhebliche Belastung.

15. Kapitel

Beschränkungen zugunsten von Kunst und Wissenschaft

a) Die freie Benutzung

Neben den Beschränkungen des Urheberrechts für die berechtigten persönlichen Interessen des einzelnen Verbrauchers müssen solche vor allem auch zugunsten von Kunst und Wissenschaft anerkannt werden. Das kulturelle Leben beruht ja weitgehend auf einem gegenseitigen Nehmen und Geben. Der einzelne ist auf die Anregung durch den anderen angewiesen. Nun geht aus den bisherigen Erörterungen bereits hervor, daß all das, was der Werkschöpfer aus den allgemeinen Quellen, aus der realen Welt, dem Reich der Ideen und dem objektiven Geist entnommen hat, frei ist und von jedem für sein eigenes Schaffen benutzt werden kann. Ein Ausschlußrecht eines einzelnen gibt es ja insoweit nicht[1]). Nun enthält aber jedes Werk darüber hinaus noch individuelle Inhalte und Formen, die der Phantasie des Urhebers entsprungen sind. Ob und inwieweit auch diese anderen zur Benutzung offenstehen, ist ein besonderes Problem, das nur aus der Interessenwertung gelöst werden kann[2]).

---

[8]) Vgl. § 248 b StGB, wonach der unbefugte Gebrauch fremder Kraftfahrzeuge und Fahrräder strafbar ist.

[9]) § 43 II Entw. 1932 und § 42 II Entw. 1939.

[1]) Darüber, daß aber insoweit dem Entdecker für seine idividuelle Leistung ein Lohn gebührt, vgl. unten Kap. 20 a.

[2]) Auf den Unterschied vom Gemeingut und individuellen Zügen bei der freien Benutzung weist Ulmer a. a. O. S. 162 mit besonderem Nachdruck hin.

Die geltenden Urhebergesetze gestatten die freie Benutzung eines Werkes, wenn dadurch eine eigentümliche Schöpfung hervorgebracht wird (§ 16 KUG, § 13 I LUG). Im Interesse neuer und eigentümlicher Schöpfungen läßt also das Gesetz die Benutzung eines anderen Werkes zu, ohne einen Unterschied zwischen Gemeingut oder individuellem Gehalt zu machen[3]), und gewährt dem Benutzer ein eigenes, selbständiges Urheberrecht. Diese Bestimmung hat ohne Zweifel ihren richtigen Kern. Ein kultureller und wissenschaftlicher Fortschritt ist nur möglich, wenn einer auf dem Schaffen des anderen aufbauen kann, und zwar nicht nur auf dem, was dieser den allgemeinen geistigen Quellen entnommen hat, sondern auch auf dem, was er an Originellem erdacht und gestaltet hat. Um des kulturellen Fortschritts willen muß das Interesse des Urhebers auf ausschließliche Benutzung und Verwertung seiner Gedanken zurücktreten. Nun kann allerdings das Gesetz dem Richter nicht zumuten, den kulturellen Forschritt des in freier Benutzung geschaffenen Werkes zu prüfen; denn gerade hierüber gehen die Meinungen oft auseinander. Es muß sich daher darauf beschränken, von dem neuen Werk einen solchen Grad an Individualität zu verlangen, daß daneben die Benutzung der individuellen Züge des anderen Werkes nur als Anregung erscheint[4]). Dabei ist zu bedenken, daß die Individualität des einen ihrer Natur und ihrem Wertgehalt nach nie vom anderen übernommen werden soll[5]). Sie kann nur Anregung für den anderen zur Entfaltung und Ausbildung seiner eigenen Individualität bilden. Eine zulässige freie Benutzung kann also nur dort anerkannt werden, wo die individuellen Züge des benutzten Werkes in den Hintergrund treten und ein neues Werk individueller Prägung geschaffen wird. Die freie Benutzung unterscheidet sich also von den Bearbeitungen und sonstigen abhängigen Nachschöpfungen[6]) dadurch, daß nicht lediglich der Individualität des einen Werkes eine neue aufgeprägt wird, sondern daß erstere zur bloßen Anregung für das neue Werk herabsinkt.

Umstritten ist hierbei der sogenannte starre Melodienschutz. Nach § 13 II LUG ist bei einem Werke der Tonkunst jede Benutzung unzulässig, durch welche eine Melodie erkennbar dem Werke entnommen und einer neuen Arbeit zugrunde gelegt wird[7]). Die Entwürfe wollen dagegen auch die freie Benutzung einer Melodie zulassen. Als Grund dafür wird vor allem angeführt, daß der Begriff der Melodie unklar und umstritten sei, daß sie oft nur eine aus wenigen Tönen zusammengesetzte Tonfolge darstelle, die der

[3]) Die Entw. regeln die freie Benutzung nicht bei den Beschränkungen des Urheberrechts, sondern bei den allgemeinen Bestimmungen. In Wirklichkeit handelt es sich aber um eine Beschränkung, die zugunsten eines überwiegenden Interesses erforderlich ist.

[4]) Wo sich allerdings ergibt, daß das neue Werk nicht um kultureller Ziele willen geschaffen wurde, sondern nur um am wirtschaftlichen Erfolg des benutzten Werkes teilzunehmen, ist die Annahme einer freien Benutzung nicht gerechtfertigt.

[5]) Vgl. oben Kap. 6 c.

[6]) Zum Begriff der abhängigen Nachschöpfung vgl. Ulmer a. a. O. S. 159.

[7]) Der starre Melodienschutz gilt vor allem im französischen Recht (vgl. Desbois a. a. O. S. 155 ff.), von wo aus er auch in das geltende LUG übernommen wurde.

Verwendung durch andere offenstehen müsse[8]), und daß ein starrer Schutz die Schaffung wertvoller Werke, insbesondere von Variationen verhindern könne. Es ist klar, daß eine vielleicht nur aus zwei oder drei Tönen bestehende Tonfolge nicht einem einzelnen Urheber ausschließlich vorbehalten werden kann; denn selbst wenn man noch den Rhythmus hinzunimmt, ist die Zahl der möglichen Abwandlungen eine beschränkte. Eine Tonfolge mit so geringen Ausdrucks- und Abwandlungsmöglichkeiten vermag die Individualität des Komponisten noch nicht genügend auszuprägen. Ein gleiches oder ähnliches Thema wird sich beim Komponieren immer wieder von selbst ergeben[9]). Selbst wenn die Tonverbindung eine bisher noch nicht Dagewesene sein sollte, so wird sie ähnlich wie ein neu erfundener Akkord in den objektiven Geist eingehen und sich so dem Eigentum eines einzelnen entziehen. Unter einer Melodie im Rechtssinne kann daher nur eine Tonfolge verstanden werden, die den individuellen Geist des Komponisten ausdrückt[10]), die also unter Berücksichtigung der zur Verfügung stehenden Töne und Rhythmen so viele Abwandlungsformen zuläßt, daß für jeden eine zur Verfügung steht[11]). Dies kann schon bei wenigen Takten der Fall sein. Versteht man also unter einer Melodie eine Tonfolge individueller Prägung, so ergibt sich schon aus dem bisher Gesagten, daß sie nicht Gegenstand einer freien Benutzung sein kann[12]). Eine Variation z. B., bei der die Melodie erkennbar bleibt, kann nur als Bearbeitung aufgefaßt werden; denn es wird nur der Individualität des einen Werkes eine neue aufgeprägt, die individuellen Züge des Originalwerkes treten nicht in den Hintergrund, sondern schillern immer wieder durch. Daß sich eine Melodie nicht für eine freie Benutzung eignet, liegt in der Natur der Musik begründet. Wie früher betont wurde, bildet bei ihr der Inhalt mit der inneren und äußeren Form eine untrennbare Einheit. Ihr Wesen unterscheidet sich also von dem literarischer Werke grundlegend. Bei letzteren sind diese

---

8) Vgl. Riedel, Schutz der Melodie, GRUR 1949, 236; Baumann, a. a. O.; Engländer, Gedanken über Begriff und Erscheinungsformen des musikalischen Plagiats, Ufita 1930, 20 ff.; Runge a. a. O. S. 116 ff.

9) Vgl. dazu die Beispiele bei Riedel a. a. O.

10) Vgl. dazu oben Kap. 5 c.

11) Auf die Mannigfaltigkeit der vorhandenen Ausdrucksmöglichkeiten stellt auch BGH in GRUR 1953, 301 ab, wenn er sagt: „Bei Schriftwerken wird der wortgetreue Nachdruck auch kleinster Ausschnitte in der Regel eine Urheberrechtsverletzung darstellen, weil die Möglichkeiten, einen Gedankeninhalt in eine sprachliche Form zu bringen, so mannigfaltig sind, daß die gewählte Formgebung zumeist eine dem geistigen Schaffen entspringende individuelle Prägung aufweisen wird.“ Dabei ist aber zu beachten, daß nicht jeder Satz schon Urheberschutz genießen kann; denn es muß der individuelle Geist, d. h. vor allem auch eine individuelle geistige Leistung zum Ausdruck kommen.

12) Angesichts der Unklarheit die über den Begriff der Melodie herrscht, wäre es wünschenswert, daß das Gesetz eine Legaldefinition aufstellen würde, nach der unter einer Melodie eine Tonfolge individueller Prägung zu verstehen ist. Wenn Riedel a. a. O. darauf hinweist, daß in manchen musikalischen Stücken auch der Rhythmus oder die Harmonie das Eigenartige sei, so ist dagegen zu sagen, daß diese Bestandteile eines Tonwerkes schon wegen der beschränkten Abwandlungsformen, die sie zulassen nicht die Individualität hinreichend ausdrücken können. Wohl kann in ihnen eine neue Erfindung liegen, die jedoch in den objektiven Geist eingeht. Die Melodie kann daher sehr wohl eine andere rechtliche Regelung erfahren als der Rhythmus oder die Harmonie.

drei Schichten nicht so eng miteinander verbunden; da sich bei ihnen die individuellen Züge in der Regel durch alle drei Bestandteile hindurchziehen, verblaßt die Individualität des Werkes bereits, wenn nur der Inhalt oder von ihm vielleicht nur ein Teil entnommen und benützt wird, während die innere und die äußere Form verändert werden. Wird dagegen eine Melodie verwendet, so bedeutet das nicht etwa, daß nur der musikalische Einfall als Anregung zu neuem Schaffen dient, sondern es wird zugleich die innere und äußere Form und damit die Individualität so, wie sie Ausdruck gefunden hat, in voller Konkretheit übernommen. Bei einem literarischen Werk, z. B. einem lyrischen Gedicht, würde wohl niemand an eine freie Benutzung denken, wenn der Inhalt einschließlich innerer und äußerer Form entnommen wird, sondern es liegt entweder ein Zitat oder eine abhängige Nachschöpfung vor. Nicht anders kann es bei Benutzung einer Melodie sein. Für den starren Melodienschutz sprechen auch noch persönlichkeitsrechtliche Gründe. Es muß dem Komponisten möglich sein, gegen den, der seine Melodie aus einer Symphonie entnimmt und daraus einen Schlager macht, vorzugehen. Es muß ihm überlassen bleiben, die Verwertung seines originellen Gedankens dem anzuvertrauen, von dem er eine seinen Intentionen entsprechende Ausdeutung erwarten kann. Dieser Vorbehalt ist um so leichter möglich, als für denjenigen, der vielleicht eine Variation schreiben will, bereits Tausende von Melodien aus gemeinfreien Werken zur Verfügung stehen. Eine Interessenabwägung ergibt also, daß die Benutzung geschützter Melodien für den Fortschritt der Kunst nicht so wichtig ist, daß die damit verbundene Gefährdung der Interessen des Urhebers ausgeglichen oder sogar übertroffen würde.

Übrigens gibt es im geltenden Recht eine Analogie zum starren Melodienschutz bei Werken der bildenden Künste. Bei ihnen stellt das künstlerische Erlebnis mit der inneren Form eine unlösliche Einheit dar[13]). Jedes künstlerische Erlebnis ist schon ein anschauliches. Dem entspricht es, daß der Inhalt nicht ohne innere Form aus einem Werk der bildenden Künste abgelöst werden kann. Wo also der Nachbildner aus einem Werk den künstlerischen Gedanken mit der anschaulichen inneren Form entnimmt und in eine andere äußere Form prägt, z. B. ein Ölgemälde als Radierung nachbildet, da kann nur eine Bearbeitung vorliegen, ähnlich wie bei einem literarischen Werk eine Bearbeitung gegeben ist, wenn nur die äußere Form verändert wird. Das Gesetz erkennt in diesem Fall keine freie Benutzung an, mag auch die äußere Formgebung als solche höchstes künstlerisches Schaffen darstellen. Dies ergibt sich aus § 15 II KUG. Danach darf derjenige, der durch Nachbildung eines bereits vorhandenen Werkes ein anderes Werk der bildenden Künste oder der Photographie hervorbringt, sein Urheberrecht daran nur mit Einwilligung des Urhebers des Originalwerkes ausüben[14]). Künstlerisches Erlebnis und anschauliche innere Form

---

[13]) Vgl. oben Kap. 5 b.

[14]) Mit Recht zählt Ulmer a. a. O. S. 157 die Nachbildung einer Plastik in einem Gemälde oder in einer Zeichnung und umgekehrt sowie die Reproduktion einer Handzeichnung oder eines Gemäldes durch Holzschnitt, Kupferstich, Radierung oder Lithographie zu den unter § 15 II KUG fallenden Bearbeitungen. Ebenso

zusammen drücken die Individualität so stark aus, daß sie durch bloße äußere Formgebung nicht verblaßt[15]. Die Bestimmung des § 15 II KUG sollte daher als Richtlinie für die Auslegung der freien Benutzung ebenso wie die Bestimmung des § 13 II LUG in das neue Gesetz übernommen werden.

Aus diesen im geltenden Recht geregelten Fällen ergibt sich noch eine Auslegungsregel für die freie Benutzung bei literarischen Werken. Bei ihnen kann der Inhalt gesondert entnommen werden. Wo also die Individualität des Schöpfers sich nicht gerade im Inhalt besonders konzentriert, sondern das Werk in allen Schichten durchzieht, kann die bloße Übernahme inhaltlicher Züge eine freie Benutzung ergeben. Anders ist es dagegen, wo die Individualität des Autors sich gerade im Inhalt ausprägt, wie es z. B. bei der frei erfundenen Fabel des Dichters der Fall ist. Wo sie erkennbar übernommen wird, bleibt doch das Charakteristische des ersten Werkes im zweiten erhalten, mögen auch sonstige Zutaten hinzukommen. Auch die originelle Fabel kann daher nicht Gegenstand freier Benutzung sein[16] wie die Rechtsprechung in neueren Entscheidungen angenommen hat[17]. Angesichts der in diesem Punkt aber auseinander gehenden Meinungen sollte eine entsprechende Bestimmung in das kommende Gesetz aufgenommen werden. Auch hier ergibt eine Interessenabwägung, daß angesichts der vielen freien Stoffe, die das Leben, die Geschichte und die gemeinfreien Werke bieten, eine Benutzung der originellen Fabel während der Schutzdauer des Werkes im Interesse des kulturellen Fortschritts nicht notwendig ist.

Kohler, Kunstwerkrecht S. 54, der bei der Nachbildung darauf abstellt, ob das imaginäre Bild in irgendeiner Form zur Verwirklichung gelange. Ähnlich Allfeld, Komm. zum KUG, 1908 § 15 Anm. 5 u. 8. § 16 Anm. 2 ff. Vgl. auch BGH in GRUR 1952, 517 (Hummelfiguren): „Ein unzulässiger Eingriff in die Urheberrechte an einem Werk der bildenden Kunst liegt nicht nur vor, wenn eine gegenständlich völlig übereinstimmende Nachbildung des Schutzobjekts versucht worden ist, sondern auch wenn wesentlich künstlerische Züge, die dem Werk seine schutzfähige individuelle Prägung verleihen, wiederkehren, mag auch der Nachahmer sich bemüht haben, durch abweichende Elemente die Abhängigkeit von dem unfrei benutzten Werk zu verschleiern". Vgl. auch Runge a. a. O. S. 139, der eine weniger strenge Auffassung vertritt; Voigtländer-Elster-Kleine, Komm. zum LUG u. KUG S. 100; Elster, Urheber-, Erfinder-, Wettbewerbs- und Warenzeichenrecht S. 187.

[15]) Dagegen ist eine freie Benutzung möglich, wenn nur einzelne charakteristische Züge eines Werkes übernommen werden. Vgl. auch RGZ 71, 355; 117, 232.

[16]) Ebenso sagt Ulmer a. a. O. S. 163: „Wird eine Fabel, die auf der Phantasie des Dichters beruht, übernommen, so liegt in der Regel eine unfreie Benutzung vor". Ähnlich Runge a. a. O. S. 137: „Ist der übernommene Teil essentiell für das Vorbild, also z. B. die Fabel eines Detektivromans, dann kann die Übernahme dieser Fabel nur zu einer unfreien Benutzung führen, auch wenn im übrigen der Benutzer sich um eine freie Gestaltung bemüht haben sollte." Vgl. auch Voigtländer-Elster-Kleine a. a. O. S. 99: „Ist die Fabel in ihrem Kern gleich, so ist die Benutzung nicht frei, auch wenn die psychologischen Ausdeutungen abweichen."

[17]) So sagt KG in GRUR 1926, 443 (Altheidelberg – Jungheidelberg), eine wesentliche Abweichung liege dann nicht vor, wenn zwar gewisse Äußerlichkeiten abgeändert seien, der Gedankliche Inhalt des zweiten Stückes in den das Stück beherrschenden Momenten aber der gleiche wie der des ersten Stückes sei. Anders dagegen RGZ 63, 158 (Durchlaucht Radieschen) und RGZ 82, 16 (Lustige Witwe), beide Entscheidungen werden im Schrifttum mit Recht kritisiert.

Erwägt man also, daß die erkennbare Übernahme einer Fabel nach neuerer Auffassung keine freie Benutzung zuläßt, daß ferner das KUG die Nachbildung von Werken der bildenden Künste trotz eigentümlicher äußerer Formgebung nicht als freie Benutzung betrachtet, so erscheint auch der starre Schutz der Melodie, die ja ebenfalls Ausdruck des individuellen Geistes ist, nicht mehr als Ausnahme.

b) Die Entlehnungsfreiheit

Während die Zulässigkeit der freien Benutzung dem Umstande Rechnung trägt, daß der Geist immer der Anregung bedarf, um sich zu entfalten und über das Gegebene hinauszuwachsen, soll die Entlehnungsfreiheit den wissenschaftlichen und künstlerischen Gedankenaustausch fördern und eine Auseinandersetzung mit fremden Ansichten sowie deren Anführung zur Unterstützung der eigenen Meinung ermöglichen. Das geltende Recht gestattet solche Entlehnungen aus bestehenden Werken für wissenschaftliche und künstlerische Zwecke in erheblichem Umfang. Dabei wird in der Literatur meist zwischen dem Großzitat und dem Kleinzitat unterschieden[18]. Im allgemeinen kann man sagen, daß das Gesetz, dessen Regelung im einzelnen sehr unübersichtlich ist, für literarische und künstlerische Zwecke nur ein Kleinzitat, für wissenschaftliche Zwecke auch ein Großzitat zuläßt.

Nach § 19 Ziff. 1 und § 21 Ziff. 1 LUG dürfen einzelne Stellen oder kleinere Teile eines veröffentlichten Sprachwerkes und einzelne Stellen eines erschienenen Werkes der Tonkunst in einer selbständigen literarischen Arbeit angeführt werden. Danach ist es z. B. erlaubt, in einer Kritik einer Komposition Auszüge davon abzudrucken oder in einer Abhandlung einzelne Verse aus einem Gedicht oder kleinere Abschnitte eines Buches wiederzugeben. Die Notwendigkeit und Berechtigung solcher Zitate ist wohl so unbestritten, daß es sich erübrigt, auf sie näher einzugehen[19].

Umstritten und zweifelhaft ist dagegen die Zulässigkeit eines Musikzitats in einem selbständigen Werk der Tonkunst. Das geltende Gesetz enthält darüber keine ausdrückliche Bestimmung. Da es in § 21 Ziff. 1 LUG von der Anführung eines Musikzitats in einer literarischen Arbeit spricht, wird teilweise durch argumentum e contrario geschlossen, daß die Entlehnung für ein Werk der Tonkunst nicht statthaft sei[20], während die überwiegende Meinung sie auch in diesem Fall für erlaubt hält. Die Entwürfe[21] wollen das Musikzitat in einem selbständigen Werk der Tonkunst ausdrücklich zulassen und erwähnen als Beispiel die Anführung eines fremden Themas in einem Variationenwerk. Betrachten wir die tieferen

[18] Im folgenden sollen nur die Entlehnungen zugunsten von Kunst und Wissenschaft behandelt werden, wieweit sie für Zwecke der Allgemeinheit zugelassen werden müssen, soll weiter unten geprüft werden.

[19] Dasselbe gilt für die in § 20 KUG enthaltene Zulässigkeit der Nachbildung von Kunstwerken, die sich an öffentlichen Wegen, Straßen und Plätzen befinden und von Bauwerken durch Malerei und Photographie.

[20] So Allfeld, LUG § 21 Anm. 3.

[21] § 39 Ziff. 1 Entw. 1932 und § 35 Ziff. 1 Entw. 1939.

Gründe der Entlehnungsfreiheit, so ist die Zulässigkeit des Musikzitats in einem musikalischen Werk ebenso wie übrigens die Zulässigkeit des Zitats eines Werkes der bildenden Künste in einem anderen Werk der bildenden Künste durchaus problematisch. Die Zitierfreiheit dient dem Gedankenaustausch und der wissenschaftlichen Auseinandersetzung. Eine Entlehnung bildet nicht nur, wie es bei der freien Benutzung der Fall ist, eine Anregung, sondern einen Hinweis auf fremde Gedanken. Schon das geltende Gesetz verbietet mit Rücksicht hierauf die Vornahme von Änderungen (§ 24 LUG) und verlangt eine deutliche Quellenangabe (§ 25 LUG, § 19 II KUG). Nun ist bei einem Musikzitat ebenso wie bei einem Zitat der bildenden Künste[22]) die Quellenangabe nur beschränkt möglich. Selbst wenn in der Überschrift einer Komposition auf eine Entlehnung hingewiesen wird, so können doch oft die Hörer, vor denen das Stück in einem Konzert oder im Rundfunk aufgeführt wird, nicht darauf aufmerksam gemacht werden, daß es sich bei diesem oder jenem Teil um ein Zitat handelt. Die meisten von ihnen sind auf musikalischem Gebiet nicht genügend bewandert, um ein fremdes Thema als solches zu erkennen, vielfach haben sie auch kein gedrucktes Exemplar zur Verfügung, aus dem sie die Quellenangabe entnehmen könnten. Es läßt sich daher nicht vermeiden, daß der Großteil des Publikums das angeführte Thema nicht als fremdes, geschweige denn als Schöpfung dieses oder jenes Komponisten erkennen wird. Die Zulässigkeit des Musikzitats macht es daher einem Komponisten verhältnismäßig leicht, sich durch Entlehnung gefälliger Themen und Melodien beim Publikum beliebt zu machen. Auch eine Auseinandersetzung mit fremden Gedanken spielt bei musikalischen Schöpfungen eine durchaus untergeordnete Rolle, manchmal allerdings mag sie einem Komponisten ein Bedürfnis sein. Trotz dieser Gründe, die gegen die Zulässigkeit des Musikzitats sprechen, wird man es aber im Interesse der Kunst nicht völlig verbieten dürfen. Das Zitat einer Melodie freilich, die ja bereits den individuellen Geist des Komponisten ausdrückt und daher ein Werkteil ist, mag sie vielleicht auch nur wenige Takte umfassen, sollte unzulässig sein. Die Übernahme einer Melodie entspricht einem Großzitat, das ja auch bei literarischen Werken für bloße künstlerische Zwecke nicht erlaubt ist[23]). Dagegen mag das Zitat von weniger charakteristischen Bestandteilen eines Werkes zugelassen werden, wobei das Gesetz aber klarstellen sollte, daß nur kleine Teile einer Komposition, die nicht wie die Melodie bereits eine in sich geschlossene Darstellung eines individuellen musikalischen Gedankens enthalten, entlehnt werden dürfen[24]).

---

[22]) So sagt Elster, Urheber- ... recht S. 185, man könne aus einem Bildwerk in einem anderen kaum zitieren, schon mangels der Möglichkeit, die Quelle deutlich anzugeben. Das geltende Gesetz schweigt darüber. Auch die Entwürfe behandeln den Fall nicht besonders.

[23]) Auch die Entw. wollen für bloße literarische Zwecke nur das Kleinzitat zulassen.

[24]) Dabei könnte ein solcher kleiner Teil als Thema oder Motiv bezeichnet werden. Mögen auch die Begriffe Thema, Motiv und Melodie in der Musikwissenschaft nicht klar umrissen sein, so sollte doch das Gesetz eine Definition

Neben dem Kleinzitat wird vom geltenden Recht in wissenschaftlichen Werken auch das Großzitat zugelassen (§ 19 Ziff. 2, § 21 Ziff. 2, § 23 LUG, § 19 I erster Halbsatz KUG). Danach dürfen z. B. in einem historischen Werk einzelne Reden oder kleinere Aufsätze, in einer Literaturgeschichte einzelne Gedichte wiedergegeben werden, in einer Kunstgeschichte können geschützte Bildwerke abgebildet werden, einem technischen Werk dürfen technische Zeichnungen eines anderen zur Erläuterung des Inhalts beigefügt werden. Der weitere Umfang der Entlehnungsfreiheit für wissenschaftliche Zwecke im Verhältnis zu künstlerischen erscheint als gerechtfertigt. Der Wissenschaft obliegt in erster Linie die Auseinandersetzung mit fremden Gedanken; zu deren Charakterisierung wird oft eine genaue Wiederholung notwendig sein. Man könnte allerdings daran denken, die Wiedergabe von der Zahlung eines Benutzungsentgelts abhängig zu machen. Wenn man aber erwägt, daß sich gerade der wissenschaftliche Autor oft in einer schlechten Vermögenslage befindet, daß ferner der wirtschaftliche Ertrag wissenschaftlicher Werke in der Regel gering ist und daß dem entlehnten Werk wohl kaum Konkurrenz gemacht wird, so ergibt eine Interessenabwägungen die Zulässigkeit[25]) der unentgeltlichen Benutzung.

Dagegen kann dies nicht für bloße Sammlungen, z. B. Anthologien gelten. Nach § 19 Ziff. 4 LUG dürfen in eine Sammlung geschützte Gedichte, Erzählungen, Novellen und dgl. aufgenommen werden, wenn die Sammlung einem eigentümlichen literarischen Zweck dient, d. h. wenn die Auswahl nach bestimmten übergeordneten Gesichtspunkten, nach einem leitenden Grundgedanken erfolgt. Allerdings muß vor der Aufnahme der Urheber, nicht jedoch sein Erbe befragt werden; dabei gilt seine Einwilligung als erteilt, wenn er nicht innerhalb eines Monats, nachdem ihm von der Absicht des Verfassers Mitteilung gemacht ist, Widerspruch erhebt. Der Erbe des Urhebers sowie ein Urheber, der sich verschweigt, haben also nach geltendem Recht bei einer Aufnahme eines Werkes in eine solche Sammlung nicht einmal einen Anspruch auf Vergütung. Eine solche Benachteiligung wird durch den in der Regel nur beschränkt schützenswerten Zweck einer solchen Sammlung, die ja oft mehr einem finanziellen als einem künstlerischen oder wissenschaftlichen Ziel dient, nicht gedeckt. Die Entwürfe wollen daher diese Ausnahme vom Urheberschutz mit Recht beseitigen[26]).

---

im obigen Sinne vornehmen. Für das Gesetz kann die Abgrenzung nur darin liegen, ob eine Tonfolge bereits die Individualität des Schöpfers ausdrückt oder nicht. Nach obiger Definition könnten z. B. die sogenannten Leitmotive Richard Wagners in einem anderen Werk zitiert werden. Sie setzen sich ja in der Regel nur aus wenigen Tönen zusammen und können daher noch nicht als Ausdruck der Individualität betrachtet werden, sie sind auch in sich noch keine geschlossene Einheit, sondern nur Bausteine eines musikalischen Gedankens.

[25]) Die Entwürfe (§ 34 Ziff. 2 Entw. 1932 und § 35 Ziff. 3 Entw. 1939) beschränken die Entlehnungsfreiheit in diesen Fällen richtigerweise auf einen durch den Zweck des wissenschaftlichen Werkes gerechtfertigten Umfang.

[26]) Art. 10 RBÜ überläßt die Regelung der Entlehnungsfreiheit den Verbandsländern.

c) Die Vertonungsfreiheit des Liedes

Das geltende Recht enthält noch eine weitere Beschränkung des Urheberrechts zugunsten künstlerischer Zwecke, die bei einer richtigen Interessenabwägung nicht aufrechterhalten werden kann. Es ist dies die Vertonungsfreiheit des Liedes. Darunter wird nicht etwa die Zulässigkeit der Vertonung eines Gedichts durch einen Komponisten zu seiner eigenen Freude und für seine persönlichen Zwecke verstanden, die natürlich aus dem Gesichtspunkt des persönlichen Gebrauchs als erlaubt anzusehen ist, sondern man meint damit die in § 20 in Verbindung mit § 26 LUG zugelassene Vervielfältigung, Verbreitung und öffentliche Aufführung eines vertonten Textes[27]. Der Verfasser eines lyrischen Gedichtes z. B. braucht nicht gefragt zu werden, wenn ein Komponist eine Melodie dazu schreibt und wenn er es mit der Melodie drucken[28], verbreiten und aufführen läßt. Das geltende Recht gewährt dem Dichter nicht einmal einen Anteil am Ertrag, den der Komponist damit erzielt.

Eine solche Zurücksetzung des Textdichters widerspricht den Grundsätzen der Gerechtigkeit und der Gleichbehandlung. Eine so weit gehende Entrechtung einer Kategorie von Urhebern ist bei der gegebenen Sachlage nicht zu vertreten. Diese Auffassung hat sich inzwischen wohl allgemein durchgesetzt. Die Entwürfe wollen daher dem Textdichter einen Anspruch auf einen angemessenen Anteil am Ertrag geben, den der Komponist mit dem Lied erzielt. Die Einwilligung des Textdichters zur Vervielfältigung, Verbreitung und Aufführung soll jedoch nicht erforderlich sein.

Aber auch diese Regelung stellt einen durch die Interessenlage nicht gerechtfertigten Eingriff in die Rechte des Textdichters dar. Es muß überhaupt seiner Bestimmung überlassen bleiben, ob er sein Gedicht vertont sehen möchte und welchem Komponisten er dieses Recht einräumen will. Dafür sprechen vor allem persönlichkeitsrechtliche Gründe. Mancher Dichter ist der Ansicht, daß sein Gedicht durch die Sprache allein wirken soll und daß es durch eine Vertonung nur verlieren würde, oder er will vielleicht wenigstens einen Komponisten auswählen, von dem er erwarten kann, daß er eine seinen Gedanken angemessene Melodie dazu schreiben wird. Dieses Selbstbestimmungsrecht, das aus der Schöpferwürde entspringt, darf dem Dichter nicht ohne Not genommen werden. Angesichts der vielen bereits gemeinfreien Texte, die für eine Vertonung zur Verfügung stehen, kann das Interesse der Komponisten, auch geschützte Texte für Lieder zu verwenden, nicht so hoch gewertet werden, daß dadurch eine Verletzung des Selbstbestimmungsrechts des Dichters gerechtfertigt werden könnte[28a].

---

[27]) Ausgenommen sind Dichtungen, die ihrer Gattung nach zur Komposition bestimmt sind, wie Schlagertexte, Opern- und Operettentexte. Ausgenommen ist ferner die Vervielfältigung durch mechanische Wiedergabe z. B. Schallplatten (vgl. § 20 II u. III LUG).

[28]) Dabei darf in Programmen, die für die Aufführung bestimmt sind, der Text sogar allein wiedergegeben werden (§ 20 I S. 2 LUG).

[28a]) Um Streitigkeiten vorzubeugen, sollte jedoch bestimmt werden, daß die Erlaubnis zur Vertonung, die der Textdichter gibt, im Zweifel als Einräumung des ausschließlichen Vertonungsrechts anzusehen ist.

Überhaupt sollte sich der Gesetzgeber davor hüten, die Kultur durch Zwang fördern zu wollen. Es mag sein, daß bei der Beseitigung der Vertonungsfreiheit manches Lied nicht entstehen wird, aber wissen wir, wieviele Gedichte nicht veröffentlicht werden, weil der Dichter sie vor der Vertonung bewahren möchte? Es mag auch sein, daß das kulturelle Leben durch die Schaffung eines Liedes bereichert würde, aber können wir sagen, wieviel an Innerlichkeit und Gefühlswärme verloren geht, wenn das vom Dichter in der Sprache gewählte Symbol seiner Gedanken durch eine Melodie überdeckt wird? Das Recht kann nicht kulturelle Wertungen vornehmen oder gar um eines kulturellen Wertes willen auf andere einen Zwang ausüben. Der einzige Wert, den das Recht im Interesse der Kultur fördern kann und soll, ist die Individualität und die Freiheit ihres Schaffens; denn soviel wissen wir, daß sie allein die Quelle des Kulturfortschritts ist, aber wir können nicht angeben, in welcher Richtung dieser liegt.

16. Kapitel

Beschränkungen zugunsten der Allgemeinheit

a) Das Verhältnis der Urheberinteressen zu den allgemeinen Interessen

Die geltenden Gesetze lassen unentgeltliche Entlehnungen nicht nur zugunsten von Kunst und Wissenschaft, sondern auch zugunsten der Allgemeinheit zu. Überhaupt muß sich der Urheber nach bestehendem Recht für öffentliche Belange Beschränkungen gefallen lassen, die vielfach einer Enteignung gleichkommen und die ihre Berechtigung weder aus der besonderen Natur des Geistigen noch aus einer objektiven Interessenabwägung herleiten können. Hier nun kann unseren Urhebergesetzen der Vorwurf eines Verstoßes gegen das Prinzip der materiellen Gerechtigkeit und gegen den Verfassungsgrundsatz der Gleichbehandlung aller nicht erspart werden. Die dem Urheber auferlegte Pflicht, sein Werk in weitem Umfang unentgeltlich für die Allgemeinheit zur Verfügung zu stellen, ist nur aus der überwundenen Privilegientheorie verständlich, die das Urheberrecht als ein vom Staat gewährtes und daher beliebig beschränkbares Vorrecht betrachtet. Demgegenüber wurde in den früheren Ausführungen auf Grund des Wesens und der Wirkungsweise des Geistes gezeigt, daß es sich hier um den ursprünglichsten Rechtstitel handelt, der einem Menschen überhaupt zustehen kann, nämlich um ein Recht an der eigenen Individualität, die jedem Menschen vom Schöpfer nur für ihn selbst mitgegeben wurde, und um ein Recht an den damit geschaffenen Werten. Der Urheber legt ja seine Persönlichkeit in das Werk hinein, sein Geist nimmt in ihm Gestalt an und findet in ihm Ausdruck. Nun bringt man allerdings vor[1]), daß doch der geistig Schaffende vieles aus dem Volk, aus dem Kulturgut

[1]) So Bußmann, GRUR 1953, 428.

der Nation schöpfe. Dies kann gewiß nicht geleugnet werden. Aber welcher Stand, welcher Beruf schöpft nicht aus diesem reichen Schatz? Woher nimmt der Arbeiter seine Fachkenntnisse, woher hat der Handwerker sein Können, woher kommen dem Kaufmann, dem Politiker, dem Rechtsanwalt, dem Arzt Wissen und Erfahrung? Und doch denkt man bei allen diesen Berufsklassen nicht daran, ihnen besondere Lasten zugunsten der Allgemeinheit aufzuerlegen und sie zu zwingen, ihre Erzeugnisse unentgeltlich für diesen oder jenen öffentlichen Zweck zur Verfügung zu stellen. Nicht einmal dem Erfinder, dem im Patent tatsächlich ein Vorrecht gewährt wird, das den Doppelerfinder entrechtet, werden unentgeltliche Lizenzen zugunsten der Allgemeinheit zugemutet (vgl. §§ 8, 15 PatG.).

Man kann auch nicht sagen, daß dem Urheber für das, was er aus dem Gemeingut geschöpft hat, ein besonderer wirtschaftlicher Wert zufließe, so daß es gerechtfertigt sei, ihm auch besondere Lasten aufzuerlegen. Wie wir oben dargelegt haben[29]), hat das Gemeingut, das allen zugänglich ist, keinen wirtschaftlichen Wert; niemand bezahlt für etwas, das er sich selbst mühelos beschaffen kann. Was den wirtschaftlichen Erfolg eines Werkes ausmacht, ist nicht das, was jeder aus den allgemeinen Quellen entnehmen kann, sondern es ist die individuelle Leistung, die das Verborgene aufgefunden, das Verstreute zusammengetragen und darüber hinaus vom eigenen Geist hinzugegeben hat. Nur der Wert der eigenen Leistung fließt dem Urheber zu, ihn aber kann er auf Grund jener vorgegebenen Ordnung, die in der Natur der Dinge liegt, als das Seine beanspruchen.

Nun sind allerdings Enteignungen im öffentlichen Interesse manchmal notwendig. Für diese Fälle hat sich aber auf dem Gebiet des materiellen Eigentums seit langem der Grundsatz der angemessenen Entschädigung durchgesetzt, der auch in Art. 14 BGG als Grundrecht verankert ist. Dem Urheber dagegen, dessen Rechtstitel dem des Sacheigentümers überlegen ist, werden vom Gesetz zahlreiche entschädigungslose Enteignungen auferlegt. Die besondere Tragik liegt dabei darin, daß diese Opfer nicht etwa einen reichen Berufsstand treffen, der sie leicht tragen kann, sondern den ärmsten[30]), der der besonderen Fürsorge des Gesetzgebers wert wäre.

Gerade bei der Regelung des Verhältnisses des Urhebers zur Allgemeinheit wird also jener den Interessen zugrunde liegenden objektiven Wertordnung, die den Maßstab der Gerechtigkeit bildet, besonders sorgfältig nachgespürt werden müssen.

b) Die Entlehnungsfreiheit für Kirchen-, Schul- und Gesangbücher

Eine Beschränkung des Urheberrechts zugunsten der Allgemeinheit, die dem Prinzip der materiellen Gerechtigkeit und der Gleichbehandlung aller widerspricht, ist die in § 19 Ziff. 3 und 4, § 21 Ziff. 3 LUG und in § 19 I KUG

[29]) Vgl. Kap. 6 d.
[30]) Vgl. Kap. 8.

enthaltene Entlehnungsfreiheit für Kirchen-, Schul- und Gesangbücher. Nach diesen Bestimmungen können z. B. einzelne Gedichte in Kommers- und sonstige Liederbücher, die Werke einer größeren Zahl von Autoren vereinigen, unentgeltlich übernommen werden. Ferner können einzelne Aufsätze, einzelne Gedichte oder kleinere Teile eines Schriftwerkes in Büchern abgedruckt werden, die für den Kirchen-, Schul- und Unterrichtsgebrauch bestimmt sind, also in Gebet-, Gesang- und Lesebüchern. Auch kleine Kompositionen dürfen in Schulbüchern wiedergegeben werden, wobei aber solche von Musikschulen ausgenommen sind. Es ist verständlich, wenn das Gesetz mit diesen Bestimmungen das Volkslied fördern und pflegen sowie Kirchen und Schulen begünstigen will; jedoch ist es nicht gerechtfertigt, daß der Staat diese kulturpolitischen Maßnahmen auf Kosten einzelner durchführt, sie müssen vielmehr von der Allgemeinheit getragen werden. Der Staat mutet bei der Herausgabe solcher Bücher weder dem Drucker, noch dem Verleger, noch dem Buchhändler irgendwelche Opfer zu, lediglich der Autor wird benachteiligt. Daß hierin ein Unrecht liegt, wird in den beteiligten Kreisen seit langem eingesehen, vielfach wird daher von den Verlegern den Autoren ohne gesetzliche Verpflichtung ein Entgelt gewährt[31]). Gerechtfertigt erscheint es lediglich, bei Sammlungen, die dem Kirchen- und Schulgebrauch, mit Ausnahme der Musikschulen, dienen, eine gesetzliche Lizenz einzuführen, so daß die Genehmigung des Autors zur Aufnahme einzelner seiner Werke in solche Sammlungen nicht erforderlich ist. Jedoch muß ihm in diesen Fällen eine angemessene Entschädigung gewährt werden. Dies ist auch der Standpunkt, den der Entwurf 1939 in § 36 einnimmt[32]).

c) Die Aufführungsfreiheit

Eine weitere Benachteiligung der Urheber, die von einem objektiven Standpunkt aus als Unrecht bezeichnet werden muß, enthält vor allem § 27 LUG, der in einer Reihe von Fällen die öffentliche Aufführung von musikalischen Werken unentgeltlich zuläßt. Dies gilt zunächst einmal für alle öffentlichen Aufführungen, wenn sie keinem gewerblichen Zweck dienen und die Hörer ohne Entgelt zugelassen werden (§ 27 Abs. 1 LUG). Durch diese Vorschrift werden besonders die Kirchen begünstigt. Sie brauchen für ihre Aufführungen bei Gottesdiensten und Begräbnissen kein Urheberentgelt zu zahlen. Eine solche Regelung erscheint bei oberflächlicher Betrachtung zunächst nicht als ungerecht, weil ja die Kirchen keinen Gewinn erzielen. Und doch muß man bedenken, daß es fremdes Eigentum ist, das hier benutzt wird, daß es die fremde im Werk niedergelegte Individualität ist, die ungefragt verwendet wird. Sicherlich schaffen die meisten Kirchenkomponisten ihre Werke aus Idealismus, aber ob das Gesetz ihnen einen solchen aufzwingen darf? Und ob nicht gute Komponisten aus Sorge um ihre Existenz und um das Wohl ihrer Familie von der Kirchenmusik abgedrängt werden und zur leichten Muse überschwenken? Schon mit Rücksicht

---

31) Vgl. Sülwald, Zum „Schulbuch-Paragraphen" in Musica, Heft 2/53.
32) Art. 10 RBÜ überläßt die Regelung in diesen Fällen den Verbandsländern.

hierauf sollten die Kirchen selbst nicht auf die Beibehaltung dieser Bestimmung drängen[33]). Überlegt man noch, daß Luther diejenigen, die seine Predigten und Schriften unbefugt nachdruckten, mit Räubern und Dieben verglichen hat[34]), so erscheint auch die ungenehmigte Aufführung von Kompositionen durch die Kirchen als bedenklich; denn daß jeder Komponist durch die Schaffung einer religiösen Komposition schon sein Einverständnis zu ihrer kostenlosen Aufführung erkläre, kann man nicht ohne weiteres unterstellen. Es ist auch nicht einzusehen, warum der Komponist für seine Arbeit, die er für religiöse Zwecke leistet, kein Entgelt erhalten soll, während doch der Pfarrer, der Kirchendiener und der Organist bezahlt werden. Sogar der Patentinhaber hat bei Benutzung seines Patents, z. B. eines Glockenläutewerkes für kirchliche Zwecke, einen Unterlassungs- und Schadensersatzanspruch[35]), obwohl das Patent in der Tat ein vom Staat gewährtes Vorrecht ist, während dem Urheber von vornherein nur ein Recht auf sein geistiges Eigentum zuerkannt wird. Auch der Komponist muß mit seiner Familie leben und hat daher ein Recht darauf, nicht nur von dem, der mit seinem Werk Gewinn erzielt, ein Entgelt zu erhalten, sondern auch von dem, der seine Arbeit ohne diese Absicht für sich benutzt.

Ebensowenig wie für kirchliche Feiern läßt sich die unentgeltliche Benutzung musikalischer Werke für sonstige öffentliche Aufführungen rechtfertigen, bei denen die Hörer ohne Entgelt zugelassen werden. In Frage kommen hier vor allem Schulfeiern, Aufführungen von Studentenorchestern, von Polizei- oder Militärkapellen und ähnliche Feiern[36]). Auch die Lehrer und Professoren an den Schulen werden ja bezahlt, auch der Gesang- und Musiklehrer, der das betreffende Schulorchester leitet, und selbst die Angehörigen der Polizei und des Militärs bekommen ihr Gehalt, warum wird der Komponist gezwungen seine Leistung für solche Zwecke umsonst zur Verfügung zu stellen[37])?

§ 27 LUG enthält aber noch wesentlich weitergehende Eingriffe in die Rechte des Urhebers als die bisher genannten, indem er auch manche

[33]) So sagt das KG in Ufita Bd. 15, 422: „Der Pflege der Kirchenmusik wird auch nicht dadurch gedient . . ., daß den Schöpfern solcher Musik die wirtschaftliche Möglichkeit, weiter zu schaffen genommen wird. Und der Umstand, daß die Aufführenden sich unentgeltlich zur Verfügung stellen, berechtigt sie nicht, zu verlangen, daß auch der Urheber der Musik ein Gleiches tue . . ."

[34]) Vgl. Kap. 9 b.

[35]) Vgl. Benkard, Patentgesetz und Gebrauchsmustergesetz, 2. Aufl., 1951, 91; Tetzner, Komm. z. Patentgesetz, 2. Aufl., 1951, 200; Reimer, Patentgesetz und Gebrauchmustergesetz, 1949, 282. Darüber, daß das Patent ein Vorrecht ist, vgl. oben Kap. 6 d Fußnote 19.

[36]) Auch öffentliche Aufführungen von Vereinen, soweit die Hörer ohne Entgelt zugelassen werden, zählen hierher. Vgl. Allfeld, LUG § 27 Anm. 5. Schon nach bisherigem Recht sind jedoch Aufführungen genehmigungspflichtig, bei denen zwar kein Eintritt erhoben wird, die aber einem gewerblichen Zweck dienen, wie Aufführungen in Gastwirtschaften, bei Betriebsfeiern, in Kurkonzerten u. ä.

[37]) Valerio de Sanctis, Urheberrecht und Interesse der Allgemeinheit, Ufita 1934, 254, sagt mit Recht, es sei nicht verständlich, daß man vom Urheber ein solches Opfer verlange, während man es weder vom Lehrer fordere, noch von dem Architekten, der das Schulhaus gebaut habe. v. Knieriem, in Festschrift f. Schlegelberger, 1936, 344, weist darauf hin, daß man auch dann, wenn man einen patentgeschützten Ofen im Schulgebäude aufstelle, dem Erfinder nicht zumute, auf materielle Ansprüche zu verzichten.

Aufführungen von der Urheberabgabe freistellt, die einem gewerblichen Zweck dienen und bei denen die Hörer Eintritt zahlen müssen. Dies gilt nach § 27 Ziff. 1 LUG für alle Aufführungen bei Volksfesten mit Ausnahme der Musikfeste. Zu diesen Volksfesten zählen nach der Rechtsprechung Kirchweihfeste, Erntefeste, der Fasching, das Oktoberfest, die Weinlese, Turn- und Schützenfeste usw.[38]). Diese Aufzählung von Festen, bei denen auch Tanzmusik aufgeführt werden darf, zeigt, wie weit die gesetzliche Enteignung, die dem Komponisten auferlegt wird, geht. Dabei weiß jeder, daß solche Volksfeste oft gerade dazu dienen, den beteiligten Gewerbetreibenden Gewinn zu bringen. Es ist durchaus nicht so, daß auch sie ihre Leistungen für die Zwecke der Volksbelustigung umsonst oder wenigstens besonders billig zur Verfügung stellen müssen. Wer z. B. als unbefangener Beobachter das Münchener Oktoberfest oder den Kölner Fasching besucht, wer sich in ein Bierzelt, in eine Schaubude oder in ein Karussell setzt, der kann sich des Eindrucks nicht erwehren, daß hier fast alles darauf angelegt ist, dem Volk für wenig Leistung das Geld aus der Tasche zu ziehen. Jedenfalls sind solche Feste durchaus von dem Motto beherrscht: leben und leben lassen. Nur der Komponist, der wie kaum ein zweiter durch sein Werk für die Hebung der Stimmung und der allgemeinen Freude sorgt, muß seine Leistung unentgeltlich zur Verfügung stellen. Eine solche Regelung kann weder aus dem Wesen des Geistigen noch auf Grund überwiegender Interessen gerechtfertigt werden. Denn unsere Analyse des Geistigen hat gezeigt, daß das Werk seinem Schöpfer als etwas Ureigenes zugehört. Das allgemeine Interesse der Volksbelustigung aber, um das es hier geht, wird auch den sonstigen Berufen gegenüber nicht so hoch gewertet, daß ihnen dafür materielle Opfer zugemutet werden. Die gegenwärtige gesetzliche Regelung verstößt also gegen den Grundsatz der Gleichheit aller vor dem Gesetz.

Eine weitere Ausnahmebestimmung zuungunsten der Komponisten enthält § 27 Ziff. 2 LUG. Danach sind öffentliche Aufführungen ohne Einwilligung des Berechtigten zulässig, wenn der Ertrag ausschließlich für wohltätige Zwecke bestimmt ist und die Mitwirkenden keine Vergütung für ihre Tätigkeit erhalten. Während in diesen Fällen die Mitwirkenden, der Dirigent und die Orchestermitglieder, es in der Hand haben, ob sie ihre Dienste unentgeltlich zur Verfügung stellen wollen, wird der Komponist ungefragt zur Wohltätigkeit gezwungen. Desbois[39]) wendet mit Recht gegen eine solche Bestimmung ein, daß auch die Urheber nicht ohne ihr Wissen zu einer Wohltätigkeitsveranstaltung herangezogen werden dürften, sonst wären sie die Dummen und müßten die Kosten der Freigebigkeit anderer tragen.

---

[38]) Vgl. Runge a. a. O. S. 80. Richartz, Schützenfeste und Musikaufführungsrecht, in Gema-Nachrichten Nr. 18.

[39]) a. a. O. S. 431. Ebenso sagt auch Kohler, Arch. civ. Prax. 85, 394: „Denn wenn ein wohltätiger Zweck den Autor veranlassen kann, die unentgeltliche Aufführung zu gestatten, so ist es doch nicht zulässig, sich ohne weiteres seiner zu solchen Zwecken zu bedienen."

Ungerechtfertigt ist auch die Bestimmung des § 27 Ziff. 3 LUG, die öffentliche Aufführungen ohne weiteres zuläßt, wenn sie von Vereinen veranstaltet werden und nur die Mitglieder sowie die zu ihrem Hausstand gehörigen Personen als Hörer zugelassen werden. Das Gesetz stellt solche Aufführungen frei, auch wenn die musizierende Kapelle dabei bezahlt wird, und ohne Rücksicht darauf, ob nur ein Unkostenbeitrag erhoben oder ein Überschuß erzielt werden soll. In der Regel dienen denn auch solche Vereinsveranstaltungen dazu, die Vereinskasse aufzufüllen. Der Komponist muß für diesen Zweck seine Leistung unentgeltlich zur Verfügung stellen. Das Gesetz bietet also Vereinen die Möglichkeit, ihren Vereinszweck durch fremde Leistung finanzieren zu lassen. Es mag sein, daß die Förderung des Vereinslebens im öffentlichen Interesse liegt, doch kann sie nicht auf Kosten eines einzelnen Berufsstandes erfolgen. Es wird ja auch weder dem Gastwirt, in dessen Lokal der Verein seine Versammlungen abhält, noch sonst jemandem zugemutet, seine Leistungen dem Verein unentgeltlich zu überlassen. Auch diese Bestimmung widerspricht also dem Prinzip der materiellen Gerechtigkeit. Hinzukommt, daß sie nur allzuoft für eine Gesetzesumgehung herhalten muß. Wie eine Reihe von Prozessen beweisen, wollen viele Vereine die gesetzlichen Vergünstigungen auch dann in Anspruch nehmen, wenn sie zu den Veranstaltungen nicht nur ihre Mitglieder und die zu ihrem Hausstand gehörigen Personen zulassen, sondern auch Gäste geladen haben oder überhaupt der ganzen Bevölkerung des Ortes Zutritt gewähren. Die Bestimmung ist daher weder ihrem materiellen Gehalt nach gerechtfertigt, noch dient sie dem Rechtsfrieden. Wenn man bedenkt, daß ein Verein sich gegen Zahlung einer geringen Gebühr, die in der Regel kaum 10,-- DM überschreiten wird[40]), von der Gema die Erlaubnis zur Aufführung sämtlicher geschützter Werke erholen kann, so erscheint die gesetzliche Bestimmung nicht als berechtigt. Die Vereinskasse kann die kleine Ausgabe ohne weiteres tragen, für die Urheber aber bedeutet sie bei der Vielzahl von Veranstaltungen eine merkliche Besserung ihrer Lage. Durch die Beseitigung der Bestimmung wird auch nicht etwa die private Musikpflege von Vereinen unnötig erschwert; denn solche nichtöffentliche Aufführungen sind für Vereine ebenso wie im Familienkreis ohnehin allgemein erlaubt[41]. Allerdings müßte Vorsorge getroffen werden, daß die Vereine darüber unterrichtet werden, daß öffentliche Aufführungen genehmigungspflichtig sind und bei wem sie diese Genehmigung erholen können. Dies könnte am einfachsten dadurch geschehen, daß den Verlegern ein entsprechender Aufdruck auf den Musikalien zur Pflicht gemacht wird. Zahlreiche Prozesse entstehen nur deshalb, weil in weiten Kreisen die Ansicht herrscht, der Kauf der Noten berechtige auch zur öffentlichen Aufführung des Stückes. Es wurde schon oben dargelegt[42]), daß mit dem Entgelt für die Noten die Erlaubnis zur öffentlichen

---

[40]) Vgl. die Tarife der Gema, die im Bundesanzeiger vom 4. 8. 1952 Nr. 156 S. 6 veröffentlicht sind.

[41]) Zur Abgrenzung der öffentlichen von der nichtöffentlichen Aufführung bei Vereinen vgl. Ulmer a. a. O. S. 139.

[42]) Vgl. oben Kap. 13 d 1.

Aufführung nicht verbunden werden kann, weil sonst derjenige Käufer, der die Noten nur für den häuslichen Gebrauch verwenden will, ebensoviel zahlen müßte wie eine Tanzkapelle, die die Stücke immer wieder öffentlich spielt.

Eine zusammenfassende Würdigung des § 27 LUG ergibt also, daß die dort geschützten Interessen der Allgemeinheit das den Urhebern zugemutete Opfer nicht rechtfertigen können. Da das Gesetz zugunsten dieser Interessen anderen beteiligten Berufsklassen nicht ähnliche Opfer auferlegt, bedeutet die Bestimmung einen Verstoß gegen den Grundsatz der Gleichbehandlung aller. Vertretbar erscheint höchstens für einzelne Fälle die Einführung einer gesetzlichen Benutzungserlaubnis gegen angemessenes Entgelt. Auf der Brüsseler Konferenz der Verbandsstaaten der Berner Übereinkunft wurde in Art. 11 das ausschließliche Aufführungsrecht der Komponisten ohne jede Ausnahme jure conventionis anerkannt. Lediglich im Rapport Général wurde dazu klargestellt, daß dadurch einzelne kleine Beschränkungen durch die nationalen Gesetzgebungen nicht ausgeschlossen werden sollen[43]). Es kann aber kein Zweifel darüber bestehen, daß die umfangreichen Beschränkungen des § 27 LUG der Konvention widersprechen. Das kommende Gesetz wird daher die Aufgabe haben, den bisherigen Rechtszustand nicht nur mit den Forderungen des Gerechtigkeitsprinzips, sondern auch mit den internationalen Vereinbarungen in Einklang zu bringen[44]).

Neben § 27 LUG stellt vor allem § 22 a LUG einen schweren Eingriff in die Rechte der Komponisten und Textdichter dar. Diese durch die Novelle von 1910 ins Gesetz eingefügte Bestimmung gestattet es, mechanische Wiedergabevorrichtungen, wie insbesondere Schallplatten und neuerdings auch Tonbandaufnahmen ohne eine weitere Erlaubnis zu öffentlichen Aufführungen zu benützen. Diese Bestimmung bedeutet eine Ungerechtigkeit sowohl gegenüber dem Urheber wie auch gegenüber dem privaten Schallplattenkäufer, darüber hinaus ergibt sich aus ihr eine besondere Gefahr für die ausübenden Musiker. Die öffentliche Schallplatten- und Tonbandwiedergabe ersetzt heute weitgehend in Kaffees, Restaurants und Hotels die Aufführung durch eine Musikkapelle. Während der Unternehmer bei letzterer eine Urhebertantieme entrichten muß, ist er bei ersterer dazu nicht verpflichtet. Zahlreiche Betriebe sind daher dazu übergegangen, die

[43]) Zu den hierüber geführten Debatten und über die Zweifel, die die Auslegung dieses Kompromisses ergibt, vgl. Baum, GRUR 1949, 16 ff.

[44]) Das neue Urhebergesetz soll ja vor allem auch dem Zweck dienen unser Urheberrecht der Brüsseler Fassung der RBÜ anzupassen. § 41 des Entw. 1932 und noch mehr § 39 des Entw. 1939 wollen die Aufführungsfreiheit wesentlich einschränken. Doch sollte, wie oben dargelegt wurde, auch bei Aufführungen für kirchliche, schulische und ähnliche Zwecke nur eine gesetzliche Lizenz mit der Verpflichtung zu einer angemessenen Vergütung des Autors festgelegt werden. Auch die in § 41 Ziff. 1 Entw. 1932 enthaltene Ausnahme zugunsten von Leierkasten u. Musikautomaten erscheint als nicht gerechtfertigte Durchbrechung des Prinzips, mögen auch vielleicht die Urheber selbst an einer Einnahme in diesen Fällen nicht interessiert sein. Es mag ihnen daher überlassen bleiben, die Einwilligung zu erteilen.

Musikkapelle durch eine moderne Lautsprecheranlage[45]) zu ersetzen. Es wird dadurch nicht nur die Ausgabe für die Kapelle, sondern auch das Entgelt für den Komponisten gespart. Vom Standpunkt einer gerechten Interessenabwägung besteht kein Grund, den Gastwirt, der in der Regel sogar für das Schallplattenkonzert einen Zuschlag auf Speisen und Getränke erhebt oder wenigstens durch die Musik, also durch die Leistung des Komponisten Gäste anlockt und dadurch seinen Umsatz steigert, von der Abgabe für den Urheber zu entbinden. Es mag sein, daß manche kleine Gaststätten sich selbst nicht in der besten wirtschaftlichen Lage befinden, aber dies gibt ihnen kein Recht, ihren Gewinn durch Benutzung fremder Leistung zu erhöhen. Die Bestimmung bedeutet aber auch eine Ungerechtigkeit gegenüber dem privaten Schallplattenkäufer[46]); dieser muß für eine Schallplatte, die er vielleicht nur gelegentlich im häuslichen Kreise benützt, ebensoviel bezahlen wie der Gastwirt, der sie in seinen Gasträumen immer wieder spielen läßt und damit Gewinn erzielt. Diese Regelung widerspricht dem Grundsatz, daß jede Verwertung eines Werkes, durch die ein neuer Verbraucherkreis geschaffen wird, besonders bezahlt werden muß, weil sonst der normale Verbraucher den Großverbrauch der übrigen mitfinanzieren muß.

Die Ungerechtigkeit, die in der Aufführungsfreiheit des § 22 a liegt, hat sich vor allem beim Aufkommen des Rundfunks gezeigt. Auch die Sendegesellschaften haben für sich das Recht in Anspruch genommen, zu gewöhnlichem Preis gekaufte Schallplatten beliebig oft für Rundfunkaufführungen zu verwenden, obwohl sie damit das Werk einem ungleich größeren Verbraucherkreis zugänglich machten als der Gastwirt oder gar der private Käufer. Das RG[47]) hat mit Recht trotz des entgegenstehenden Gesetzeswortlauts die Rundfunkaufführungen nicht als öffentliche Aufführungen im Sinne von § 22 a LUG betrachtet, weil die Wirkung einer üblichen Schallplattenwiedergabe, etwa in einer Gastwirtschaft, gegenüber der Rundfunkwiedergabe so verschieden sei, daß eine Gleichstellung unbillig wäre. Dasselbe muß aber auch im Verhältnis einer Schallplattenwiedergabe im häuslichen Kreis zur öffentlichen Aufführung gelten[48]).

d) Die Informationsfreiheit

Auch im Interesse einer schnellen und vollständigen Information der Öffentlichkeit enthält das geltende Recht eine Reihe von Beschränkungen des Urheberrechts. Keine Bedenken bestehen gegen die in § 16 LUG ge-

---

[45]) Durch Urteil vom 6. 11. 1953 hat nun der BGH ein uneingeschränktes Verbot der öffentlichen Wiedergabe von Schallplatten und ähnlicher mechanischer Vorrichtungen ausgesprochen, wenn diese durch einen oder mehrere mit dem Wiedergabegerät gekoppelte Lautsprecher erfolgt.

[46]) Über die Gefahr, die die öffentliche Schallplattenaufführung für den ausübenden Musiker bedeutet, vgl. unten Kap. 22 a.

[47]) RGZ 153, 25.

[48]) Die Beseitigung des § 22 a ist auch im Hinblick auf die Bestimmung des Art. 13 RBÜ erforderlich, die eine Beschränkung der ausschließlichen Aufführungsbefugnis des Urhebers mittels mechanischer Vorrichtungen nur gegen angemessene Vergütung zuläßt.

regelte Zulässigkeit der Vervielfältigung von amtlichen, zum amtlichen Gebrauch hergestellten Schriften, wie Gesetzbüchern, Verordnungen, amtlichen Erlassen und Entscheidungen. Jedoch sollten diese Schriften nicht, wie die Entwürfe vorschlagen, vollständig vom Schutz des Urheberrechts ausgeschlossen werden. Gerade bei Entscheidungen sollte dem Richter die Möglichkeit, einer verstümmelten oder entstellten Wiedergabe auf Grund seines Persönlichkeitsrechts entgegenzutreten, nicht genommen werden, wie schon früher betont wurde.

In weitem Umfang wird in § 17 LUG die Wiedergabe und Vervielfältigung von Vorträgen und Reden zugelassen, die Gegenstand einer öffentlichen Verhandlung sind oder bei Verhandlungen der Gerichte, der politischen, kommunalen und kirchlichen Vertretungen gehalten werden[49]. Diese Vorträge sind schon ihrer Natur nach für die breite Öffentlichkeit bestimmt, an ihrem Inhalt sind alle interessiert, die Freiheit der Wiedergabe erscheint daher gerechtfertigt[50]. Jedoch ist eine gewisse Einschränkung der Bestimmung des § 17 für wissenschaftliche Vorträge angebracht, die auf Kongressen und Tagungen gehalten werden. Dem Bedürfnis nach Information wird genügt, wenn der Abdruck des wesentlichen Inhalts gestattet wird. Die Wiedergabe des vollen Wortlauts sollte schon aus persönlichkeitsrechtlichen Gründen dem Vortragenden selbst vorbehalten bleiben. Er muß die Möglichkeit haben, den Stil der freien Rede in den der Schrift umzugießen, außerdem kommt es gerade bei wissenschaftlichen Vorträgen oft auf eine genaue Wiedergabe an und schließlich besteht auch keine Veranlassung, dem Verfasser das Honorar für den Abdruck in einer Zeitschrift durch das Gesetz zu nehmen[51].

Dem öffentlichen Bedürfnis nach schneller und umfassender Information soll vor allem die Bestimmung des § 18 LUG dienen, die den Abdruck von Zeitungsartikeln regelt. Nach dieser Bestimmung sind Ausarbeitungen wissenschaftlichen, technischen oder unterhaltenden Inhalts immer gegen Abdruck geschützt, sonstige Artikel dagegen nur, wenn sie mit einem Vorbehalt der Rechte versehen sind. Danach dürfen also vor allem Artikel, die Tagesfragen behandeln, sei es auf dem Gebiet der Politik, der Wirtschaft oder des religiösen Lebens unter der angegebenen Voraussetzung in andere Zeitungen übernommen werden[52]. § 18 Abs. III LUG bestimmt ferner, daß vermischte Nachrichten tatsächlichen Inhalts und Tagesneuigkeiten aus Zeitungen und Zeitschriften stets abgedruckt werden dürfen.

---

[49]) Dabei läßt § 17 Ziff. 1 nur die Wiedergabe in Zeitungen und Zeitschriften zu, während § 17 Ziff. 2 auch die Vervielfältigung in anderen Schriften gestattet.

[50]) Die Entwürfe (§ 32 Entw. 1932 u. § 32 Entw. 1939) enthalten ähnliche Vorschriften wie § 17 LUG, jedoch dehnt der Entwurf 1939 die Wiedergabefreiheit in Zeitungen und Zeitschriften auch auf solche Vorträge und Reden aus, die Gegenstand einer amtlichen Kundmachung sind, so daß auch Reden bei öffentlichen Feiern abgedruckt werden können.

[51]) Vgl. Neumann-Duesberg, Das gesprochene Wort im Urheber- und Persönlichkeitsrecht, 1949, 91 ff.; Ulmer a. a. O. S. 170.

[52]) Die Entw. formulieren im Anschluß an Art. 9 RBÜ die Vorschrift klarer, indem sie den Kreis der Artikel umschreiben, die abgedruckt werden dürfen, falls kein Vorbehalt angebracht ist. Außerdem lassen sie den Abdruck auch in Zeitschriften zu; aber auch die Wiedergabe durch den Rundfunk sollte ausdrücklich erlaubt werden.

Diese Bestimmung entspricht unseren früher aufgestellten Grundsätzen, daß an Tatsachen und Inhalten des menschlichen Lebens kein Urheberrecht besteht, weil sie Allgemeingut sind. Darauf, daß für Nachrichten trotzdem ein Leistungsschutz angebracht ist, soll erst weiter unten eingegangen werden. Im Einzelfall kann es nun sein, daß Nachrichten tatsächlichen Inhalts in eine besonders ansprechende oder sonstwie individuelle Form gegossen wurden. Hier muß die Formgebung nach den allgemeinen Grundsätzen Urheberschutz genießen, so daß also zwar der Inhalt abgedruckt werden kann, während die individuelle Form nicht mit übernommen werden darf. Für die Befriedigung des öffentlichen Informationsbedürfnisses genügt es, wenn die Tatsachen ihrem Sinne nach wiedergegeben werden, die vielleicht gefällige, besonders ansprechende Form kann dem Urheber vorbehalten bleiben[53]).

Auch außerhalb des LUG und KUG befindet sich noch eine Bestimmung, die dem öffentlichen Interesse an der Information dient. Sie ist im sogenannten Wochenschaugesetz vom 30. 4. 1936 (RGBl. I S. 404) enthalten[54]). Dieses Gesetz gestattet den von der Reichsfilmkammer zur Herstellung von Filmberichten zugelassenen Unternehmen[55]), für Zwecke der Filmberichterstattung urheberrechtlich geschützte Werke, die im Verlauf der festgehaltenen Vorgänge für Auge und Ohr wahrnehmbar werden, auf Bild- oder Schallvorrichtungen zu übertragen und diese zu vervielfältigen, zu verbreiten und öffentlich wiederzugeben. Auf der Brüsseler Revisionskonferenz der RBÜ vom 26. 6. 1948 wurde in Art. 10 bis eine Bestimmung aufgenommen, die den Landesgesetzgebungen ermöglicht, die Wiedergabe kurzer Bruchstücke aus geschützten Werken für Zwecke der Berichterstattung durch Kinematographie und Rundfunk wiederzugeben[56]). Ohne Zweifel handelt es sich hier um eine Bestimmung, die berechtigten öffentlichen Belangen Rechnung trägt. Es ist wohl nicht notwendig, eine solche Berichterstattung von der Zahlung eines Urheberentgelts abhängig zu machen, da ja der Zweck nicht darin besteht, den Hörern und Zuschauern das Werk in allen Einzelheiten zu schildern oder wiederzugeben und dadurch den Besuch einer Aufführung, eines Vortrags oder einer Vorführung zu ersetzen, sondern nur darin, sie über Tagesereignisse aufzuklären und vielleicht auf die Werke hinzuweisen. In der Regel wird hierin mehr eine Reklame zugunsten der Urheber liegen als eine Benutzung ihrer Leistung. Mit Recht sehen daher auch die Entwürfe eine solche Wiedergabe- und

---

[53]) Die Frage ist für das geltende Recht streitig. Riezler a. a. O. S. 264 und Allfeld, LUG § 18 Anm. 17, halten den getreuen Nachdruck auch bei individueller Formgebung für zulässig. A. A. Ulmer a. a. O. S. 171; Kohler, Schriftwerksrecht S. 193; De Boor, Urheber und Verlagsrecht S. 112.

[54]) Vgl. Becker, Urheberrechtliche Fragen zur Filmberichterstattung, GRUR 1952, 442.

[55]) Über die Fortgeltung dieses Gesetzes vgl. Ulmer a. a. O. S. 174; Runge, a. a. O. S. 730.

[56]) Nach dem früheren Text der RBÜ war es zweifelhaft, ob das Wochenschaugesetz ihr nicht widersprach.

Vervielfältigungsfreiheit für Rundfunk- und Filmberichte vor, doch sollte sie auf einen durch den Zweck der Berichterstattung gerechtfertigten Umfang beschränkt werden[57]).

e) Beschränkungen mit Rücksicht auf die öffentliche Sicherheit und die guten Sitten

Eine Notwendigkeit, das Urheberrecht in gewissem Umfang zu begrenzen, ergibt sich auch für Zwecke der öffentlichen Sicherheit und Ordnung. So bestimmt schon § 24 KUG, daß für Zwecke der Rechtspflege und der öffentlichen Sicherheit von den Behörden Bildnisse ohne Einwilligung des Berechtigten, d. h. des Urhebers und seines Rechtsnachfolgers[58]), vervielfältigt, verbreitet und öffentlich zur Schau gestellt werden dürfen[59]).

Im geltenden Recht, wie übrigens auch in den Entwürfen, fehlt aber eine Bestimmung bezüglich solcher Werke, die gegen die guten Sitten verstoßen. Vielfach wird daher die Ansicht vertreten[60]), daß das Urheberrecht an unsittlichen Werken, z. B. an Schmutz- und Schundliteratur, keiner Beschränkung unterworfen sei. Dies müsse um so mehr gelten, als die Anschauungen über das Unsittliche dem Wandel der Zeiten ausgesetzt seien; ein objektiver Beurteilungsmaßstab sei daher nicht gegeben. Außerdem würde gerade eine Verweigerung des Urheberrechts an unsittlichen Werken dazu führen, daß sie von jedermann ungehindert verbreitet werden dürften.

In der Tat handelt es sich hier um ein schwer zu lösendes Problem. Man wird dabei erwägen müssen, daß das Urheberrecht als absolutes Recht zwei große Gruppen von Befugnissen verleiht: einmal die negative Befugnis, anderen die Verwertung des Werkes, insbesondere die Vervielfältigung, Verbreitung und Wiedergabe zu verbieten, andererseits aber auch die positive Befugnis, es auf jede Art zu benutzen und zu verwerten, insbesondere es zu vervielfältigen, zu verbreiten und öffentlich wiederzugeben. Wenn man bedenkt, daß § 184 StGB und das Gesetz über die Verbreitung jugendgefährdender Schriften vom 9. 6. 1953 (RGBl. I S. 377) die Verbreitung unzüchtiger Schriften und Abbildungen mit Strafe bedrohen, so kann das Urhebergesetz nicht ein ausdrückliches Recht zu einer solchen Verbreitung gewähren. Die einheitliche Rechtsordnung würde sich sonst in einen logischen Widerspruch verwickeln, sie würde die Grundlagen, auf denen sie steht, selbst untergraben. An unsittlichen Werken können daher keine positiven Verwertungsbefugnisse gewährt werden, sondern nur die

---

[57]) Während Art. 10 *bis* RBÜ die Wiedergabemöglichkeit auf kurze Bruchstücke von Werken der Literatur oder Kunst begrenzt, enthält der Entw. 1939 (§ 34) keine solche Beschränkung. Nun wird es bei Werken der bildenden Künste oft nicht möglich sein, nur Bruchstücke wiederzugeben. Es wird daher die im Text gewählte Formulierung vorgeschlagen.

[58]) Auch das Recht des Abgebildeten und seiner Angehörigen am eigenen Bild unterliegt dieser Beschränkung.

[59]) Ähnlich § 43 III Entw. 1932 u. § 42 III Entw. 1939.

[60]) Vgl. Ulmer a. a. O. S. 83; Allfeld, LUG § 1 Anm. 4 b; Neumann-Duesberg, Das gesprochene Wort ... S. 65. A. A. Kohler, Kunstwerkrecht S. 30, Urheberrecht ... S. 160. Vgl. auch RGZ 65, 42.

negativen Befugnisse, andere von einer solchen Verwertung auszuschließen[61]).

Zu demselben Ergebnis führt auch ein Zurückgreifen auf die hinter der Rechtsordnung stehende sittliche Wertordnung. Das Recht muß zwar grundsätzlich den Wert der Individualität, der im Werk realisiert ist, schützen und zwar ohne Rücksicht darauf, ob das Werk vom kulturellen Standpunkt aus wertvoll ist oder nicht, weil das Recht für eine kulturelle Beurteilung nicht zuständig ist. Aber die Individualität kann dort keinen Schutz verlangen, wo sie dem Unsittlichen dient, wo sie die öffentliche Ordnung und die Grundsätze des menschlichen Zusammenlebens verletzt, wo also der Wert der Individualität durch die ihr gleichzeitig anhaftenden Unwerte in den Schatten gestellt wird[62]). Die Rechtsordnung kann nun zwar darauf verzichten, menschliche Handlungen vom kulturellen Standpunkt aus zu beurteilen, aber sie kann nicht davon absehen, jenes ethische Minimum durchzusetzen, auf dem allein eine Gemeinschaft möglich ist. Soweit dieses ethische Minimum auf dem Spiele steht, muß sie also auch sittliche Wertungen vornehmen und ihren Schutz und ihren Zwang davon abhängig machen[63]). Freilich kann es sein, daß diese Wertung jener objektiven, vorgegebenen Ordnung nicht entspricht, und die Geschichte zeigt tatsächlich, daß sich auch bezüglich des Erlaubten und Unerlaubten die Anschauungen gewandelt haben, aber das Recht hat keine andere Möglichkeit, als seine Ordnung auf dem allgemeinen sittlichen Bewußtsein der Zeitgenossen aufzubauen. Der einzelne, der eine davon abweichende sittliche Anschauung hat, mag also sein Werk schaffen, aber er kann nicht verlangen, daß ihm das Gesetz eine Befugnis zur öffentlichen Verbreitung und Wiedergabe gibt und daß es ihn hierbei schützt. Eine spätere Zeit mag vielleicht anders urteilen, aber das Risiko, das in einer Abweichung von den sittlichen Mindestanschauungen der Zeitgenossen liegt, und die damit vielleicht verbundene Tragik kann dem einzelnen nicht abgenommen werden.

17. Kapitel

Beschränkungen zugunsten von Industrie, Rundfunk und Gewerbe

a) Die Zwangslizenz für die Schallplattenindustrie

Neben den Beschränkungen zugunsten öffentlicher Belange kennt das LUG auch solche für einzelne Wirtschaftskreise. So bestimmt § 22 LUG, daß Komponisten und Textdichter, die einem anderen die Erlaubnis zur mechanischen Vervielfältigung ihres Werkes erteilt haben, diese Erlaubnis auch jedem Dritten auf dessen Verlangen gegen angemessene Entschädigung geben müssen. Dies bedeutet eine sogenannte Zwangslizenz für die

[61]) Ebenso Piola Caselli a. a. O. S. 185.

[62]) Daß beim Menschen Wertvolles mit Wertwidrigem in mannigfacher Mischung verbunden ist, ist allgemeine Lebenstatsache.

[63]) Über das Verhältnis von Recht und Sittlichkeit vgl. mein Persönlichkeitsrecht S. 71 ff.

Schallplattenindustrie und für die Hersteller sonstiger mechanischer Wiedergabevorrichtungen, z. B. von Tonbändern. Das Gesetz beabsichtigt damit die Monopolbildung für die Herstellung solcher Vorrichtungen in der Hand eines einzelnen Industrieunternehmens zu verhindern. Die praktische Bedeutung dieser Vorschrift ist gering[1]); denn die Komponisten und Textdichter übertragen ihre Rechte zur mechanischen Vervielfältigung ihres Werkes auf die der Gema angegliederte Anstalt für mechanische Rechte (Amre), die den verschiedenen Industrieunternehmen die Erlaubnis zur Aufnahme der Werke der ihr angeschlossenen Urheber auf mechanische Vorrichtungen erteilt. Da die Gema ohnehin nach den allgemeinen Vorschriften des BGB auf Grund ihrer Monopolstellung einem Kontrahierungszwang unterliegen dürfte[2]), ist die Zwangslizenz des § 22 nicht notwendig. Auch ohne diese Bestimmung werden den einschlägigen Industriezweigen genügend Werke zur Aufnahme auf Schallplatten und sonstige Tonträger zur Verfügung stehen. Andererseits kann aber die Bestimmung des § 22 für den einzelnen Urheber eine unbillige Belastung bedeuten. Er hat vielleicht dem Rundfunk die Wiedergabe seines Werkes gestattet, wobei es für Sendezwecke auf Tonband aufgenommen wurde, möchte aber nicht, daß es auf Schallplatten festgelegt wird, weil er es dazu nicht für geeignet hält; nun könnte er aber trotzdem nach § 22 LUG zur Erteilung der Erlaubnis gezwungen werden.

Überhaupt erscheinen Zwangslizenzen für die Interessen einzelner Gewerbezweige als bedenklich[3]), sie sollten nur für die Durchsetzung öffentlicher Belange Verwendung finden; denn normalerweise kann im menschlichen Zusammenleben der einzelne nicht zugunsten gewerblicher Zwecke eines anderen in der Verfügungsmacht über sein Eigentum beschränkt werden. Es handelt sich hier um gleichwertige Interessen, die sich gegenüberstehen. Der eine versucht sein Eigentum möglichst günstig zu verwerten und zu gebrauchen, der andere versucht in seinem Betrieb Gewinn zu erzielen. Das Interesse des Gewerbetreibenden kann nicht so hoch eingeschätzt werden, daß das Eigentum zurücktreten müßte. Lediglich dort, wo es sich vielleicht um überwiegende Zwecke oder um Existenzfragen handelt oder wo öffentliche Interessen hereinspielen, können der Verfügungsfreiheit des Eigentümers Grenzen gezogen werden. Nicht anders ist das Verhältnis des Urhebers zur Schallplattenindustrie. Er steht dieser ebenso als Eigentümer gegenüber wie der Lieferant, der das Rohmaterial für die Platten liefert. Auch ihm wird kein Lieferzwang auferlegt. Nicht einmal der Patentinhaber, der vielleicht ein neues Aufnahmeverfahren entwickelt hat, wird durch eine Zwangslizenz für private Interessen beschränkt (vgl. § 15 PatG). Warum soll der einzelne Urheber gezwungen werden, sein Werk jedem Beliebigen für die Schallplattenaufnahme zur Verfügung zu stellen? Hierzu bestünde höchstens ein Anlaß, wenn es sich um Existenzfragen der mechanischen Industrie handeln würde; dies ist

---

1) Vgl. Voigtländer-Elster-Kleine a.a. O. § 22 Anm. 3.

2) Vgl. Ulmer a. a. O. S. 186 und die dort angegebene Literatur.

3) Ulmer a. a. O. S. 187 betont, daß Zwangslizenzen und gesetzliche Lizenzen grundsätzlich Ausnahmeerscheinungen bleiben müssen.

aber schon deshalb nicht der Fall, weil sie von der Amre hinreichend mit Werken, deren Urheber mit der Aufnahme einverstanden sind, versorgt wird. Es kann also dem einzelnen Urheber seine Verfügungsfreiheit belassen werden[4]).

b) Beschränkungen für Rundfunkanstalten und private Betriebe

Aus demselben Grund ist es auch nicht notwendig, zugunsten des Rundfunks eine Zwangslizenz oder gesetzliche Lizenz[5]) vorzusehen, obwohl der Rundfunk, seitdem an die Stelle der früheren privaten Sendegesellschaften gemeinnützige Anstalten des öffentlichen Rechts getreten sind[6]), nicht private Erwerbszwecke verfolgt, sondern öffentlichen Interessen dient. Es wird den einzelnen Rundfunkanstalten wie bisher auch in der Zukunft nicht allzu schwierig sein, von den Verwertungsgesellschaften die Genehmigung zur Rundfunkübertragung zu erhalten, zumal diese Gesellschaften, wie erwähnt, einem Kontrahierungszwang unterliegen. Dem einzelnen Urheber kann also sein aus der Schöpferwürde fließendes Selbstbestimmungsrecht darüber, ob er sein Werk durch den Rundfunk senden oder vielleicht einer Aufführung im Konzert- oder Theatersaal vorbehalten möchte, belassen werden[7]); es wird genügend Werkschöpfer geben, die ihr Werk gerne für Sendezwecke zur Verfügung stellen. Außerdem kann der Rundfunk ja jederzeit auf die große Zahl gemeinfreier Werke zurückgreifen.

Auch die in § 45 des Entwurfs 1932 vorgesehenen freien Werknutzungen in Geschäftsbetrieben, die der Herstellung oder dem Vertrieb von Bild- oder Schallvorrichtungen oder Rundfunkgeräten dienen, sind abzulehnen. Es ist heute üblich geworden, daß diese Betriebe stundenlang vom Schaufenster aus Lautsprechervorführungen für Werbezwecke veranstalten. Aber auch soweit sie nur im Ladeninneren Schallplatten- oder Rundfunksendungen vorführen, benutzen sie damit fremde Leistungen, um Gewinn zu erzielen. Es ist daher angemessen, daß sie sich durch Zahlung einer Urheberabgabe die Erlaubnis für solche Aufführungen verschaffen. Die Bestimmung wurde daher mit Recht vom Entwurf 1939 nicht übernommen.

---

[4]) Die Entwürfe wollen die Zwangslizenz zur Herstellung von Schallvorrichtungen beibehalten. Art. 13 RBÜ überläßt die Regelung den Landesgesetzgebungen, jedoch darf der Anspruch auf eine angemessene Entschädigung nicht beeinträchtigt werden.

[5]) Der Unterschied ist folgender: bei der Zwangslizenz hat der Dritte nur einen im Rechtswege verfolgbaren Anspruch gegen den Urheber auf Einräumung der Erlaubnis, bei der gesetzlichen Lizenz dagegen wird dem Dritten die Befugnis zur Benutzung des Werkes unmittelbar durch das Gesetz verliehen.

[6]) Vgl. zu dieser Entwicklung des Rundfunkwesens Hubmann, Der Schutz der Rundfunksendung gegen unbefugte Verwertung, GRUR 1953, 316.

[7]) Auch die Begründung zum Entw. 1939 (GRUR 1939, 266) sagt, eine Rundfunkzwangslizenz sei kaum mit dem Grundsatz vereinbar, daß es Sache des Urhebers sein müsse, zu bestimmen, ob und in welcher Form sein Werk der Allgemeinheit zugänglich gemacht werden solle.

Ebenso sind die in den §§ 47, 48 und 49 des Entwurfs von 1932[8]) enthaltenen Zwangs- und gesetzlichen Lizenzen zur Benutzung von Schallvorrichtungen, von Rundfunksendungen und bei kinematographischen Erzeugnissen nicht nötig, da es den betreffenden Gewerbebetrieben und Unternehmen ohne weiteres möglich ist, sich die Erlaubnis zur Benutzung von Werken im Vertragswege zu beschaffen. Dagegen bestehen keine Bedenken gegen die in den Entwürfen[9]) enthaltenen Vorschriften, die bei Werken der bildenden Künste, die zur Zwangsversteigerung bestimmt sind, die öffentliche Schaustellung zulassen und bei solchen, die sich auf Ausstellungen befinden oder die öffentlich versteigert werden sollen, die Aufnahme in Kataloge gestatten. Diese Maßnahmen sind zur Erzielung eines angemessenen Preises für die einzelnen Werkstücke erforderlich. Sie liegen daher in der Regel auch im Interesse des einzelnen Künstlers, vor allem dann, wenn das Folgerecht, wie vorgeschlagen, eingeführt wird.

18. Kapitel

Schutzfrist und Kulturabgabe

a) Die Begründung der befristeten Schutzdauer

Die bei weitem einschneidendste Beschränkung, die dem Urheberrecht herkömmlicherweise auferlegt wird, ist die begrenzte zeitliche Schutzdauer. Während nach unserer Rechtsordnung das Eigentum ewig und für alle Zeiten unantastbar ist und selbst auf die fernsten Geschlechter vererbt werden kann, setzt sie dem Urheberrecht eine zeitliche Grenze, nach deren Ablauf es erlischt. Seit der Novelle von 1934 endigt die Schutzdauer bei uns grundsätzlich 50 Jahre nach dem Tode des Urhebers[1]). Nach Ablauf dieser Zeit werden die Werke gemeinfrei, jeder kann sie dann unentgeltlich benutzen, vervielfältigen, aufführen, vorführen, ausstellen usw. Die Erben des Urhebers erhalten von da ab kein Entgelt mehr für die Benutzung des Werkes durch andere. Das Gesetz verbietet aber nicht gleichzeitig dem Werknutzer, das Werk für sich gewinnbringend zu verwenden. Es verlangt also vom Verleger nicht, daß er das nachgedruckte, gemeinfrei gewordene Werk zum Selbstkostenpreis verkauft, es fordert auch von den Bühnen nicht, daß sie die Eintrittspreise für freie Opern, Operetten und Schauspiele senken, noch verbietet es dem Konzertunternehmer, aus einer Aufführung freier Symphonien einen Überschuß zu erzielen. So kommt es,

[8]) Die Gründe für diese Vorschläge (vgl. die Begründung S. 97 ff.) sind schon bisher durch die Gründung der Gema weggefallen, da die Aufführungsrechte usw. durch Pauschalvertrag von ihr erworben werden können. Wenn noch weitere Urheberschutzorganisationen errichtet werden, so besteht erst recht kein Anlaß mehr die erwähnten Lizenzen einzuführen.

[9]) § 42 Entw. 1932 u. § 40 Entw. 1939.

[1]) Auch in Art. 7 RBÜ wurde auf der Brüsseler Konferenz die Schutzfrist einheitlich auf 50 Jahre nach dem Tode des Urhebers festgelegt, während vorher die 30jährige Schutzfrist galt. Nur wenige Länder kennen ein ewiges Urheberrecht, so z. B. Portugal.

daß die gemeinfreien Werke, die während der Schutzdauer bekannt geworden sind und sich der Beliebtheit des Publikums erfreuen, zu einer besonderen Einnahmequelle für die verschiedenen Kreise der Werknutzer werden. Die unterschiedliche Behandlung von Urheberrecht und Eigentum zeigt sich besonders deutlich bei Werken der bildenden Künste. Der Eigentümer eines Gemäldes z. B. kann dieses unbegrenzt von Generation zu Generation vererben, der jeweilige Besitzer kann das Werk in seiner Wohnung versperren und so der Öffentlichkeit entziehen, er kann es aber auch – jedenfalls nach Ablauf der Schutzfrist – öffentlich ausstellen und dafür Eintrittsgeld verlangen oder er kann demjenigen, der es kopieren, photographieren oder sonst vervielfältigen will, den Zutritt zum Werk verweigern, wenn ihm nicht das geforderte Entgelt bezahlt wird. Das Gesetz legt also dem Eigentümer von Werken der bildenden Künste keine Verpflichtung auf, sie der Allgemeinheit zugänglich zu machen, selbst dann nicht, wenn es sich vielleicht um eines der berühmtesten Werke der nationalen Kultur handelt. Dagegen können die Erben des Urhebers nach Ablauf der Schutzfrist für die Benutzung und Verwertung des Werkes durch andere kein Entgelt mehr verlangen, sondern das Gesetz zwingt sie, es der Allgemeinheit kostenlos zur Verfügung zu stellen. Es entzieht also das Geistesgut, das einem Werkstück aufgeprägt ist, den Urhebererben, beschränkt aber nicht gleichzeitig auch die Herrschaftsmacht des Eigentümers, die sich gerade bei Werken der bildenden Künste weitgehend auf den geistigen Gehalt miterstreckt, und verbietet auch dem Werknutzer nicht, aus dem Immaterialgut Gewinn zu ziehen.

Wie wird nun diese gesetzliche Regelung vor dem Forum der Gerechtigkeit begründet?

Der Hauptgrund für die zeitliche Befristung des Urheberrechts liegt wohl in der historischen Entwicklung. Zunächst wurde überhaupt nur ein Privileg für wenige Jahre bewilligt, die französische Revolutionsgesetzgebung gewährte dann durch Gesetz vom 13. 1. 1791 einen Schutz auf Lebenszeit, der in der Folge wiederholt verlängert wurde. Entsprechend diesem Vorbild setzte sich in Deutschland im Laufe des vorigen Jahrhunderts die 30jährige Schutzfrist durch, die schließlich 1934 auf 50 Jahre festgelegt wurde. So erschien die jeweilige gesetzliche Fristverlängerung als eine besondere Wohltat gegenüber dem früheren Rechtszustand, als eine Art Vorrecht, das dem Urheber und seinen Erben im Vergleich zur althergebrachten Sitte gewährt wurde. Die Fristverlängerungen konnten sich daher immer nur in zähem und oft erbittertem Kampf gegen den Geist der Tradition und gegen den Widerstand derjenigen Gruppen, die aus dem bisherigen Zustand Nutzen schöpften, durchsetzen. So spielt ein Blick auf die Geschichte bei den Debatten um die Berechtigung der zeitlichen Begrenzung des Urheberrechts eine wesentliche Rolle[2]) und bei allen Argumenten, die hierfür ins Feld geführt werden, steht das be-

[2]) Dies zeigt sich besonders deutlich bei Heymann, der in seiner bereits angeführten Schrift für die Beibehaltung der 30jährigen Schutzfrist eintrat. Vgl. auch Heymann in Schmollers Jahrbuch 45, 3 S. 103 ff.

ruhigende Gefühl, daß man sich in Übereinstimmung mit dem geltenden Rechtszustand befinde, mehr oder minder unbewußt im Hintergrund. Und doch versagen gerade auf dem Gebiet des Urheberrechts historische Argumente, weil hier der Fortschritt immer in der Überwindung des historisch Gewachsenen bestand. Allein aus dem Wesen des Geistigen und aus einer gerechten Interessenabwägung kann die Regelung des Urheberrechts entnommen werden.

Nun fehlt es in der Literatur nicht an derartigen Gründen. Die Theorie, die das Urheberrecht als Persönlichkeitsrecht auffaßt, leitet die zeitliche Begrenzung aus dem Erlöschen der Persönlichkeit und ihres Andenkens im Kreise der Nachwelt her. So sagt schon Gierke[3]), das Urheberrecht büße durch den Tod des Urhebers die sprudelnde Quelle seiner Lebenskraft ein. „Seine Tage sind nun gezählt. Es erlischt nicht sofort und kann nicht sofort erlöschen, weil ja einerseits sonst infolge der Zerbrechlichkeit des menschlichen Daseins sein Wert unerträglich unsicher wäre, andererseits die Persönlichkeit des Verstorbenen im Kreise seiner Angehörigen fortdauernd mit besonderer Lebendigkeit nachwirkt und für sie in ihrem irdischen Rückstande ein geheiligtes schutzwürdiges Persönlichkeitsgut bildet. Allein nicht länger besteht es fort, als bis die Zeit verflossen ist, nach deren Ablauf die über den Tod hinaus fortwirkende geistige Individualität in keinem Sinne mehr dem engeren Kreise seiner Erben und Rechtsnachfolger und ganz nur noch der Nation und der Menschheit zu gehören scheint"[4]). Eine solche Begründung versagt heute schon deshalb, weil das Urheberrecht nicht mehr als reines Persönlichkeitsrecht betrachtet wird. Wir haben gesehen, daß es nicht nur persönliche Interessen schützt, sondern auch jene, die sich auf das verkehrsfähige und verselbständigte geistige Gut beziehen. Die Interessen an diesem Immaterialgut unterscheiden sich in nichts von dem des Eigentümers an der Sache, sie sind in beiden Fällen vermögensrechtlicher Art. Warum der Vermögenswert, der dem geistigen Gut anhängt, nicht ebenso auf die fernsten Generationen soll vererbt werden können wie der der Sache, ist nicht ohne weiteres einzusehen. Bezüglich der Persönlichkeit des verstorbenen Urhebers mag es richtig sein, daß sie im Laufe der Zeit im Andenken der Nachkommen verblaßt, aber verdient deshalb der Wille und das Interesse des Urhebers weniger Schutz? Gerade sein Wunsch auf Reinerhaltung des Werkes, das er der Nachwelt geschenkt hat und in dem er selbst weiterlebt, muß für alle Zeiten respektiert werden.

Ein anderes Argument stützt sich darauf, daß die Allgemeinheit um der Kultur willen nach einer gewissen Zeit Anspruch auf freie und unentgeltliche Benutzung der geistigen Güter habe. So schließt Heymann[5]) seine Untersuchung über die zeitliche Begrenzung des Urheberrechts mit den Worten: „Darum ist die Erhaltung der 30jährigen Schutzfrist eine vaterländische Forderung von höchster Bedeutung: die Senkung der deutschen

[3]) A. a. O. S. 768.
[4]) Ähnlich Heymann, die zeitliche Begrenzung S. 76: „Vom Standpunkt des Persönlichkeitsrechts aus aber endet das aus der Person fließende mit ihr eng verbundene Recht natürlich grundsätzlich mit der Person".
[5]) A. a. O. S. 121.

Kulturhöhe durch Antastung des geistigen Gemeinguts würde ein schwerer Fehler in einer Zeit sein, in der das nationale Unglück alles daranzusetzen nötigt, um durch die Pflege sittlicher Kräfte Deutschland wieder zu heben." Dabei muß er selbst zugeben, daß z. B. die Aufführungen Wagnerscher Werke für den Theaterbesucher seit dem Freiwerden keineswegs billiger geworden sind[6]), dasselbe räumt er auch für dramatische Aufführungen, für Orchester- und Kammermusik ein. Wenn man den Aufwand berücksichtigt, der für Opernaufführungen oder Symphoniekonzerte erforderlich ist, so versteht man, daß daneben die übliche Urheberabgabe[7]) auf die Eintrittspreise umgelegt kaum ins Gewicht fällt. Aber auch bei Büchern kann man nicht annehmen, daß es das übliche Verfasserhonorar von etwa 10 % des Ladenpreises[8]) ist, das weite Teile der Bevölkerung vom Genuß des Werkes ausschließt. Es spielt gegenüber den übrigen auf einem Buch lastenden Kosten, von denen allein die Handelsspanne des Buchhändlers etwa 35 % ausmacht[9]), eine untergeordnete Rolle. Ob ein Roman 5,– DM oder 5,50 DM kostet, ist in der Regel für den Käufer nicht ausschlaggebend. Auch dieser Gesichtspunkt kann es also nicht sein, der es rechtfertigt, das Urheberrecht so ganz anders zu behandeln als das Sacheigentum.

Eine andere Ansicht meint, die unterschiedliche Regelung des „geistigen Eigentums" gegenüber dem Sacheigentum habe ihren Grund darin, daß jenes im Gegensatz zu diesem auf der kulturellen Vorarbeit früherer Generationen wie der Zeitgenossen beruhe, es sei um so tiefer in dieser Grundlage verwurzelt, je schöpferischer die Leistung sei, welche die eigentumserzeugende Wirkung habe. Jede Schöpfergeneration stehe auf den Schultern der vorangegangenen und diene zugleich als Stütze der kommenden[10]). Demgegenüber ist zu sagen, daß das Urheberrecht wenigstens auf eigener Leistung beruht, während das Sacheigentum seinen Grund nur in der Aneignung hat. Wenn schon die Grundstücke, die sich unsere Vorfahren einmal angeeignet haben, für alle Zeiten Eigentum bleiben, um wieviel mehr müßte dasselbe für die auf eigener Schöpfung beruhenden Geisteswerke gelten. Mag auch der Urheber vieles aus dem geistigen Gemeingut entnehmen, er gibt immer etwas von sich, von seiner eigenen Individualität hinzu und nur auf diese individuellen Züge des Werkes erstreckt sich ja überhaupt das Urheberrecht. Dieser Teil seiner Individualität ist immer etwas Ureigenes. Im übrigen beruht auch diejenige menschliche Leistung, die zum Erwerb von Sachgütern führt, wie die des Handwerkers oder Arbeiters, auf den Erfahrungen der früheren Generationen und auf der Mithilfe der Umwelt, ohne daß ihrem Erwerb eine zeitliche Schranke gesetzt wird[11]). Wer z. B. ein Haus baut, benutzt dazu die Technik und die Er-

---

[6]) Auch Mitteis a. a. O. S. 128 sagt: „Noch nie hat jemand gehört, daß ein Theater bei Freiwerden eines vielgespielten Autors die Eintrittspreise gesenkt hätte."

[7]) Sie beträgt z. B. für Symphoniekonzerte 120,– DM. Vgl. die Tarife der Gema im Bundesanzeiger Nr. 156/1952.

[8]) Vgl. Runge a. a. O. S. 502.

[9]) Vgl. Runge a. a. O. S. 506.

[10]) Runge a. a. O. S. 120; ähnlich Elster, Urheber . . . recht S. 15 ff.

[11]) Hierauf weist mit Recht Ulmer a. a. O. S. 6 hin.

fahrung von Jahrtausenden und doch bleibt es für alle Zeiten sein und seiner Nachkommen Eigentum. Man kann auch nicht darauf hinweisen, daß das Sacheigentum von den Nachkommen ständig erhalten und dadurch sozusagen neu erworben werden müsse, während die Früchte des geistigen Eigentums den Nachkommen ohne eigene Tätigkeit in den Schoß fielen; denn auch derjenige, der ein größeres Bankkonto erbt, erhält die Zinsen ohne eigenes Zutun. Die Berechtigung einer zeitlichen Grenze des Urheberrechts läßt sich auch nicht damit begründen, daß der Urheber durch die Benutzung des Gemeinguts einen besonderen Gewinn habe. Es wurde früher dargelegt, daß der Vermögenswert, der dem Urheber zufließt, in der Regel allein auf seiner individuellen Leistung beruht, weil für das allen zugängliche Gemeingut niemand bereit ist, etwas zu bezahlen. Außerdem ist es gar nicht die Allgemeinheit und erst recht nicht der Kreis der Werknutzer, auf deren Schultern der Urheber bei seinem Schaffen steht und auf deren Leistungen er aufbaut. Vielmehr benützt er in der Regel nur das Geistesgut seines Fachgebietes, an dem andere Urheber vor ihm gearbeitet und dessen Grundlagen sie gelegt haben. Wenn also die Benutzung fremder Vorarbeit überhaupt eine zeitliche Begrenzung des Urheberrechts rechtfertigen kann, so nur in der Art, daß das Werk dem Personenkreis zufallen soll, dessen Gedankengut der Autor verwendet hat.

Kohler[12]) will die zeitliche Begrenzung des Urheberschutzes daraus herleiten, daß das Werk im Laufe der Zeit ins Gemeingut eingehe. „Das Werk, das nach einer Reihe von Jahren nicht vergessen ist, wird so sehr zum Eigengut des ganzen Volkes, ja zum Kulturgut der ganzen Menschheit, daß es dieser in keiner Weise entzogen, daß ihr Genuß in keiner Weise beschränkt oder verkümmert werden darf"[13]). Nun ist es richtig, daß geistige Inhalte von Mensch zu Mensch wandern, daß sie vom fremden Geist aufgenommen und von ihm weiterverarbeitet werden, so daß im Laufe der Zeit kaum mehr unterschieden werden kann, was eigene und fremde Gedanken sind. Das Geistige hat die Tendenz sich zu verbinden und zu vermischen und so zu einer die einzelnen Individuen umspannenden geistigen Atmosphäre zu werden. An diesem Kulturgeist haben in der Tat alle teil. Aber nicht für alle Werkbestandteile gilt, daß sie so in den Gemeingeist eingehen. Es trifft zu für die Formen, in denen überhaupt der überindividuelle, objektive Geist lebt und wirkt, wie für den Stil, die Mode, die Technik des Malers, für Versformen u. ä. Mögen sie auch auf der Erfindung eines einzelnen beruhen, so müssen sie doch allen für ihr Schaffen dienen und werden dadurch zu Ausdrucksformen des objektiven Geistes, zum Symbol einer Kulturepoche. Ähnlich ist es mit wissenschaftlichen Theorien und Lehren, auch sie gehen schon mit der Veröffentlichung in den Stand der Wissenschaft ein. Aber an diesen geistigen Gehalten besteht ja das Urheberrecht überhaupt nicht, es bezieht sich nur auf die

---

[12]) Schriftwerksrecht S. 232.

[13]) Ähnlich sagt Ulmer a. a. O. S. 6: „Die Sachgüter sind zu dauernder Verteilung bestimmt. Die geistigen Schöpfungen tragen dagegen die Tendenz in sich, Gemeingut zu werden."

Werkbestandteile, die die Individualität des einzelnen ausdrücken. Und diese bleiben trotz der Bekanntheit und Berühmtheit eines Werkes als etwas Selbständiges, Abgehobenes bestehen. Kants Philosophie mag weitgehend zum allgemeinen Wissen der gebildeten Schichten gehören, seine Werke mit ihrer eigenartigen Sprache, ihrer Gedanken- und Beweisführung im einzelnen bleiben doch etwas Individuelles, das im Gemeingeist nicht aufgeht.

Die bisher aufgezählten Gründe vermögen also die Berechtigung der zeitlichen Begrenzung des Urheberrechts nicht zu beweisen. Hätte uns die Geschichte ein ewiges Urheberrecht überliefert, so vermöchten sie sicherlich nicht zu überzeugen.

Man wird die richtige Lösung aus einer der Natur des Geistigen angemessenen Interessenabwägung gewinnen müssen. Wie bereits früher hervorgehoben wurde[14]), unterscheiden sich alle geistigen Inhalte und Formen von körperlichen Gegenständen dadurch, daß sie einmalig und unvertretbar sind. Körperliche Gegenstände derselben Art kann es unendlich viele geben, sie können immer durch andere gleicher Art ersetzt werden; es kommt nicht darauf an, daß man gerade dieses Stück Land besitzt, den menschlichen Bedürfnissen wird ebenso durch ein anderes genügt, es kommt auch nicht darauf an, daß man gerade diesen Apfel oder dieses Stück Brot ißt, derselbe Zweck wird durch einen anderen Apfel oder durch ein anderes Stück Brot erfüllt. Außerdem können an einem körperlichen Gegenstand nicht alle teilhaben, er ist darauf angelegt, gerade das Bedürfnis eines einzelnen Menschen zu befriedigen. Solange also die Sachgüter unbeschränkt zur Verfügung stehen[15]) oder sich unbegrenzt produzieren lassen, können sie auch auf ewig einem einzelnen und seinen Nachkommen vorbehalten bleiben. Das Geistige dagegen ist unvertretbar, es ist überall und immer dasselbe. Dies gilt nicht nur für geistige Inhalte und Formen, die aus allgemeinen Quellen geschöpft werden und die sich gerade wegen ihrer Einmaligkeit der Aneignung eines einzelnen entziehen, sondern auch für diejenigen, die die schöpferische Persönlichkeit frei erfindet. Die 9. Symphonie von Beethoven ist einmalig und unvertretbar. Während Sachgüter derselben Art immer wieder in neuen Stücken produziert werden können und sogar von der Natur ständig neu hervorgebracht werden, kann das Geistige zwar nachgeahmt und nachgebildet werden, aber es bewahrt in der Nachahmung seine Identität, es bleibt dasselbe. Als Ausgleich für diese Einmaligkeit und Unvertretbarkeit wohnt geistigen Gütern die Eigenschaft inne, daß an ihnen alle zugleich teilhaben können. Während also körperliche Güter vertretbar, aber jeweils nur für einzelne bestimmt sind, sind geistige Güter einmalig und unvertretbar, aber auf die Teilhabe aller angelegt. Bei diesem in der Natur der Dinge liegenden fundamentalen Unterschied würde

---

[14]) Vgl. oben Kap. 4 a.

[15]) Auch beim Grund und Boden geht man dort, wo er knapp wird, zu Enteignungen über, wenn auch nur gegen angemessene Entschädigung.

es dem im sozialen Gedanken enthaltenen Wert der Liebe[15a]) widersprechen, einem einzelnen auf die Dauer ein absolutes Recht an geistigen Gütern zu gewähren, das ihn berechtigen würde, alle anderen von ihrem Genuß auszuschließen.

Nun ist aber zu bedenken, daß das Urheberrecht von vorneherein nur an den individuellen geistigen Inhalten und Formen anerkannt wird, also an geistigen Gütern, die ohne die schöpferische Persönlichkeit nicht da wären und auf deren Erzeugung die Allgemeinheit keinen Anspruch hat. Dem Schöpfer, dessen freiem Entschluß das Werk seine Existenz verdankt, muß also dieses Ausschlußrecht auf jeden Fall gewährt werden, es ist ja ein Recht an seiner Individualität, die er ins Werk hineingelegt hat. Ihm muß die volle Verfügungsmacht eingeräumt und die Möglichkeit geboten werden, für seine Leistung ein angemessenes Entgelt zu erhalten. Und zwar kann ihm dieses Recht umso leichter in möglichst weitem und unbeschränktem Umfang zuerkannt werden, weil er sein Werk später ohnehin allen überläßt. Aber nicht nur dem Schöpfer ist dieses Recht zu geben, sondern auch denjenigen seiner nächsten Nachkommen, für die der einzelne nach unserem sittlichen Bewußtsein sorgen soll. Nur allzuoft kann ja der Urheber die Früchte seines Schaffens nicht mehr ernten und ihnen daher außer seinem Werk nichts hinterlassen. Bei denjenigen späteren Generationen dagegen, für die eine solche Fürsorge nicht mehr in Frage kommt, wird die Rechtsordnung um des sozialen Gedankens willen dem Ausschlußrecht am Werk eine zeitliche Grenze setzen müssen. Die Verfügungsmacht über das Werk, das in seiner Einmaligkeit der Teilhabe aller dienen soll, noch fernsten Geschlechtern einzuräumen, geht wohl nicht an. Ob allerdings die zeitliche Grenze mit 50 Jahren nach dem Tode des Urhebers richtig gewählt ist, erscheint zweifelhaft, wenn man bedenkt, daß viele Kinder von Werkschöpfern und manchmal sogar ihre Witwen diese Frist überleben. Vielleicht wird eine künftige Entwicklung auch diese Frist noch verlängern.

b) Die Kulturabgabe

Wenn wir aus den genannten Gründen die zeitliche Begrenzung des ausschließlichen Rechts zur Verwertung eines Werkes bejahen, so entsteht die weitere Frage, wem das Erlöschen zugute kommen soll. Die Antwort auf diese Frage wird aus einer Abwägung der beteiligten Interessen gewonnen werden müssen. Welches Interesse steht nun dem Werkschaffen des einzelnen am nächsten, welches Wertstreben ist am engsten mit dem des Urhebers verknüpft, so daß es gerechtfertigt erscheint, ihm dessen Leistung nach Ablauf der Schutzdauer dienstbar zu machen? Es wird das Interesse der lebenden Urhebergeneration an der Schöpfung neuer Werke sein. Die wirtschaftlichen Früchte der älteren Werke sollen für das Schaffen der jüngeren Generation nutzbar gemacht werden. Wir haben schon früher

[15a]) Es kann in der Tat nur die Liebe sein, die einen Menschen veranlassen kann, andere an dem, was er aus der eigenen Individualität geschöpft hat, teilnehmen zu lassen; denn niemand hat einen Anspruch darauf, daß der andere für ihn schöpferisch tätig ist.

dargelegt, daß die heutige schwierige Lage der Urheber eine Nachwuchsförderung und eine Altersversorgung durch die Urheberschutzorganisationen als notwendig erscheinen läßt und daß für diese Zwecke der Erlös aus den gemeinfrei gewordenen Werken verwendet werden könnte. Danach sollten also die Werke nach Ablauf der Schutzfrist allen ohne weiteres zur Benutzung offenstehen, aber dafür sollte möglichst in demselben Umfang wie während der Schutzdauer ein Entgelt an die Urheberschutzorganisation des betreffenden Fachgebietes zu zahlen sein, die es für kulturelle Zwecke zu verwenden hätte. Die Beweiskette um die Berechtigung der zeitlichen Begrenzung der Verwertungsrechte schließt sich erst in einer das Rechtsgefühl befriedigenden Weise, wenn der Gedanke verwirklicht wird, daß die lebende Urhebergeneration jeweils in ihrem Werkschaffen und in ihrer Existenz durch die Urheberorganisationen aus dem Erlös der freien Werke gefördert wird und dafür auch selbst ihre Werke nach Ablauf der Schutzfrist wieder für diesen Zweck zur Verfügung stellen soll. Die Förderung, die dem Urheber in seiner Jugend oder im Alter zuteil wird, würde dann nur einen Vorgriff auf die Früchte seines Werkes bedeuten, die dieses noch in späteren Zeiten abwirft, und diese Früchte würden ihm insofern selbst zufallen. Wenn auch der soziale Gedanke fordert, daß an geistigen Gütern wegen ihrer Einmaligkeit alle teilhaben sollen, so muß doch ein Weg gefunden werden, den Urhebern, die sie geschaffen haben, die ihre Individualität in sie hineingelegt haben, den wirtschaftlichen Wert ihrer Arbeit möglichst restlos zugute kommen zu lassen. Nur dann braucht die rechtliche Regelung des Urheberrechts einen Vergleich mit der Eigentumsordnung nicht zu scheuen. Nur die Einführung des domaine public payant schafft einen gerechten Ausgleich aller beteiligten Interessen. Sie ermöglicht es der Allgemeinheit, das Werk ungehemmt zu genießen, sie sichert dem Schöpfer möglichst restlos die Früchte seiner Arbeit und sie fördert das kulturelle Schaffen.

Dagegen setzt die gegenwärtige gesetzliche Regelung, die das Werk allen denen, die es genießen oder damit Gewinn erzielen wollen, unentgeltlich zur Verfügung stellt, die übrigen beteiligten Interessen zurück. Für den letzten Verbraucher bedeutet es keinen großen Unterschied, ob er eine durchschnittliche Urheberabgabe weiter bezahlt, die bei Theater-, Opern- und Konzertaufführungen ohnehin nicht ins Gewicht fällt, bei Werken der Literatur in der Regel weniger als 1,– DM ausmacht. Für die Zwecke der Kulturförderung dagegen könnten dadurch erhebliche Summen gewonnen werden. Für den Urheber, der selbst in seiner Jugend aus dem Ertrag fremder Werke gefördert wurde, würde es kein Unrecht bedeuten, daß sein Werk später auch diesem Zweck dienen soll. Wenn oft das Interesse des Volkes an der unentgeltlichen Benutzung der Kulturgüter in den Vordergrund geschoben und von Heymann sogar als vaterländische Forderung von höchster Bedeutung[16]) bezeichnet wird, muß demgegenüber die Notwendigkeit, neue Werke zu schaffen, als das wahre kulturelle In-

[16]) Vgl. oben Kap. 18 a.

teresse betont werden. So wünschenswert die Teilhabe aller an geistigen Gütern ist, die Kultur kann dadurch nicht erhalten und vor der Erstarrung bewahrt werden. Es muß also der richtige Ausgleich gefunden werden. Dieser dürfte darin bestehen, daß die Benutzung des Werkes nach Ablauf der Schutzfrist allen offensteht, daß aber die üblichen Urheberentgelte wie bisher an die Urheberschutzorganisationen zu zahlen sind. Dabei könnte zugunsten besonders dringlicher öffentlicher Interessen, vor allem für Zwecke von Kunst[16a]) und Wissenschaft sowie für Schulen und Kirchen, eine Befreiung von der Urheberabgabe bestimmt werden.

Nun ist der Gedanke einer Kulturabgabe längst nicht mehr neu. Seine grundsätzliche Berechtigung findet in weiten Kreisen Anerkennung. Das italienische Recht besitzt bereits seit 1926 eine entsprechende Regelung, die auch in die Art. 175 ff. des neuen italienischen Urheberrechtsgesetzes vom 22. 4. 1941 übernommen wurde. In anderen Ländern werden ähnliche Pläne erwogen[17]). Auch die Brüsseler Revisionskonferenz der RBÜ von 1948 hat den Verbandsländern empfohlen, die Möglichkeiten zur Realisierung des domaine public payant zu prüfen[18]).

Die Haupteinwände gelten jedoch der praktischen Durchführbarkeit. Insbesondere schreckt der Gedanke ab, daß zur Erhebung der Kulturabgabe eigene Organisationen geschaffen werden müßten, deren Verwaltungskosten einen erheblichen Teil der Einnahmen verbrauchen würden. Nun wurde aber schon in unseren bisherigen Darlegungen öfter hervorgehoben, daß sich die Gründung weiterer Urheberschutzorganisationen nicht wird vermeiden lassen, da bereits die Einziehung der Tantiemen, die während der Schutzdauer anfallen, für den einzelnen Urheber nicht mehr möglich ist. Dies wird besonders auch bei literarischen Werken der Fall sein, wenn das künftige Gesetz das ausschließliche Vortragsrecht bringen wird. Für diese Organisationen bedeutet es keine nennenswerte Mehrbelastung, wenn sie die Verwaltung der Einnahmen aus der Kulturabgabe übernehmen. Dabei würde sich das Verfahren vereinfachen, wenn auch die in der Vergangenheit bereits frei gewordenen Werke mit einbezogen würden. Der Staat könnte sich die Einflußnahme auf die richtige Verwaltung und Verwendung der Gelder dadurch sichern, daß er die Gründung dieser Organisationen genehmigungspflichtig macht[19]).

Dabei müßte aber Vorsorge getroffen werden, daß nicht das inländische Kulturleben gegenüber der Konkurrenz des Auslandes benachteiligt wird. Dem ließe sich dadurch vorbeugen, daß die Kulturabgabe, ähnlich wie es auch Art. 175 des italienischen Urhebergesetzes vorsieht, nicht nur von inländischen, sondern auch von ausländischen gemeinfreien Werken erhoben

---

[16a]) Z. B. für die Benutzung von Melodien und Fabeln sowie für die Vertonung von Liedern.

[17]) Vgl. dazu die ausführliche historische Darstellung der Bestrebungen in den verschiedenen Ländern bei Delp, Die Kulturabgabe, 1950, 6 ff.; ferner Runge a. a. O. S. 129; Vinding Kruse a. a. O. S. 525.

[18]) Vgl. Unesco Bull. du Droit d'Auteur, Vol. I, No. II S. 137; Runge a. a. O. S. 845.

[19]) Vgl. oben Kap. 12 d.

wird. Um die Abwanderung deutscher frei gewordener Werke ins Ausland, vor allem zu ausländischen Verlegern, zu verhindern, könnte auf die Einfuhr solcher Bücher und Musikalien aus dem Ausland ein der Kulturabgabe entsprechender Einfuhrzoll erhoben werden.

c) Das ewige droit moral

Ähnlich umstritten wie die Frage der Kulturabgabe ist das Problem eines über den Ablauf der Schutzfrist hinaus fortbestehenden Urheberpersönlichkeitsrechts. Die Bedenken gegen das ewige droit moral sind vor allem theoretischer Natur. Teils ist man der Ansicht, daß das Persönlichkeitsrecht grundsätzlich mit dem Tode der Persönlichkeit erlösche, teils hält man es zwar für vererblich, läßt es aber mit den Werknutzungsrechten endigen. Für das geltende deutsche Recht kann kein Zweifel bestehen, daß das Urheberpersönlichkeitsrecht nicht mit dem Tode erlischt, sondern vererbt wird. Ob es nach Ablauf der Schutzfrist noch weiterbesteht, hat das RG dahingestellt gelassen, es hat in einer Entscheidung[20]) ausgesprochen, daß die Urheberehre „mindestens" bis zum Ablauf der Schutzfrist dauere. Ebenso sagt Art. 6 *bis* RBÜ, daß die persönlichkeitsrechtlichen Befugnisse wenigstens bis zum Erlöschen der vermögensrechtlichen in Kraft bleiben sollen.

Vom theoretischen Standpunkt aus läßt sich nicht einsehen, warum der Schutz der persönlichen Interessen des Urhebers 50 Jahre nach seinem Tode endigen soll. Bedeutet nicht jedes Werk ein heiliges Vermächtnis des Schöpfers an die Nachwelt, das ihr ungleich wichtiger und schützenswerter erscheinen sollte als ein Testament vermögensrechtlichen Inhalts? Anordnungen des Erblassers, die sein Vermögen betreffen, bleiben für alle Zeiten gültig, warum soll den persönlichen Interessen am Werk nach einer gewissen Zeit der Rechtsschutz versagt werden? Gerade für die Reinerhaltung eines Werkes so, wie es der Urheber geschaffen und der Nachwelt überliefert hat, besteht ein dringendes Bedürfnis. Der Wille des Werkschöpfers deckt sich hier mit dem öffentlichen Interesse[21]) an der Erhaltung und Bewahrung von Werken der nationalen Kultur[22]). Dasselbe gilt bezüglich des Interesses auf Zugang zum Werkstück. Während der Schutzdauer kann der Eigentümer ein Werk der bildenden Künste der Öffentlichkeit nicht völlig entziehen, er muß wenigstens dem Urheber selbst bzw. seinen Erben Zugang gewähren, soweit es z. B. zur Anfertigung einer Kopie erforderlich ist. Nach Beendigung der Schutzfrist dagegen kann er beim gegenwärtigen Rechtszustand das Werk in seinen vier Wänden ver-

---

[20]) RGZ 102, 134.

[21]) Das geltende Recht sieht lediglich bei bestimmten Werken der bildenden Künste einen Denkmalsschutz vor. Dagegen schlägt der Entwurf 1939 (§ 53) ein Verbot der Veränderung freier Werke vor, durch die ihr Ansehen oder ihr Wert beeinträchtigt würde. Auch Elster, GRUR 1940, 410, befürwortet vom Standpunkt der Volksgemeinschaft aus ein ewiges droit moral. Er übersieht aber, daß auch der Wunsch des Urhebers selbst auf Reinerhaltung seines Werkes für alle Zeiten Achtung verdient.

[22]) Vgl. Heymann, Der ewige Schutz der Geisteswerke gegen Entstellungen, DJZ 1928, 278.

sperren und so der Öffentlichkeit vorenthalten. In dieser Regelung liegt zunächst ein Verstoß gegen den Grundsatz der Gleichbehandlung; denn wenn die Urhebererben gezwungen werden, das Geistesgut der Allgemeinheit zu überlassen, so muß dieselbe Pflicht auch dort, wo es notwendig ist, dem Eigentümer auferlegt werden. Sie bedeutet aber auch eine Außerachtlassung des Willens des Urhebers, der sein Werk nicht für einen einzelnen, sondern für die Gesamtheit geschaffen hat. Schließlich widerspricht sie dem in der Festlegung einer Schutzfrist so deutlich zum Ausdruck kommenden öffentlichen Interesse an der Teilhabe aller an kulturellen Gütern.

Es erscheint daher notwendig, das droit moral über den Ablauf der Schutzfrist hinaus fortbestehen zu lassen, und zwar derart, daß die persönlichkeitsrechtlichen Befugnisse von da ab von den Urheberschutzorganisationen wahrgenommen werden. Ihnen könnte man am besten die Fürsorge für das Werk anvertrauen, der Sachkenntnis der in ihnen vereinigten Werkschöpfer könnte es überlassen werden zu beurteilen, ob eine Bearbeitung oder Änderung des Werkes eine Verstümmelung darstellt, sie könnten auch den Eigentümer, der das vielleicht in den Rang eines nationalen Denkmals aufgerückte einzelne Werkstück der Allgemeinheit vorenthält, zwingen, es für die Herstellung von Kopien oder vielleicht für Ausstellungszwecke zur Verfügung zu stellen. Auch die Geltendmachung des Folgerechts durch sie nach Ablauf der Schutzfrist würde nur eine Ausdehnung des Gedankens der Kulturabgabe auf das Gebiet des Persönlichkeitsrechts bedeuten.

V. Abschnitt

Der Leistungsschutz

19. Kapitel

Die Abgrenzung des Leistungsschutzes

a) Der Leistungsschutz im geltenden Recht

Während das Gebiet der geistigen Schöpfungen in seinen Grundlagen und Problemen vor allem auch durch die Mithilfe der bedeutendsten Philosophen bereits weitgehend geklärt wurde, ist das viel weitere und vielleicht noch kompliziertere Gebiet der geistigen Leistungen noch kaum erforscht. Es ist erst in den letzten drei Jahrzehnten in den Vordergrund gerückt worden. Diesem Stand der Erkenntnis entspricht die nur bruchstückhafte rechtliche Regelung. Auf dem Gebiet des kulturellen Lebens hat bisher nur das Geschmacksmuster, das allerdings schon auf der Grenze zum gewerblichen Rechtsschutz steht, eine Sonderregelung durch das Gesetz betreffend das Urheberrecht an Mustern und Modellen vom 11. 1. 1876 erfahren[1]), wobei aber die Abgrenzung zu den dem KUG unterstehenden kunstgewerblichen Erzeugnissen durchaus streitig ist[2]). Daneben sind einzelne geistige Leistungen in den Urhebergesetzen geregelt und den geistigen Schöpfungen gleichgestellt worden. Dies gilt für Photographien (§ 1 KUG), Filme (§ 15a KUG) und Aufnahmen auf Schallträger (§ 2 LUG). Im übrigen ist den geistigen Leistungen auf kulturellem Gebiet bisher der Schutz versagt worden, soweit nicht im Einzelfall § 1 UWG oder § 826 BGB wegen Ausbeutung fremder Gedanken oder eines mit Mühe und Kosten verbundenen Arbeitsergebnisses angewendet werden konnte. Auch heute wird vielfach die Notwendigkeit einer gesetzlichen Regelung mit der Begründung verneint, daß die Generalklausel von den guten Sitten völlig ausreiche; ja man behauptet, daß geistige Leistungen als solche überhaupt nicht schutzwürdig seien und grundsätzlich nachgeahmt und nachgebildet werden dürften, ihre Benutzung sei nur dann unzulässig, wenn sie einen Verstoß gegen die guten Sitten darstelle. Aber die Frage ist eben, ob es

---

[1]) Wenn das Gesetz das Geschmacksmusterrecht als Urheberrecht bezeichnet, so zeigt das, daß man den Unterschied von Leistung und Schöpfung noch nicht erkannt hatte. Zum Wesen des Geschmacksmusterrechts vgl. Furler, Das Geschmacksmustergesetz, 1950 S. 14.

[2]) Vgl. Riezler a. a. O. S. 459; Allfeld, KUG, § 2 Anm. 5; Troller, GRUR 1949, 167; Hoffmann, GRUR 1932, 135; JW 1934, 690; JW 1937, 2461; JW 1939, 78; DR 1939, 2170; Furler, GRUR 1949, 327; Ohr, GRUR 1953, 19 ff.

nicht geistige Leistungen gibt, die als solche grundsätzlich Schutz verdienen, so daß deren Verwertung durch andere auch ohne Vorliegen sonstiger anstößiger Umstände unzulässig ist.

Man kann selbstverständlich den Leistungsschutz unter die Generalklausel von den guten Sitten bringen; denn letzten Endes ist jede Rechtsverletzung zugleich sittenwidrig[3]). Aber im Interesse der Rechtssicherheit müssen mehr und mehr die einzelnen Rechte herausgeschält, klar formuliert und abgegrenzt werden. Gerade beim Leistungsschutz hat die Generalklausel von den guten Sitten zu einer Unsicherheit in den beteiligten Verkehrskreisen und zu einer unklaren und schwankenden Rechtsprechung geführt. So hat das RG[4]) zunächst in einer Entscheidung betreffend den Abklatsch von Grammophonplatten jede Nachbildung eines fremden mit Mühe und Kosten verbundenen Arbeitsergebnisses für unzulässig erklärt, schließlich aber ist es in einem Urteil betreffend die Nachbildung künstlicher Blumen[5]) zu der Auffassung gelangt, es stehe grundsätzlich jedem Gewerbetreibenden frei, fremde Arbeit und deren Ergebnisse, die mit Mühe, Zeit und Kostenaufwand errungen worden seien, auszunutzen. Die neuen Arbeiten brauchten vernünftigerweise den bisher errungenen Stand der Dinge nicht unbeachtet zu lassen. Die Nachahmung fremder Leistung sei daher nur bei Vorliegen besonderer Umstände, nämlich bei Verwechslungsgefahr, Irreführung, ungerechtfertigter Bereicherung und Erschleichung verboten. Diese schwankende Rechtsprechung spiegelt die Schwierigkeiten wieder, denen man bei einer Prüfung der Frage gegenübersteht. Unser Rechtsgefühl gibt gegenüber dem Gesamtkomplex der geistigen Leistungen keine klare Antwort. Bald ist es geneigt sich auf den Standpunkt zu stellen, daß die Ausnutzung fremder geistiger Arbeit einer Aneignung fremden Gutes gleichkomme und daher unzulässig sei, bald neigt es dazu zu sagen, daß einmalige geistige Inhalte allen offenstehen müssen, daß spätere Geschlechter auf der Arbeit der früheren aufbauen müssen und daß es unnütze Verschwendung wäre, wenn der Aufwand an Mühe, Geist und Geld, den ein anderer bereits erbracht hat, nur deshalb wiederholt werden müßte, damit nicht eine fremde Leistung nachgeahmt wird.

Das Problem kann offenbar nur einer Lösung näher gebracht werden durch eine Zerlegung des Gesamtkomplexes in einzelne Typen geistiger Leistungen sowie durch ein tieferes Eindringen in ihr Wesen und in ihre Bedeutung im Verkehrsleben.

b) Voraussetzungen der schutzfähigen Leistung

Um zu prüfen, ob und inwieweit geistige Leistungen gesetzlich geschützt werden können, müssen wir an frühere Gedankengänge anknüpfen.

---

[3]) Vgl. dazu mein Persönlichkeitsrecht S. 138.

[4]) RGZ 73, 294.

[5]) RGZ 135, 395; vgl. auch RGZ 142, 145; RG in GRUR 1938, 68. Vgl. ferner den Überblick über die Rechtsprechung bei Reimer, Wettbewerbs- und Warenzeichenrecht 1947, 335 ff.; Schroeter, GRUR 1949, 228; Tetzner SJZ 1950, 179; Baumbach-Hefermehl a. a. O. S. 148.

Ähnlich wie beim Werkschutz handelt es sich um die Frage: Was muß dem einzelnen als das Seine vorbehalten und gegen fremde Aneignung gesichert werden? Dabei ist zu bedenken, daß das Geistige, wenn es einmal gefunden ist, von anderen mühelos nachgedacht werden kann, daß es sich vom sinnlichen Realgebilde, in dem es erscheint, abheben und so nachbilden läßt, ohne dadurch seine Identität einzubüßen. Soll also das Geistige gegen fremde Aneignung geschützt werden, so muß es vor Nachahmung und Nachbildung bewahrt werden. Vom Leistungsschutz ausscheiden müssen aber von vorneherein alle jene menschlichen Handlungen, Taten und Wirkungen, die nur allgemein zugängliches geistiges Gemeingut, das der realen Welt, dem Reich der Ideen oder dem Kulturgeist entnommen ist, zur Anwendung bringen. Darunter fällt alles, was nur handwerkliches Können[6]) oder erlernte Kenntnisse enthält. Ausscheiden müssen ferner alle jene Leistungen, die nur mit allgemeinmenschlicher Intelligenz[7]) auffindbare geistige Inhalte und Formen enthalten, und zwar selbst dann, wenn damit etwas Neues, bisher Unbekanntes hervorgebracht worden sein sollte; denn Gedanken, zu denen bereits von Natur alle Zugang haben, können nicht einem einzelnen vorbehalten werden. Die bloße Priorität könnte den Ausschluß aller von geistigen Dingen, die sie ohne weiteres aus sich erzeugen oder finden können, nicht rechtfertigen. Das gleiche gilt von solchen geistigen Erzeugnissen, die zwar mit besonderem Aufwand geschaffen wurden, bei denen aber dieser Aufwand vermeidbar gewesen wäre; denn dann liegt in der Nachahmung keine Aneignung der ohnehin überflüssigen fremden Arbeit. Alle diese Arten von geistigen Leistungen können nur einen Anspruch auf das konkrete geschaffene Stück, nicht aber darüber hinaus auch auf den davon abhebbaren geistigen Inhalt begründen, an letzterem haben vielmehr alle ohne weiteres teil.

Schutz verdient also allein die auf einem unvermeidbaren individuellen Einsatz beruhende geistige Leistung. Hinzukommen muß allerdings nach unseren früheren Erwägungen, daß sie einen Wert hat; denn das Wertwidrige oder Wertlose kann keine Achtung fordern. Dabei ist es gleichgültig ob das Besondere mehr in dem Aufwand an geistigen[8]) oder seelischen oder körperlichen Kräften liegt, es muß nur der unvermeidbare Einsatz einem geistigen Gehalt gewidmet sein entweder so, daß dadurch etwas

---

[6]) Dies gilt auch beim bloßen kunsthandwerklichen Erzeugnis, bei dem nur das dem betreffenden Handwerkszweig gemeinsame Wissen Verwendung findet, nicht aber darüber hinaus noch etwas Individuelles.

[7]) Das RG sagt oft, daß die massenhaft hergestellte Dutzendware keinen Schutz genieße (vgl. RGZ 115, 184; RG in MuW XXVII, 217; in GRUR 1928, 397; 1932, 885). Mit Recht wendet Reimer a. a. O. S. 341 dagegen ein, daß es nicht darauf ankomme, ob ein Erzeugnis massenhaft hergestellt werde, sondern darauf, ob es eigenartig sei oder nicht.

[8]) Auch die „hellseherische“ nicht mit besonderen sonstigen Mühen verbundene Leistung verdient Schutz, vorausgesetzt, daß das Ergebnis nicht allen ohne weiteres zugänglich ist; denn gerade das Hellseherische kann auf den besonderen geistigen Fähigkeiten eines einzelnen beruhen. Es ist hier nicht anders als bei der künstlerischen Intuition oder Inspiration, in der gerade oft die künstlerische Leistung liegt. Dagegen hält Reimer a. a. O. S. 343 die mit hellseherischer Mühelosigkeit geschaffene Leistung nicht für schutzwürdig.

Geistiges, d. h. etwas, das in den Geist eingehen kann, geschaffen wird[9]), oder so, daß dadurch ein vorhandener geistiger Gehalt erst zugänglich gemacht und in seinem Wert gesteigert wird. In allen diesen Fällen bedeutet die Nachahmung und Nachbildung des Geistigen zugleich eine Benutzung und Aneignung der fremden Leistung. Ähnlich ist es sogar dann, wenn der besondere Aufwand, der geistigen Inhalten gewidmet wurde, in einem notwendigen Opfer an Geld liegt; denn auch hier bedeutet die Nachahmung des Geistigen zugleich die Aneignung des fremden damit verbundenen Gutes. Zusammenfassend können wir also sagen, daß die wertvolle individuelle Leistung, die dem Geistigen dient, schutzwürdig ist.

c) Leistungsschutz und Persönlichkeitsschutz

Nun scheint es zunächst, als ob es doch Fälle geben könnte, in denen auch die alltägliche, die durchschnittliche geistige Leistung geschützt werden muß. Dies könnte z. B. für Briefe, Tagebücher und ähnliche vertrauliche Aufzeichnungen gelten. Soweit diese die Voraussetzungen von Geisteswerken erfüllen, soweit in ihnen also der schöpferische Geist Ausdruck findet, besteht an ihnen unstreitig ein Urheberrecht[10]). Soweit dies aber nicht der Fall ist, soweit sie also nur Alltägliches enthalten, das nicht mit einem unvermeidbaren individuellen Einsatz verknüpft ist, wollen ihnen doch die Entwürfe[11]) einen Schutz gegen Veröffentlichung zubilligen. Sicherlich mit Recht! Aber es handelt sich dann nicht mehr um einen Schutz der geistigen Leistung, sondern um den sonstiger Persönlichkeitsgüter, nämlich um den Schutz der Geheimsphäre und der Privatsphäre. Ähnlich ist es auch bei dem in § 24 KUG[12]) enthaltenen Recht am eigenen Bild; auch hier wird nicht die Leistung, sondern die Privatsphäre der Persönlichkeit geschützt. Das

[9]) Dies ist sogar bei einem Boxkampf der Fall, der vor allem körperliche Kraft, aber auch geistige Wendigkeit und seelische Energie erfordert. Es entsteht dadurch etwas, das geistige Bedürfnisse der Menschen befriedigt. Wird der Boxkampf unbefugt verfilmt und im Filmtheater vorgeführt, so bedeutet das eine Aneignung des geistigen Erzeugnisses der beiden Boxer, das in ihren Handlungen für den fremden Geist erkennbar geworden ist, dann auf mechanischem Wege auf Filmstreifen aufgenommen wird (vgl. oben Kap. 4 c Fußn. 5), von da aus dem Geist der Filmtheaterbesucher wieder dargeboten und von ihnen genossen wird. Es liegt hierin also eine Aneignung fremder Leistung, die einem geistigen Erzeugnis gewidmet ist. Vgl. dazu die Entscheidung des KG in GRUR 1952, 533. Diese Entscheidung ist nur aus dem öffentlichen Interesse an der Information zu rechtfertigen; dabei werden allerdings ähnlich wie bei Geisteswerken nur kurze Bruchstücke für Zwecke der Berichterstattung aufgenommen und vorgeführt werden dürfen. Wenn in einem Zirkus die Leistungen von Tieren unbefugt verfilmt werden, so wird damit zugleich die organisatorische Leistung und die hinter der Dressur steckende menschliche Erfahrung, Geduld und Mühe ausgenutzt, es wird ein Teil ihres Wertes ausgebeutet. Auch in einer solchen Vorführung wird etwas individuelles Geistiges erzeugt, das geistige Bedürfnisse befriedigt; es ist der Geist des Unternehmers und des Dompteurs, der dahintersteckt. Wo dagegen die bloße körperliche Schönheit eines Menschen photographiert wird, handelt es sich nicht mehr um den Schutz geistiger Leistungen, sondern eines sonstigen Persönlichkeitsgutes.

[10]) Vgl. RGZ 41, 43; 69, 403; JW 1920, 452.

[11]) § 60 Entw. 1932, § 61 Entw. 1939.

[12]) Eine ähnliche Bestimmung ist in § 61 Entw. 1932 u. in § 62 Entw. 1939 vorgesehen.

Recht an Briefen und das Recht am eigenen Bild haben also mit dem Schutz der kulturellen Leistung nichts zu tun, sie gehören eigentlich, wie Mitteis[13]) sagt, in den allgemeinen Teil einer bürgerlichrechtlichen Kondifikation. Briefe und Bildnisse stellen aber nur einen Teil der zur Geheim- und Privatsphäre gehörigen Tatbestände dar. Den vertraulichen Aufzeichnungen stehen vertrauliche Gespräche gleich, die vielleicht auf Magnettonband aufgenommen wurden, aber auch Geheimverfahren und sonstige Geheimnisse; wie das Bildnis muß auch das Lebensbild und das Charakterbild behandelt werden[14]). Wenn also die Entwürfe den Brief- und Bildnisschutz in das Urhebergesetz aufnehmen wollen, so wird diese Regelung nur einen Ausschnitt einer regelungsbedürftigen einheitlichen Materie darstellen. Es sollte überhaupt die Privatsphäre gegen Veröffentlichung und die Geheimsphäre darüber hinaus gegen unbefugte Kenntnisnahme, Kenntnisverwertung und Kenntnisvermittlung gesichert werden. Zwar wird man einen solchen Schutz schon auf Grund des allgemeinen Persönlichkeitsrechts bejahen müssen, doch erscheint eine gesetzliche Anerkennung der einzelnen Persönlichkeitsrechte im Interesse der Rechtssicherheit zweckmäßig.

Eine solche umfassende Regelung der Geheimsphäre und der Privatsphäre würde auch für geistige Leistungen Bedeutung gewinnen und eine hier oft bitter empfundene Lücke schließen. Gedanken und geistige Äußerungen müssen, solange sie geheim gehalten werden, vor unbefugtem Ausspionieren, vor der Verwertung der dadurch erlangten Kenntnis und vor der Mitteilung dieser Kenntnis an andere bewahrt werden, und zwar muß dies gelten ohne Rücksicht darauf, ob es sich im Einzelfall um eine individuelle Leistung handelt oder nicht. Hierunter würde dann auch der sogenannte „Diebstahl von Ideen" fallen[15]), mag er vielleicht auch nicht für Wettbewerbszwecke erfolgen oder keine sittenwidrige Schädigung beabsichtigen.

d) Unterschied von Leistungsschutz und Werkschutz

Darüber hinaus müssen aber individuelle geistige Leistungen auch dann gegen fremde Aneignung, also insbesondere gegen Nachbildung und Nachahmung geschützt werden, wenn sie der Öffentlichkeit zugänglich gemacht wurden. Die hier zu lösenden Probleme ähneln in gewisser Hinsicht denen des Werkschutzes, doch müssen sich aus den im Wesen des Werkes und bloßen Leistung liegenden Unterschieden auch solche in der rechtlichen Behandlung ergeben. Während in den Werken der individuelle Geist selbst Gestalt annimmt, bleibt er bei den Leistungen nur im Hintergrund erkennbar. So bemüht sich der Entwerfer eines Geschmacksmusters, das

---

[13]) A. a. O. S. 132/133.

[14]) Vgl. dazu im einzelnen mein Persönlichkeitsrecht S. 227.

[15]) Vgl. Elster, Geheimnisschutz der Idee, Ufita 1935, 177 ff., der eine Reihe von Beispielen bringt. Nach unseren früheren Ausführungen (vgl. Kap. 2 b) sollte aber in diesen Fällen nicht von Ideen, sondern von Gedanken gesprochen werden.

ja nur Vorlage für Massenware sein soll, mehr den Geschmack der großen Menge zu treffen als seiner eigenen Individualität Ausdruck zu verleihen[16]). Allerdings muß auch das Geschmacksmuster neu sein, d. h. es darf im Verkehr noch nicht bekannt sein, es darf nicht bereits dem objektiven Geist angehören[17]), und man wird darüber hinaus verlangen müssen, daß es eine Gestaltung aufweist, die sich nicht von selbst ergibt und nicht von jedem gefunden werden kann. Es muß also auf eine individuelle Leistung zurückgehen. Ähnlich ist es auch bei den übrigen weiter unten zu behandelnden geistigen Leistungen. Dabei ist diese Voraussetzung schon als erfüllt anzusehen, wenn wenigstens ein Menschentyp mit individueller Begabung oder besonderen Fachkenntnissen erforderlich ist. Während bei geistigen Schöpfungen die Persönlichkeit des Schaffenden unvertretbar ist, kann bei geistigen Leistungen oft an die Stelle des einen ein anderer von ähnlicher Ausbildung treten, ohne daß das Ergebnis ein wesentlich anderes wird. Dies ist nicht nur bei Mustern der Fall, sondern ebenso beim Vortrag des Künstlers oder bei Photographien. Eine schützenswerte Leistung liegt, wie bereits hervorgehoben, aber auch dann vor, wenn das Besondere nur in einem Aufwand an Mühe und Kosten liegt, der aber nicht auf die bloße Herstellung eines Erzeugnisses mit allen zugänglichen geistigen Gehalten verwendet wird, sondern gerade für die Schöpfung oder Zugänglichmachung des dahintersteckenden Geistigen notwendig ist[18]).

Wegen dieses Zurücktretens der Persönlichkeit spielt der Schutz persönlicher Interessen bei geistigen Leistungen eine untergeordnete Rolle. Freilich kann es sein, daß im Einzelfall die Person des Schaffenden eng mit ihrem Erzeugnis verknüpft ist wie z. B. beim Vortrag des ausübenden Künstlers oder bei der wissenschaftlichen Entdeckung, so daß auch ein Persönlichkeitsrecht anerkannt werden muß[19]). In der Regel jedoch bleibt lediglich im Hintergrund erkennbar, daß eine individuelle Leistung vorliegt, während besondere persönliche Interessen nicht gegeben sind. Es bestehen dann keine Bedenken dagegen, das Leistungsschutzrecht un-

---

[16]) Dies hebt auch RGZ 155, 206 hervor. Im Einzelfall kann es freilich sein, daß ein Geschmacksmuster zugleich Ausdruck der Individualität des Entwerfers ist. In diesem Fall muß neben dem Geschmacksmusterschutz der Kunstschutz treten.

[17]) Vgl. Drieschner, Der Schutz der technischen Gestaltungsform, 1939 S. 5; Elster, Rechtsschutz der bloßen Form, GRUR 1940, 13 ff. Furler, Das Geschmacksmustergesetz S. 26 ff., S. 96 ff., der aber dem subjektiven Neuheitsbegriff folgt.

[18]) Dieser Unterschied wird bei der Beurteilung der Frage, ob ein mit Mühe und Kosten verbundenes Erzeugnis nachgeahmt werden darf, bisher wohl nicht beachtet. Die Nachahmung ist selbstverständlich zulässig, wenn Mühe und Kosten nicht für den geistigen Gehalt selbst, der in einem Erzeugnis steckt, notwendig waren, weil er bereits bekannt oder ohne weiteres zugänglich war, sondern nur auf die Herstellung des Gegenstandes selbst in seiner körperlichen und materiellen Erscheinungsweise verwendet wurden. Eine solche Leistung kann nur ein Eigentum an dem konkreten Gegenstand, nicht aber einen Anspruch auf das davon ablösbare Geistige geben.

[19]) Solange allerdings ein Immaterialgüterrecht an den einzelnen Leistungen nicht durch das Gesetz gewährt ist, wird das allgemeine Persönlichkeitsrecht alle Interessen der Person an ihrer Leistung schützen müssen; denn die Leistung ist eine Wirkung der Persönlichkeit. Solange sie nicht als selbständiges Gut mit eigenem Recht anerkannt ist, wird sie zur Persönlichkeit zu rechnen sein.

mittelbar in der Person des Unternehmers entstehen zu lassen, der den geistig Schaffenden angestellt hat und ihn für seine Arbeit bezahlt, während das Urheberrecht immer in der Person des Schöpfers entstehen muß. Auch bei der Übertragung von Leistungsschutzrechten und bei der Zwangsvollstreckung erscheint es nicht notwendig, jene Sicherungen zum Schutz der persönlichen Interessen einzubauen, wie sie beim Urheberrecht angebracht sind.

Während sich das Recht an geistigen Leistungen von dem an Werken dadurch unterscheidet, daß die Persönlichkeit des Schaffenden eine geringere Rolle spielt und oft bei der rechtlichen Regelung überhaupt unberücksichtigt bleiben kann, besteht eine Gemeinsamkeit darin, daß auch das Leistungsschutzrecht seine Grenzen hat, und hier gewinnt die Bemerkung des RG[20]) Bedeutung, daß neue Arbeiten vernünftigerweise den bisher errungenen Stand der Dinge nicht unbeachtet zu lassen brauchen. Aber es geht zu weit, deshalb die Ausnutzung fremder Leistung grundsätzlich zu gestatten. Ein solcher Standpunkt widerspricht dem naturrechtlichen Gedanken, daß jeder das, was er mit seiner Individualität geschaffen hat, als das Seine beanspruchen kann. Auch auf dem Gebiet der geistigen Leistungen muß jeder geschaffene und realisierte Wert von anderen geachtet werden. Aber ähnlich wie das Urheberrecht ist auch der Leistungsschutz zugunsten überwiegender Interessen einzuschränken. Grundsätzlich wird man dabei sagen können, daß an individuellen geistigen Erzeugnissen ein Ausschlußrecht gewährt werden muß, das aber wegen der besonderen Natur geistiger Inhalte, die immer einmalig, aber für die Teilhabe aller bestimmt sind, auf eine gewisse Zeit zu begrenzen ist. Diese ist so zu bemessen, daß es dem Schaffenden bzw. dem Unternehmer möglich ist, eine ausreichende Entschädigung für seinen Aufwand durch die alleinige Benutzung des Erzeugnisses zu erhalten. Soweit nun die individuelle Leistung mit einem allgemeinen Inhalt verbunden ist, kann kein Ausschlußrecht am Inhalt selbst anerkannt werden; wo dieser aber, wie z. B. bei Photographien, unabhängig von der fremden Leistung benutzbar bleibt und die Gesamtheit auch nicht darauf angewiesen ist, das Geistige gerade von der fremden Leistung abzunehmen, kann diese für eine gewisse Zeit gegen Nachahmung und Nachbildung geschützt werden, so daß es auch hier dem Schaffenden möglich ist, inzwischen zu einer Vergütung für seine Leistung zu kommen.

Soweit aber die Allgemeinheit an der sofortigen Benutzung des durch fremde Leistung zugänglich gemachten geistigen Gemeinguts ein dringendes Interesse hat, muß dem Schaffenden wenigstens ein angemessener Lohn gesichert werden. Gerade der letztere Gedanke hat in der geltenden Rechtsordnung noch keine Verwirklichung gefunden. In allen Streitigkeiten über die Benutzung fremder Leistung geht es immer nur darum, ob die Benutzung erlaubt ist oder nicht. Dies ist aber nicht die einzige Alternative.

---

[20]) RGZ 135, 395.

Es kann auch sein, daß eine Benutzung um überwiegender Interessen willen statthaft sein muß, ohne daß es doch gerechtfertigt erscheint, dem Schaffenden ein Entgelt vorzuenthalten. Da aber unsere Rechtsordnung bisher nur Ausschlußrechte und auf Vertrag beruhende Vergütungsansprüche kennt, kann eine solche Regelung nur durch den Gesetzgeber selbst getroffen werden[21]).

20. Kapitel

Dem geistigen Gemeingut gewidmete Leistungen

a) Das wissenschaftliche „Eigentum"

Um den zuletzt erwähnten Fall handelt es sich beim Problem des wissenschaftlichen Eigentums. Wie früher betont wurde, sind wissenschaftliche Lehren und Entdeckungen, die in Geisteswerken enthalten sind, immer frei, sie können von jedem wirtschaftlich verwertet oder in neuen Werken behandelt werden. Nun ist es aber klar, daß das Entgelt, das dem Forscher aus dem Urheberrecht am Werk zufließt, in der Regel keine angemessene Entschädigung für die Bedeutung der Entdeckung und für den dafür erforderlichen Aufwand an Geist, Mühe und Geld darstellt. Ein Arzt, der eine umwälzende neue Heilmethode entwickelt oder das Wesen einer bisher unheilbaren Krankheit erkannt hat, wird offenbar durch das Honorar, das er für einen wissenschaftlichen Aufsatz über seine Erkenntnis erhält, nicht gebührend entschädigt. Ähnlich ist es auch bei naturwissenschaftlichen Entdeckungen, deren praktische Auswertung vielleicht ganze Industriezweige ins Leben ruft. So hat z. B. Oerstedt durch seine Beobachtung, daß eine frei schwingende Magnetnadel durch die Nähe eines elektrischen Stroms angezogen oder abgestoßen wird, zum großen Teil die Grundlage für die moderne Elektrotechnik geschaffen[22]). Aber auch wirtschaftliche Lehren, politische, staatsrechtliche und sonstige juristische Vorschläge, also Entdeckungen auf dem Gebiet der Ordnung des menschlichen Zusammenlebens, können eine ungeheuere Bedeutung für die Allgemeinheit gewinnen. Auch historische Forschungen und Ausgrabungen oder die Entzifferung alter Schriften, vor allem aber die Erforschung unbekannter Erdstriche oder schwierige Erstbesteigungen von Bergen haben für die Gesamtheit erheblichen Wert.

---

[21]) Eine gewisse Mittelstellung nimmt der Bereicherungsanspruch ein. Auf die ungerechtfertigte Aneignung wird gerade bei Ausnutzung fremder Gedanken oft hingewiesen (so Callmann, Der unlautere Wettbewerb, 1932, § 1 Anm. 48; ders. in GRUR 1928, 257. Auch RG in GRUR 1932, 338). Mit Recht heben aber Isay, GRUR 1928, 426, und Reimer, Wettbewerbsrecht S. 347, hervor, daß der Begriff der ungerechtfertigten Bereicherung zu vage sei, als daß damit das Problem der Ausnutzung fremder Leistung gemeistert werden könnte.

[22]) Der wissenschaftliche Forscher kann in der Regel auch kein Patent erhalten. Ein solches kann nur auf die praktische Anwendung von Erkenntnissen, auf Regeln für technisches Handeln erteilt werden. Der Erfinder, der ein von einem anderen entdecktes naturwissenschaftliches Gesetz auf einen Apparat anwendet, kann also ein Patent erhalten, nicht jedoch der Entdecker selbst.

Hierher gehören ferner die Entwicklung eines stenogrophischen Systems, einer Weltsprache, einer kaufmännischen Buchungsmethode, einer neuen Unterrichtsmethode oder künstlerische Erfindungen, wie die eines neuen Stils, einer eigenen Maltechnik, einer eigenartigen musikalischen Richtung usw. Wenn es sich hierbei auch nicht um Entdeckungen handelt, sondern um Gedanken, die der eigenen Phantasie entsprungen sind, so gehen sie doch mit der Veröffentlichung in den objektiven Geist ein und müssen nun allen zur Verwendung offenstehen.

Das geltende Recht erfaßt diese Leistungen nicht, sondern überläßt sie der Allgemeinheit zur freien Benutzung. Dieser Rechtszustand wird seit längerer Zeit in weiten Kreisen als unbefriedigend empfunden, zumal gerade wissenschaftliche Entdeckungen in der praktischen Auswertung und Anwendung oft erhebliche Gewinne einbringen. In Frankreich wurde bereits 1922 ein von Barthélemy verfaßter Gesetzesvorschlag zum Schutz des wissenschaftlichen Eigentums dem Parlament vorgelegt, ohne daß es aber zu einer Beschlußfassung kam. In der Folgezeit beschäftigte sich die Kommission des Völkerbundes für geistige Zusammenarbeit mit den Möglichkeiten, dem Forscher einen Anteil am wirtschaftlichen Ertrag seiner Entdeckung zu gewähren. In ihrem Auftrag arbeitete Ruffini den Entwurf einer internationalen Konvention aus, nach der der Urheber wissenschaftlicher Entdeckungen und Erfindungen ein Anteilsrecht an dem Gewinn, den Gewerbe und Handel aus seiner Erkenntnis ziehen, erhalten sollte. Dieser Entwurf wurde den dem Völkerbund angeschlossenen Regierungen zur Stellungnahme übersandt. Da diese zwar meist die Berechtigung des Gedankens als solchen anerkannten, aber die praktische Durchführung für unmöglich hielten, unterblieb eine Beschlußfassung des Völkerbundes[23]). So wurde die Behandlung der Frage des wissenschaftlichen Eigentums auf internationaler Ebene fallen gelassen, aber v. Knieriem[24]) betont mit Recht, daß sie von Zeit zu Zeit aufgegriffen werden solle; denn „dem schöpferischen Menschen ausreichenden Rechtsschutz zu sichern, ist eine so fundamental wichtige Aufgabe für jedes Volk, daß nur nach ernster Prüfung das Ergebnis tragbar erscheint, der augenblickliche Zustand könne nicht verbessert werden".

Bei allen diesen Bestrebungen besteht Einigkeit darüber, daß dem Wissenschaftler kein Ausschlußrecht an seinem Forschungsergebnis gewährt werden kann, weil die Mitbenutzung der Allgemeinheit unbedingt erforderlich ist. Der Gedanke, ihm ein Anteilsrecht am wirtschaftlichen Erfolg seiner Erkenntnisse oder einen Vergütungsanspruch gegen jeden

---

[23]) Über weitere Vorschläge und Besprechungen vgl. Walter Erman, Wissenschaftliches Eigentum, 1929, 4 ff.; Herzfeld, Internationale Bestrebungen zum Schutz des wissenschaftlichen Eigentums, 1926; Osterrieth, Wissenschaftliches Eigentum, 1926; Katz, Der Schutz des wissenschaftlichen Eigentums, GRUR 1925, 55; Heymann, Der Schutz der wissenschaftlichen Entdeckungen, DJZ 1924, 762 ff.; Mayr-Harting, Schutz des wissenschaftlichen Eigentums, DJZ 1925, 239; Meinhardt, GRUR 1928, 104; Weidlich, GRUR 1927, 333; 1928, 322; Plugge, Das Recht des Entdeckers, GRUR 1938, 297.

[24]) Im Jahrb. d. Akademie f. Deutsches Recht 1937, 201.

Mitbenutzer zu geben, würde der Interessenlage gerecht werden, aber er erscheint jedenfalls beim gegenwärtigen Stand der Erforschung des Problems nicht durchführbar. Es entspricht dem Wesen des Geistigen, daß es von allen aufgenommen und verarbeitet werden kann. Es läßt sich daher meist nicht feststellen, von wem und inwieweit eine Entdeckung verwertet und benutzt wird. Oft beruhen literarische und künstlerische Werke oder Erfindungen auf zahllosen Gedanken anderer. Jedem einzelnen einen Vergütungsanspruch gegen den Benutzer oder ein Anteilsrecht am Gewinn zu geben, ist daher in der Regel für wissenschaftliche Entdeckungen nicht möglich, es wird vielmehr ein Pauschalsystem gewählt werden müssen.

Dabei wird man an den schon öfter erwähnten Gedanken der Förderung von Kunst und Wissenschaft anknüpfen können. Wenn ein Wissenschaftler in der Jugend oder bei der Herausgabe seiner Werke oder bei seinen Forschungen unterstützt wird, so erhält er bereits dadurch einen gewissen Ausgleich dafür, daß er seine Forschungsergebnisse später der Allgemeinheit unentgeltlich zur Verfügung stellen muß. Hinzukommen kann die Verteilung von Preisen durch die für Wissenschaftler zu gründende Urheberschutzorganisation, die ja am besten das Verdienst hervorragender Forscher beurteilen kann, sowie die Gewährung einer Altersversorgung, wo sie gerechtfertigt und notwendig erscheint. Solche Preise könnten auch den Künstlern von ihren Schutzorganisationen verliehen werden, wenn sie sich über ihr Werkschaffen hinaus durch Entwicklung eines neuen Stils oder einer neuen Kunstrichtung verdient gemacht haben.

Die Mittel für diesen Zweck könnten durch die vorgeschlagene Kulturabgabe gewonnen werden. Wenn die Erträgnisse wissenschaftlicher und künstlerischer Werke nach Ablauf der Schutzfrist für die Zwecke der Förderung von Kunst und Wissenschaft verwendet werden, so leistet der einzelne Urheber damit zugleich ein Entgelt dafür, daß er selbst die Gedanken anderer benutzt hat. Aber ein solches Entgelt müssen auch die Industriekreise bezahlen, die in der Hauptsache wissenschaftliche Entdeckungen verwerten. Da dies vor allem in patentierten Erfindungen geschieht[25]), könnte auch die Abgabe für den Forscher durch einen Zuschlag auf die Patentgebühren erhoben werden, der an die für Wissenschaftler zu gründende Schutzorganisation[26]) abzuführen wäre. Um den Erfinder, der ja in der Regel bei der wirtschaftlichen Auswertung seiner Erfindung eine Reihe von Anfangsschwierigkeiten zu überwinden hat, nicht ungebührlich zu belasten, sollte dieser Zuschlag erst bei den Verlängerungsgebühren vom 5. Jahr ab gefordert werden. Patente, die nach 5 Jahren noch aufrechterhalten werden, haben sich in der Regel durchgesetzt und werfen meist einen erheblichen wirtschaftlichen Gewinn ab, so daß sie auch eine Abgabe für wissenschaftliche Zwecke tragen können.

---

[25]) Mit Recht weist Erman a. a. O. S. 88 darauf hin, daß die meisten Erfindungen unter Verwertung wissenschaftlicher Entdeckungen zustande kommen.

[26]) Vielleicht könnte die Deutsche Forschungsgemeinschaft zu diesem Zweck ausgebaut werden.

Neben dieser wirtschaftlichen Seite sind aber auch die persönlichen Interessen des Forschers und Entdeckers zu berücksichtigen. Die oben aufgeführten Arten von wissenschaftlichen und künstlerischen Entdeckungen und Erfindungen haben zwar keine persönliche Prägung, sie erschöpfen sich in allgemeinen Inhalten, die allerdings erst durch individuelle Leistung der Menschheit zugänglich gemacht wurden. Aber der einzelne Forscher oder Künstler hat ein berechtigtes Interesse daran, daß seine Urheberschaft anerkannt werde. Freilich wird er nicht verlangen können, daß überall, wo seine Erkenntnis benutzt wird, auch sein Name genannt werde; aber er muß demjenigen gegenüber, der seine Entdeckerschaft bestreitet oder der seine Entdeckung als eigene ausgibt, einen Anspruch auf Unterlassung und notfalls sogar auf Schadensersatz haben. Schon nach geltendem Recht wird man einen solchen Anspruch auf Anerkennung der Entdeckerschaft aus dem allgemeinen Persönlichkeitsrecht herleiten müssen[27]), doch erscheint eine ausdrückliche gesetzliche Anerkennung zweckmäßig.

b) Der Nachrichtenschutz

Ähnlich wie beim wissenschaftlichen „Eigentum" wird bei Nachrichten tatsächlichen Inhalts eine individuelle Leistung mit geistigem Gemeingut verbunden. Auch sie sind urheberrechtlich nicht geschützt, weil sie nur allgemeine geistige Inhalte darstellen, die der realen Welt oder dem objektiven Geist entnommen sind. An ihrer Benutzung und Weiterverbreitung besteht ein dringendes öffentliches Interesse. § 18 III LUG erklärt daher ihren Abdruck aus Zeitungen und Zeitschriften stets für zulässig. Diese Vorschrift wird vom RG auch auf Rundfunknachrichten angewendet[28]). Nun darf aber nicht übersehen werden, daß das Sammeln der Nachrichten, die ja heute aus allen Ländern und Erdteilen kommen, eine große Organisation voraussetzt und einen erheblichen Aufwand an Mühe und Geld erfordert. Sie sind durchaus nicht allen ohne weiteres zugänglich. Ihr Auffinden und Zusammentragen geht auf eine individuelle Leistung in der Hauptsache organisatorischer Art zurück, die von den Nachrichtenagenturen oder dem Nachrichtendienst der Presse bzw. des Rundfunks erbracht wird. Der gegenwärtige Rechtszustand, der den Abdruck unentgeltlich gestattet, bedeutet daher eine Ungerechtigkeit gegenüber diesen Institutionen, er bedeutet die Zulässigkeit der Aneignung fremder Leistung, ohne daß dafür eine zwingende Notwendigkeit vorliegt. Zwar muß anerkannt werden, daß der Abdruck und die Wiedergabefreiheit von Nachrichten tatsächlichen Inhalts dem öffentlichen Interesse an schneller und vollständiger Information dient, aber es besteht kein Grund, den Nachrichtendiensten den Anspruch auf ein Entgelt zu nehmen.

---

[27]) Vgl. dazu mein Persönlichkeitsrecht S. 178.

[28]) Vgl. RGZ 128, 331; Ulmer a. a. O. S. 173; Hubmann, Der Schutz der Rundfunksendung gegen unbefugte Verwertung, GRUR 1953, 322.

Diese Einsicht in die Notwendigkeit eines Nachrichtenschutzes setzt sich mehr und mehr durch[29]). So hat das Reichsministerium des Innern 1932 einen Gesetzentwurf herausgebracht, der den Schutz unveröffentlichter Nachrichten vorsieht und ihnen die durch Rundfunk gesendeten Nachrichten bis zum Ablauf von 18 Stunden gleichstellt[30]).

Eine solche Regelung dürfte jedoch dem dringenden öffentlichen Interesse an schneller Information nicht gerecht werden, außerdem verdienen auch veröffentlichte Mitteilungen Schutz. Die Gewährung eines Ausschlußrechts, wenn auch eines zeitlich beschränkten, ist bei der gegebenen Interessenlage nicht am Platze[31]). Der Nachdruck und die Wiedergabe muß vielmehr gegen Zahlung eines Entgelts zulässig sein. Auch ist den Nachrichtenbüros usw. oft mehr gedient, wenn ihnen gegen jeden, der die von ihnen gesammelten Nachrichten gewerbsmäßig weiterverbreitet, ein Anspruch auf die übliche Vergütung gewährt wird. Dieser Anspruch sollte also nicht etwa der Zeitung oder der Rundfunkanstalt gegeben werden, von der der Nachdrucker oder die andere Rundfunkanstalt die Mitteilung übernommen hat, sondern demjenigen Unternehmen, das die Nachricht gesammelt hat; denn dieses hat die schutzwürdige Leistung erbracht[32]). Im Gegensatz zum wissenschaftlichen Eigentum läßt sich bei Nachrichten in der Regel die Benutzung leicht feststellen und nachweisen.

c) Editio princeps und Textrezensionen

Eine Verbindung von individueller Leistung mit geistigem Gemeingut liegt auch bei der sogenannten editio princeps, der Ausgabe einer alten Handschrift, und bei einer Textrezension, der Wiederherstellung eines alten Textes, vor. Das geltende Recht gewährt hier keinen Schutz. Da die alte Handschrift oder das Werk des alten Schriftstellers nicht dem Urheberrecht untersteht, ist der Nachdruck ohne weiteres erlaubt. Lediglich

---

[29]) Schon 1886 schrieb der Börsenverein der Deutschen Buchhändler, der freie Abdruck von Nachrichten ermögliche die Existenz einer großen Anzahl von großen, kleinen und kleinsten Zeitungen, die lediglich von Raub und Plünderung anderer Blätter leben (vgl. Zetzsche, ZAkDR 1936, 657).

[30]) Auch die Samadener Sachverständigenkonferenz hat einen Vorentwurf zum Schutz von Pressenachrichten fertiggestellt. Vgl. Neumann-Duesberg, Presseberichterstattung, Presseurheberrecht und Nachrichtenschutz, 1949, 37; Häntzschel, GRUR 1932, 834; Zetzsche, ZAkDR 1936, 656; Graber, Der rechtliche Schutz von Pressenachrichten, Bern 1939. Eine Regelung enthält § 79 des österreichischen Urhebergesetzes von 1936, nach dem die von Zeitungskorrespondenzen und ähnlichen Unternehmungen gesammelten Nachrichten nicht nachgedruckt oder im Rundfunk verbreitet werden dürfen, bevor sie nicht in einer vom Nachrichtensammler dazu ermächtigten Zeitung oder Zeitschrift erschienen sind.

[31]) Solange die Nachrichten geheim gehalten werden, muß natürlich der Geheimnisschutz eingreifen.

[32]) Die Entw. enthalten keine Bestimmung über den Nachrichtenschutz. Der Entw. 1932 versagt zwar Zeitungen und Zeitschriften das Recht, Rundfunknachrichten wiederzugeben, gestattet aber diesem die Wiedergabe von Zeitungs- und Zeitschriftennachrichten (vgl. Begründung 1932, 85). Dagegen läßt § 33 Abs. 2 des Entw. 1939 grundsätzlich jeden Abdruck von Presse- und Rundfunknachrichten zu, verbietet aber in § 60 Ziff. 3, Rundfunknachrichten gewerbsmäßig weiter mitzuteilen.

für die Erstausgabe geschützter Werke, die innerhalb von 40 Jahren nach dem Tode des Urhebers noch nicht veröffentlicht sind, gewährt § 29 LUG einen 10jährigen Schutz von der ersten Veröffentlichung an[33]). Ein Urheberrecht besteht auch an dem mit der Ausgabe alter Texte verbundenen wissenschaftlichen und kritischen Apparat, wie z. B. an Anmerkungen oder an einer geschichtlichen Einleitung[34]).

Diese gesetzliche Regelung entspricht nicht der Billigkeit. Die Ausgabe alter Handschriften und die Wiederherstellung alter Texte erfordert wohl immer besondere Fachkenntnisse und setzt oft jahrelange historische Forschungen voraus. Freilich wird dabei nicht etwa dem Werk der Stempel der Persönlichkeit des Herausgebers aufgeprägt, wohl aber bleibt die individuelle Leistung im Hintergrund erkennbar. Sie wird bei einem Nachdruck des herausgegebenen Werkes mitbenutzt. Daß ihr ein Entgelt gesichert werden muß, wird heute kaum mehr bestritten[35]). Zweifelhaft kann jedoch sein, in welcher Form dies geschehen soll, ob durch befristetes Ausschlußrecht oder durch bloßen Vergütungsanspruch. Da bei derartigen Editionen und Wiederherstellungen alter Texte die Interessen der Öffentlichkeit und von Kunst und Wissenschaft nicht so dringend sind, daß jedem der Nachdruck gestattet werden muß, erscheint es angemessen, dem Herausgeber ein dem Inhalt des Urheberrechts entsprechendes Leistungsschutzrecht für 10 Jahre vom Zeitpunkt der Herausgabe an zu gewähren. Innerhalb dieser Zeit kann er durch ein ausschließliches Verwertungs- und Benutzungsrecht zu einer angemessenen Entschädigung für seine Leistung gelangt sein[36]).

d) Photographien

Dem geistigen Gemeingut gewidmet sind auch Photographien. Sie geben Teile der realen Welt wieder, ihr Inhalt ist also allein aus einer allgemeinen Quelle geschöpft. Sie weisen keine individuelle Prägung auf, sondern bilden nur einen Naturgegenstand ab, aber sie setzen in der Regel eine individuelle Leistung voraus. Dies ist nicht nur bei künstlerischen

[33]) Vorausgesetzt ist dabei aber, daß das Werk überhaupt Urheberschutz genießt, was bei alten Schriftstellern nicht der Fall ist.

[34]) Auch soweit der Herausgeber den Text durch Vermutung und Phantasie ergänzt, kann ein Urheberrecht bestehen, vgl. Ulmer a. a. O. S. 85.

[35]) Gegen den Schutz hat sich vor allem Kohler, Grunhuts Zeitschr. 15, 207 ausgesprochen. Für einen Schutz sind eingetreten Bähr, Arch. f. bürgerl. Recht 7, 150; Ludwig Mitteis, in Festschrift für Unger, 1898, 125; Birkmeyer, Der Schutz der editio princeps, 1899.

[36]) Der Entw. 1939 erwähnt zunächst Ausgaben, die das Ergebnis wissenschaftlich sichtender Tätigkeit und einer eigenpersönlichen Leistung darstellen (§ 1 II Ziff. 4) und gewährt daran ein volles Urheberrecht. Daneben gibt § 53 b für Ausgaben und Bearbeitungen, bei denen keine eigenpersönliche Leistung vorliegt, ein auf 10 Jahre begrenztes Leistungsschutzrecht. Diese Unterscheidung erscheint nicht als notwendig. Soweit Ausgaben durch Zusätze und Veränderungen eine individuelle Prägung erhalten, zählen sie wie schon bisher zu den Werken oder Bearbeitungen, so daß eine besondere Bestimmung überflüssig ist. Soweit sie aber nicht einmal auf eine individuelle Leistung zurückgehen, ist ein Schutz nicht gerechtfertigt.

Aufnahmen der Fall, die einen Blick für Licht und Schatten, für die Gesamtwirkung und für ein ästhetisch eindrucksvolles Motiv voraussetzen, sondern in der Regel auch bei gewerbsmäßig hergestellten Photographien oder Liebhaberaufnahmen. Sie erfordern zumindest einen Aufwand an Geld, der bei Aufnahmen von fernen Ländern ganz erheblich sein kann. Mit Rücksicht auf diese individuelle Leistung, die normalerweise gegeben ist, gebührt auch den Lichtbildern ein rechtlicher Schutz. Dieser kann allerdings nicht so verwirklicht werden, daß dem Photographen ein Ausschlußrecht an dem Inhalt der Aufnahme gewährt wird; denn dieser besteht ja allein aus geistigem Gemeingut, das anderen zur Benutzung offenbleiben muß. Es muß anderen gestattet sein, denselben Gegenstand aufzunehmen oder zu malen. Es besteht aber, soweit eine Photographie nicht gerade Tagesereignisse betrifft, kein berechtigtes Interesse daran, eine bestimmte Aufnahme selbst nachzubilden und wiederzugeben. Auf Grund dieser Sachlage kann und muß dem Photographen ein zeitlich begrenztes Leistungsschutzrecht an seiner Aufnahme gewährt werden, durch das anderen die Nachahmung und Nachbildung verboten wird.

Das KUG stellt Photographien und sonstige durch ein ähnliches Verfahren hergestellte Erzeugnisse den Kunstwerken grundsätzlich gleich, nur die Schutzfrist läuft im Gegensatz zu letzteren bereits 25 Jahre nach dem Erscheinen ab. Inzwischen hat sich aber fast allgemein die Ansicht durchgesetzt, daß die photographische Aufnahme, selbst wo sie auf eine künstlerische Leistung zurückgeht, doch bloße Wiedergabe ist und mit einem Kunstwerk, bei dem der individuelle Geist selbst Ausdruck gewinnt, nicht auf eine Stufe gestellt werden kann[37]). „Die Photographie ist keine eigenartige Gestaltung des Geschauten oder innerlich Erlebten, sondern nur eine mit technischen Mitteln bewirkte bildliche Festlegung eines Ausschnitts der Außenwelt, wie geschickt und künstlerisch diese Mittel auch im einzelnen Fall gehandhabt sein mögen. Gewerbsmäßig hergestellte Werke der Photographie sind gewerbliche Erzeugnisse, bei denen die Personen, die an ihrer Herstellung mitgewirkt haben, mehr in den Hintergrund treten". Trotz dieser richtigen Beurteilung, wie sie die Begründung zum Entwurf 1932[38]) gibt, reiht dieser aber Photographien unter den Werkschutz ein, um nicht ein besonderes Gesetz schaffen zu müssen[39]). Methodisch richtiger verweist der Entwurf 1939 (§ 58) den Schutz der Lichtbilder in den Abschnitt „angrenzende Rechtsgebiete" und will für sie ein auf 10 Jahre nach der Veröffentlichung befristetes Leistungsschutzrecht gewähren, auf das die für Werke der bildenden Künste geltenden Vorschriften mit einigen Ausnahmen anwendbar sein sollen. Da inzwischen durch Novelle vom 12. 5. 1940 die

[37]) Vgl. Runge a. a. O. S. 333; Ulmer a. a. O. S. 313. Dagegen hat Art. 2 der Brüsseler Fassung der RBÜ die Photographien in den Katalog der Werke der Literatur und Kunst mit einbezogen, während sie ihnen bisher zur Seite gestellt waren. Auch Riedel, Schutz der Photographie im geltenden und zukünftigen Urheberrecht, GRUR 1952, 378, schlägt einen echten Urheberschutz vor.

[38]) Seite 41.

[39]) Begründung S. 35 f.

25jährige Schutzfrist eingeführt worden ist, wird diese auch künftig beibehalten werden müssen. Im übrigen erscheint die Regelung des Entwurfs 1939 angemessen. Die in § 58 Abs. 6 enthaltene Bestimmung trägt dem öffentlichen Bedürfnis nach Information Rechnung, macht aber den Abdruck von Lichtbildern, deren Gegenstand sich auf Tagesereignisse bezieht, mit Recht von der Bezahlung einer Vergütung abhängig, wie wir es oben auch für den Abdruck von Nachrichten vorgeschlagen haben.

21. Kapitel

Geistige Leistungen von selbständigem Verkehrswert

a) Der Titelschutz

Die im vorigen Kapitel aufgeführten Leistungen sind dadurch charakterisiert, daß sie dem geistigen Gemeingut gewidmet sind und darüber hinaus keinen individuellen geistigen Inhalt haben, sondern nur auf eine individuelle Tätigkeit zurückgehen. In diesen Fällen erschien uns nur dort, wo kein vordringliches allgemeines Interesse an der alsbaldigen Benutzung der Leistung besteht, wie bei der editio princeps, bei Textrezensionen und Photographien, ein auf kurze Zeit bemessenes Ausschlußrecht angebracht, während beim wissenschaftlichen Eigentum und bei Nachrichten, an denen alle teilhaben müssen, nur ein Vergütungsanspruch in irgendeiner Form gewährt werden kann. Nun gibt es aber noch individuelle geistige Leistungen, durch die eigenartige Erzeugnisse hergestellt werden, die im Verkehrsleben selbständigen Wert und selbständige Bedeutung besitzen. An ihnen ist immer ein absolutes Recht anzuerkennen. Freilich muß auch dieses zeitlich begrenzt sein, weil das in der Leistung enthaltene Geistige wegen seiner Einmaligkeit nicht auf die Dauer einem einzelnen vorbehalten bleiben kann, außerdem muß es auch inhaltlich beschränkt sein, soweit überwiegende Interessen eine Mitbenutzung anderer in gewissem Umfang notwendig machen.

Solche eigenartige Phantasiegebilde können zunächst einmal Werktitel sein; bei ihnen wird das Problem eines Schutzes seit langem diskutiert. Sie sollen geschützte oder ungeschützte Werke kurz und schlagwortartig im Verkehr kennzeichnen. Manchmal kommt in ihnen der Inhalt des Werkes, z. B. eines Buches, in prägnanter Form zum Ausdruck, aber auch wo dies nicht der Fall ist, kann in ihnen ein glücklicher Einfall stecken, der viel zur Durchsetzung des Buches und zu seiner Popularisierung beitragen kann. Manchmal freilich enthalten sie nichts Besonderes, sondern könnten in dieser Art von jedem gefunden werden, oft auch bestehen sie nur aus einer dem geistigen Gemeingut zugehörigen Bezeichnung[1]). Schon diese Verschiedenheit der Titel in ihrem Gehalt an

[1]) Z. B. die Titel Bismarck, Friedrich der Große u. ä.

individueller Leistung macht das Problem eines Schutzes kompliziert. Hinzukommt aber, daß in der Regel auch ein öffentliches Interesse des Verkehrslebens mit hereinspielt, nämlich das Interesse an der Vermeidung von Irreführungen durch verwechslungsfähige Werkbezeichnungen.

Im geltenden Recht wird der Titel vor allem durch § 16 des Gesetzes gegen den unlauteren Wettbewerb geschützt[2]). Diese Bestimmung wahrt in der Hauptsache öffentliche Belange, sie stellt daher auch auf die Verwechslungsfähigkeit ab[3]). Sie genügt aber nicht vom Gesichtspunkt des Leistungsschutzes aus. Einmal wird § 16 UWG erst mit der Benutzung des Titels anwendbar, wobei allerdings schon eine öffentliche Ankündigung genügt; ferner bezieht sich diese Vorschrift nur auf Titel von Druckschriften, wobei dieser Begriff zwar sehr weit gefaßt wird, ohne daß jedoch alle Werkgattungen darunterfallen[4]). Schließlich schützt § 16 den Titel nur mit Bezug auf ein bestimmtes Werk, nicht aber den Titel als solchen, der z. B. bei Filmen oft schon erdacht ist, bevor das Werk geschaffen wird.

Mit Rücksicht hierauf ist in der Rechtsprechung und im Schrifttum immer wieder der Versuch gemacht worden, am Titel ein Urheberrecht anzuerkennen[5]). Doch werden die Fälle, in denen er durch seine Formulierung bereits die Individualität des Schöpfers ausdrückt, selten sein. Auch originelle Titel lassen in der Regel nur im Hintergrund eine individuelle Leistung erkennen. In diesen Fällen gebührt ihnen aber ein Schutz gegen Entnahme und unbefugte Verwendung auch dort, wo § 16 UWG nicht eingreift[6]). Mit Recht will daher der Entwurf 1932 in § 63 eine eigene Bestimmung über den Titelschutz schaffen[7]). Allerdings stellt er ganz auf den geschäftlichen Verkehr ab. Darüber hinaus bedürfen originelle Titel aber auch des Schutzes gegen sonstige Entnahme. Sie stellen oft gerade bei Filmen, aber auch bei Büchern und musikalischen Werken einen erheblichen Wert dar. Vielfach werden ja Werke nur nach dem Titel gekauft. Sie müssen daher schon geschützt werden, wenn das Werk noch nicht in

---

[2]) Vereinzelt sind Titel auch als Warenzeichen eingetragen worden, vgl. Runge a. a. O. S. 358.

[3]) Der Schutz des § 16 UWG greift auch ein, wenn das Werk schon frei ist. Allerdings darf nach Ablauf der Schutzfrist mit dem Werk auch sein Titel benutzt werden (vgl. OLG Dresden in JW 1926, 1243 betreffend Struwwelpeter und RGZ 112, 2 betr. „Brehms Tierleben"), aber solange das Werk in der Öffentlichkeit wiedergegeben und benutzt wird, darf der Titel nicht derart für ein anderes Werk verwendet werden, daß Verwechslungen möglich sind.

[4]) Vgl. Runge a. a. O. S. 365 u. Reimer, Wettbewerbsrecht S. 301.

[5]) So hat das KG die Titel „Paradies der Damen" (GRUR 1923, 20) und „Wien, du Stadt meiner Träume" (GRUR 1929, 123) urheberrechtlich geschützt. Vgl. auch RGZ 112, 117; 123, 120; 135, 209; Hillig, Gutachten über urheberrechtliche, verlagsrechtliche und verlegerische Fragen, 1928/1934 Nr. 284 ff.; Elster, GRUR 1925, 146; 1929, 449 u. 979; Degen, GRUR 1925, 453; Rudloff, JW 1938, 999; Ebner, GRUR 1938, 167.

[6]) Titel die nur gemeinfreie Bezeichnungen enthalten oder von allen gefunden werden können, sind nicht schutzfähig.

[7]) Die Bestimmung dehnt den Schutz auch auf die äußere Ausstattung aus. Der Entwurf 1939 dagegen hat die Bestimmung nicht übernommen, weil er den Titelschutz dem Wettbewerbsrecht überlassen will (vgl. die Begründung in GRUR 1939, 267).

das Verkehrsleben eingetreten ist, wenn es sich erst im Werden befindet, ja selbst dann, wenn der Titel allein gefunden ist und das Werk erst danach geschaffen werden soll. Freilich besteht kein Anlaß dazu, den gefundenen Titel auch gegen selbständige Neuschöpfung zu schützen. Hierfür liegt nur dort ein ausreichender Grund vor, wo die Öffentlichkeit vor Irreführung bewahrt werden muß. Diesen Zweck erfüllt die Bestimmung des § 16 UWG. Neben diese Bestimmung muß aber ein besonderes Schutzrecht treten, das die individuelle Leistung vor Nachahmung und Ausnutzung durch andere bewahrt. Der einzelne hat dabei allerdings den Nachweis zu führen, daß der andere den von ihm erfundenen Titel erfahren hat und benutzt. Da es nicht auf die Priorität ankommt, ist es auch nicht nötig, ein Titelregister zu schaffen[8]). Dieses Leistungsschutzrecht könnte ähnlich wie bei Photographien auf 25 Jahre von der Veröffentlichung bzw., wenn eine solche nicht erfolgt ist, von der Schaffung des Titels an begrenzt werden, wodurch aber die wettbewerbsrechtlichen Bestimmungen nicht berührt würden. Solange ein Titel überhaupt geheim gehalten wird, muß er als Geheimnis Schutz genießen.

b) Die Generalklausel für den Leistungsschutz

Neben den Titeln gibt es noch zahllose individuelle geistige Leistungen, die im Verkehrsleben selbständigen Wert besitzen. Hierher gehören vor allem diejenigen Erzeugnisse, die man oft als kleine Münze des Urheberrechts bezeichnet, wie Kataloge und Preislisten[9]), Adreßbücher[10]), Rechentabellen[11]), Kochbücher[12]), militärische Signale usw. Sie werden bisher meist als Werke behandelt, vorausgesetzt daß sie ein gewisses Maß an geistiger Leistung enthalten, wobei aber die Rechtsprechung nur geringe Anforderungen stellt. Dagegen wurden Rundfunkprogramme nicht geschützt, obwohl anerkannt werden mußte, daß ihre Zusammenstellung und Ausarbeitung eine erhebliche organisatorische Leistung erfordere[13]). Alle diese aufgezählten geistigen Erzeugnisse sind offenbar nicht Ausdruck einer bestimmten Individualität, sie sollten nicht mit Dichtungen, wissenschaftlichen Werken, Symphonien und Bildwerken auf eine Stufe gestellt werden. Trotzdem mußte sie die Rechtsprechung zu den Geisteswerken zählen, weil unser Recht keine Mittelstufe zwischen ihnen und den ungeschützten Erzeugnissen kennt und es offenbar der Billigkeit widerstreben würde, sie der Nachahmung freizugeben. Um aber das Urheberrecht nicht völlig zu verwässern, mußten eine Reihe von Erzeugnissen ausgeschieden werden,

---

8) Es mag allerdings sein, daß der einzelne den Nachweis, daß der andere den von ihm erfundenen Titel erfahren hat, nicht führen kann, doch sollte das kein Grund sein, ihm den Rechtsschutz überhaupt zu versagen. Über das früher von der Reichsrundfunkkammer geführte Register für Filmtitel vgl. De Boor, Ufita 1944, 46.

9) Vgl. RGSt. 39, 100; RG in MuW 1925/26, 271; GRUR 1926, 117.

10) Vgl. RGZ 116, 292; RG in GRUR 1932, 742.

11) Vgl. RGZ 121, 357.

12) RGZ 81, 120.

13) Vgl. RGZ 140, 137; KG in JW 1925, 148; RG in GRUR 1931, 1286.

bei denen im Hintergrund eine erhebliche Leistung steht, wie z. B. Rundfunkpogramme.

Andererseits gewährte die Rechtsprechung doch auf dem Umweg über § 1 UWG dem eigenartigen Erzeugnis Schutz gegen Nachahmung, und zwar einen Schutz, der zeitlich nicht begrenzt ist, wodurch gerade diese geringerwertigen Erzeugnisse den Geisteswerken gegenüber bevorzugt werden. So betrachteten die Gerichte die Nachahmung von künstlichen Blumen[14]), Dekorentwürfen[15]), Huthaken[16]), Puppenjungen[17]), Käte Krusepuppen[18]), Wortbezeichnungen für einen Stabilbaukasten[19]), Handarbeitsheften[20]) sowie eines Katalogsystems[21]) als unerlaubten Wettbewerb, auch soweit kein Geschmacksmusterschutz gegeben war. Die Begründung ist dabei freilich nicht einheitlich. Die verschiedenen Gesichtspunkte und Interessen, die sich bei diesen geistigen Erzeugnissen überlagern, kommen darin deutlich zum Ausdruck. Teilweise wird die Öffentlichkeit gegen Irreführung gesichert, teilweise wird die kaufmännische Leistung, die durch Werbung und durch Qualität der Ware einen Verkehrsbesitzstand geschaffen hat, geschützt, teilweise wird das Geheimnis vor Erschleichung und Ausspionierung bewahrt. Neben diesen Gesichtspunkten, die für unsere Untersuchung nicht von Bedeutung sind, stützt sich aber das RG oft einfach darauf, daß es anstößig sei, ein eigenartiges Erzeugnis[22]) eines anderen nachzuahmen und so dessen mit Mühe und Kosten verbundene Leistung auszubeuten. Damit trifft das RG das Wesen des reinen Leistungsschutzes. Nach unseren Untersuchungen über die Voraussetzungen der schutzfähigen Leistung müßte dieser Gedanke so formuliert werden, daß die individuelle geistige Leistung[23]), die einen selbständigen, d. h. von allgemeinem oder fremdem Geistesgut unterscheidbaren Verkehrswert darstellt, gegen Nachahmung zu schützen ist. Allerdings können diese Leistungen, sollen sie nicht gegenüber den Geisteswerken und dem Geschmacksmuster bevorzugt werden, keinen zeitlich unbegrenzten Schutz genießen.

Es erscheint also notwendig, den reinen Leistungsschutz überhaupt aus § 1 UWG auszugliedern und gesondert gesetzlich zu regeln. Soweit es sich

---

[14]) RGZ 135, 385.
[15]) RG in GRUR 1932, 336.
[16]) RGZ 120, 94.
[17]) RGZ 115, 180.
[18]) RGZ 111, 254.
[19]) RG in JW 1929, 1212; das Berufungsgericht hat die Übernahme der Wortbezeichnungen als sittenwidrige Ausbeutung eines fremden Leistungsergebnisses betrachtet, das RG nahm jedoch freie Benutzung an.
[20]) RG in GRUR 1931, 407. Das Erstgericht hatte bezüglich zweier Hefte die Verbreitung untersagt, das Berufungsgericht und das RG hoben jedoch das Urteil auf, weil der Beklagte auf seine Hefte eine selbständige geistige Arbeit verwendet habe.
[21]) RG in MuW XXV, 271 und GRUR 1922, 35.
[22]) Auf die Eigenart im Gegensatz zur Dutzendware stellen folgende Entscheidungen ab: RG in MuW XXVII, 217 (Kunsttöpferei), GRUR 1928, 397 (Möbelbeschläge), JW 1931, 1898 (Manschettenknöpfe), GRUR 1932, 336 (Dekorentwürfe).
[23]) Durch individuelle geistige Leistung wird nach unseren früheren Ausführungen (Kap. 4 b) ein „geistiges Eigentum" an dem geschaffenen eigenartigen Geistesgebilde erworben.

um Leistungen auf kulturellem Gebiet handelt, wären sie zusammen mit der sogenannten kleinen Münze des Urheberrechts im kommenden Urhebergesetz in den Abschnitt über angrenzende Rechte aufzunehmen. Dabei könnte eine generalklauselartige Formulierung gewählt werden, durch die demjenigen, der eine individuelle geistige Leistung von selbständigem Wert auf kulturellem Gebiet erbringt, das ausschließliche Recht der gewerblichen Verwertung gewährt wird[24]. Eine solche Bestimmung entspräche dem Gedanken, daß der einzelne auf den von ihm geschaffenen Wert Anspruch hat. Ähnlich wie das Urheberrecht sollte dieses Leistungsschutzrecht nicht mit Sperrwirkung gegenüber einem selbständigen Erbringer derselben Leistung ausgestattet werden, auch sollte es zugunsten überwiegender Interessen Beschränkungen unterworfen sein. Eine solche Beschränkung ergäbe sich vor allem aus der Notwendigkeit, eine freie Benutzung im Interesse des Fortschritts zuzulassen[25]. Ferner müßte dieses Recht auf 10 Jahre von der Veröffentlichung oder, wenn eine solche nicht erfolgt, von der Herstellung an befristet werden[26].

Eine Registrierung wie bei Geschmacksmustern erscheint dabei nicht als erforderlich, weil diese Leistungen ja auch bisher ohne Eintragung geschützt wurden. Der Verkehr wird dadurch nicht beeinträchtigt, weil das Individuelle an einer Leistung hinreichend erkennbar ist. Der Geschmacksmusterschutz, der an die Eintragung in das Musterregister anknüpft, würde durch eine solche Regelung nicht überflüssig werden; denn er kann auf 15 Jahre ausgedehnt werden und gibt wegen der Registrierung eine Reihe von Beweiserleichterungen.

Die vorgeschlagene allgemeine Bestimmung würde auch eigenartige Modeschöpfungen[27], Schaufenstergestaltungen[28], Kinderspiele oder Schachpartien[29] vor unbefugter Nachahmung sichern[30], aber auch originelle Gedanken, die nicht in einem körperlichen Erzeugnis ihren Niederschlag gefunden haben, sondern nur in Handlungen, Worten oder sonstigen Akten

---

[24]) Vgl. Hoffmann, Ufita 1939, 100: „Der Schutz solcher Leistungen sollte m. E. darin bestehen zu verhindern, daß der in der Leistung innewohnende Wert dem Erbringer der Leistung entzogen wird."

[25]) Der Gedanke der freien Benutzung spielt bei den Entscheidungen des RG in JW 1929, 1212 (Stabilbaukasten), RGZ 116, 292 (Adreßbuch), GRUR 1931, 407 (Handarbeitshefte) eine Rolle.

[26]) Soweit ein Arbeitsergebnis geheimgehalten wird, muß aber der Geheimnisschutz eingreifen.

[27]) Freilich kann nicht die Mode als solche (z. B. lange oder kurze Röcke, enge Taille usw.) geschützt werden; soweit sie nicht bloß ein Aufguß von Formen früherer Zeiten ist, geht sie jedenfalls in den objektiven Geist ein und entzieht sich damit dem Eigentum eines einzelnen. Der Schutz vor Nachahmung kann also nur dem einzelnen Modell gewährt werden.

[28]) Zu der Frage, inwieweit sie Kunstschutz genießen, vgl. Ohr, GRUR 1953, 19.

[29]) Runge a. a. O. S. 18 will der originellen Schachpartie Urheberschutz zukommen lassen.

[30]) Auch der Satz des Druckers würde 10 Jahre lang vor einer Photokopie gesichert sein, was z. B. Bedeutung haben kann, wenn ein Werk kurz vor Ablauf der Schutzfrist neu aufgelegt wird. Vgl. dazu Runge a. a. O. S. 329 ff.

der Person erkennbar geworden sind[31]). Die Möglichkeit eines solchen Schutzes wurde im Schrifttum vor allem bei der „Filmidee" erörtert. Das KG[32]) hat in einem Fall, in dem der vom Kläger erfundene Filmstoff dem Beklagten zugänglich gemacht und von ihm für einen Film verwendet worden war, den Urheberschutz verweigert, obwohl es einräumte, daß es sich bei dem Stoff um einen eigenen, an sich schutzfähigen Gedanken handle, dessen Gestaltung aber in den Anfängen stecken geblieben sei[33]). Die Begründung stützt sich darauf, daß dem Schaffen unerträgliche Schranken gesetzt würden, wenn ein glücklicher, aber nicht genügend geformter Gedanke der Bearbeitung anderer Künstler entzogen würde, die ihn im eigengewirkten Gewande der Allgemeinheit näher bringen. Eine solche Erwägung vermag offenbar die Entrechtung des Erfinders eines originellen Gedankens[34]) nicht zu rechtfertigen. Sicher muß sich auf Grund der besonderen Natur des Geisteslebens jeder gefallen lassen, daß seine Gedanken für andere eine Anregung zu eigenem Schaffen bilden, aber wo die Entnahme über eine Anregung hinausgeht und zum Diebstahl des fremden Gedankens wird, muß der Rechtsschutz eingreifen. Dieser kann aber nicht etwa auf dem Grundsatz der Priorität aufbauen; denn es besteht kein Anlaß einen anderen, der denselben oder einen ähnlichen Stoff erfindet, zu entrechten, wie es beim Patent im Interesse der Allgemeinheit geschieht. Die Gemeinschaft ist ja nicht daran interessiert, möglichst viele originelle Filmstoffe an die Öffentlichkeit zu locken[35]). Es muß also dem einzelnen überlassen bleiben, nachzuweisen, daß der andere gerade seinen originellen Gedanken erfahren und verwertet hat.

Aber auch für sonstige auf Phantasie beruhende Einfälle ist ein Schutz gegen Nachahmung und Ausbeutung in dem oben umrissenen Umfang erforderlich. Dies gilt z. B. für „Verlagsideen"[36]), für Werbemethoden[37]), für den erfundenen Witz[38]), für den Trick eines Clowns, Zauberers oder

---

[31]) Zum Schutz von „Ideen" vgl. Elster, Ufita 1935, 51. Zum Schutz der „Filmidee" vgl. Georg Müller, Ufita 1942, 328; Müller-Pohle, Ufita 1944, 105; De Boor, Ufita 1944, 48.

[32]) In Ufita 1944, 62 betr. den Film „Wer küßt Madleine?".

[33]) Wo die Gestaltung so weit fortgeschritten ist, daß sie bereits Ausdruck der Individualität des Schöpfers ist, muß nach unseren früheren Grundsätzen der Werkschutz bejaht werden, der sich auch auf die originelle Fabel erstreckt.

[34]) Selbstverständlich können nicht bloße allgemeine Stoffe einer „Filmidee", z. B. ein dem Leben entnommener Vorgang, geschützt werden, sondern nur der auf eigener Phantasie beruhende individuelle Gedanke. Dies verkennt LG Berlin, Ufita 1941, 207, wenn es der „Filmidee" den Schutz grundsätzlich verweigert mit der Begründung, daß sie oft einen alltäglichen Stoff zum Inhalt habe.

[35]) Es kann also De Boor, Ufita 1944, 50, nicht zugestimmt werden, wenn er sagt, ein zureichender Ideenschutz könne nur mittels des Prioritätsgedankens verwirklicht werden.

[36]) Vgl. dazu RG in Ufita 1943, 139, u. De Boor, Ufita 1944, 51.

[37]) Vgl OLG Hamburg in MuW 1938, 224; RG in GRUR 1944, 90, wo mit Recht darauf abgestellt wird, ob die Werbung einen eigenartigen selbständigen Gedanken enthält.

[38]) Der Erfinder eines Witzes kann sich zwar nicht dagegen wehren, daß der Witz im privaten Kreise weitererzählt wird, aber gegen gewerbliche Verwertung, insbesondere gegen Nachdruck sollte er vorgehen können.

Artisten[39]). Dieser Leistungsschutz muß ferner Anwendung finden auf individuelle künstlerische Gedanken, die noch nicht die schutzfähige Form des Werkes erlangt haben, z. B. für einen in Worten mitgeteilten Plan eines Gemäldes oder einen musikalischen Einfall. Freilich ist die freie Benutzung wie beim vollendeten Werk zulässig, aber eine bloße Nachahmung und finanzielle Auswertung, ein Schmarotzen von den Gedanken anderer muß verboten sein[40]).

22. Kapitel

Leistungs- und Werkverbindungen

a) Das Recht des ausübenden Künstlers

Im vorigen Kapitel haben wir gesehen, daß alle individuellen geistigen Leistungen, die selbständigen Wert besitzen, gegen Nachahmung geschützt werden müssen. Das Erfordernis der Selbständigkeit bezieht sich dabei nicht bloß auf die Trennbarkeit vom geistigen Gemeingut, sondern auch auf die Unterscheidbarkeit von fremdem Geistesgut. Zahlreiche geistige Leistungen sind nun mit dem Wirken anderer mehr oder minder eng verbunden. Dies gilt vor allem vom Vortrag des ausübenden Künstlers, der fremde Werke wiedergibt und sie so der Allgemeinheit zugänglich macht. In diesem Vortrag liegt immer eine individuelle Leistung, die nicht jeder erbringen kann. Auch wo z. B. eine Aufführung eines musikalischen Werkes nicht in künstlerisch vollendeter Weise erfolgt, erfordert sie doch eine besondere Ausbildung und Begabung, sie setzt also jedenfalls einen individuellen Menschentyp voraus. Diese Werkwiedergabe stellt gegenüber dem Werk eine zusätzliche Leistung dar. Dem ausübenden Künstler muß daher an seinem Vortrag ein ausschließliches Verwertungsrecht eingeräumt werden. Wie Hoffmann[1]) gegenüber Piola Caselli betont, widerstreitet dieses Recht keineswegs dem Urheberrecht des Komponisten; denn da das Werk auch anderweitig aufgeführt und wiedergegeben werden kann und somit selbständig verwertbar bleibt, wird das Urheberrecht durch das Leistungsschutzrecht des Künstlers nicht berührt[2]). Freilich enthält die Wiedergabe zugleich eine Benutzung des Werkes, sie ist daher nach urheberrechtlichen Grundsätzen jeweils an die Zustimmung des Urhebers geknüpft.

Das geltende Recht trägt diesen Forderungen nur sehr unvollkommen Rechnung. § 2 Abs. 2 LUG gewährt dem ausübenden Künstler ein fiktives

[39]) Vgl. Dienstag-Elster, Handbuch des deutschen Theater-, Film-, Musik- und Artistenrechts, 1932, 194 ff.

[40]) Solange solche Gedanken, z. B. ein musikalisches Skizzenbuch, geheimgehalten werden, greift der Geheimnisschutz ein.

[1]) Vgl. Hoffmann, Ufita 1939, 96 gegen Piola Caselli, Ufita 1938, 1 u. 71.

[2]) Zum Leistungsschutzrecht des ausübenden Künstlers vgl. Hoffmann, GRUR 1927, 69 u. 1930, 1214; Marwitz, Ufita 1930, 299; Elster, Ufita 1930, 574 u. 1941, 63; Roeber, Der Leistungsschutz des ausübenden Künstlers, Diss. 1935; Runge a. a. O. S. 341 u. GRUR 1951, 26; De Boor, Ufita 1940, 185; Ulmer a. a. O. S. 319; Baum, GRUR 1951, 327 u. 1952, 556; v. Erffa GRUR 1952, 334.

Bearbeiterurheberrecht an der Schallvorrichtung, die auf Grund seines Vortrags hergestellt wird. In Wirklichkeit handelt es sich aber nicht um eine Bearbeitung, es wird nicht der Individualität des Werkes zusätzlich eine neue aufgeprägt, sondern nur um eine Wiedergabe, bei der die Leistung des einzelnen Künstlers, der meist ohne weiteres durch einen anderen vertreten werden kann, nur erkennbar bleibt. Ein anderer Mangel der genannten Vorschrift besteht darin, daß sie den Künstler nicht gegen eine unbefugte Entnahme und Weiterübertragung seines Vortrags schützt. Nur wenn eine sittenwidrige Vermögensschädigung oder sittenwidriger Wettbewerb vorliegt, greifen die §§ 1 UWG und 826 BGB ein[3]). Die künftige rechtliche Regelung wird davon ausgehen müssen, daß dem ausübenden Künstler ein ausschließliches Recht einzuräumen ist, durch das jede Verwertung seiner Leistung in einem neuen Verbraucherkreis von seiner Einwilligung abhängig gemacht wird. Darüber hinaus müssen auch seine persönlichen Interessen gewahrt werden. Zwar ist er nicht in dem Maße mit seiner Wiedergabe verknüpft, wie der Urheber mit seinem Werk, doch gebührt seinem Anspruch auf Wahrung seiner Künstlerehre und auf Nennung seines Namens rechtliche Anerkennung.

Die Entwürfe[4]) gewähren dem ausübenden Künstler das Recht, die Aufnahme seines Vortrags oder seiner Aufführung auf Bild oder Schallvorrichtungen sowie die Vervielfältigung[5]) und Verbreitung dieser Vorrichtungen, ferner die Sendung durch Rundfunk und die Lautsprecherübertragung auf eine andere Veranstaltung zu untersagen. Doch sind diese Befugnisse nicht vollständig. Ähnlich wie dem Urheber muß auch dem Künstler das Recht gewährt werden, öffentliche Schallplattenaufführungen, die Verwendung von Bild- und Schallträgern zu Rundfunksendungen und die Lautsprecherübertragung der Sendung zu verbieten. Gerade diese Möglichkeiten der Verwendung von Bild- und Schallträgern bedeuten ja einen weitgehenden Ersatz des persönlichen Vortrags. Sollen nicht die ausübenden Künstler in der Öffentlichkeit mehr und mehr von Schallträgern verdrängt werden, wodurch letztlich ihre Existenz und damit auch der Stand unserer Kultur in Frage gestellt wäre, so müssen ihnen diese Rechte wenigstens grundsätzlich zuerkannt werden. Schließlich ist es ja in allen diesen Fällen ihre Leistung, die benutzt wird. Allerdings wird man beim angestellten Musiker, dessen Existenz ja durch das Anstellungsverhältnis gesichert ist, annehmen müssen, daß er diese Rechte in der Regel durch den Anstellungsvertrag auf den Unternehmer, z. B. auf die Rundfunkanstalt, überträgt. Neben dem Gehalt erscheint eine Tantieme für die Benutzung seiner Leistung nicht mehr angebracht. Die Lage ist hier eine

[3]) Vgl. RG in GRUR 1934, 627. Über einen weiterreichenden Schutz vgl. mein Persönlichkeitsrecht S. 178 f.
[4]) §§ 57 ff. Entw. 1932 u. 55 ff. Entw. 1939.
[5]) Damit wird auch die Vervielfältigung zum persönlichen Gebrauch z. B. durch Magnetophon mit Recht verboten. Ob allerdings die Redaktoren der Entwürfe an diese Folge gedacht haben, erscheint zweifelhaft, weil damals das Magnetophon in privaten Händen noch keine Rolle spielte.

ganz andere als beim Urheber, der in der Regel frei schafft und dessen Existenz durch kein Anstellungsverhältnis gesichert ist. Auch bestehen keine Bedenken dagegen, daß ein Musiker, der z. B. für eine Schallplattenfirma spielt, diese Rechte gegen eine einmalige Abfindung auf den Unternehmer überträgt. Da der Wert seiner Leistung im Gegensatz zum Wert eines Werkes in der Regel abgeschätzt werden kann, ist eine fortlaufende Beteiligung, wie wir sie für den Urheber als Regel der Verwertungsverträge gefordert haben, nicht notwendig[5a]).

Mit Recht berücksichtigt § 55 des Entwurfs 1939 auch die persönlichen Interessen des ausübenden Künstlers. Bezüglich der Grenzen des Leistungsschutzrechts müssen ähnliche Grundsätze gelten wie beim Urheberrecht, insbesondere ist die freie Benutzung erlaubt. Der jüngeren Generation muß es gestattet sein, einem großen Schauspieler oder Sänger als Vorbild nachzueifern[6]). Auch für die Film- und Rundfunkberichterstattung sind Beschränkungen angebracht, vor allem aber muß das Leistungsschutzrecht zeitlich befristet sein[7]).

Nun können aber die Leistungen mehrerer ausübender Künstler so eng miteinander verbunden sein, daß sie nicht getrennt verwertbar sind. Dies ist bei Chor- und Orchesteraufführungen sowie bei Schauspielen der Fall, es handelt sich dabei um Gemeinschaftsleistungen, die ein einheitliches Ganzes ergeben. Hier muß das Recht an der Wiedergabe grundsätzlich allen gemeinsam zustehen. Da es aber im Außenverhältnis zur Rechtsunsicherheit führen würde, wenn im Einzelfall immer die Einwilligung aller Beteiligten eingeholt werden müßte, ist den Entwürfen darin zu folgen, daß bei Chören und Orchestern die Zustimmung des Leiters genügen muß. Wo freilich ein Dirigent herangezogen wird, der mit dem Ensemble in keiner Verbindung steht, sollte neben seiner Einwilligung auch die des Chor- oder Orchestervorstands für notwendig erklärt werden. Bei Aufführungen von Schauspielen wird der Spielleiter als berechtigt gelten müssen, die Einwilligung zu erteilen. Im Innenverhältnis[8]) müssen Dirigent, Vorstand oder Spielleiter darauf angewiesen bleiben, sich der Zustimmung der einzelnen Mitglieder des Ensembles zu versichern, was in der Regel

5a) Zum Unterschied von Leistungsschutz und Werkschutz vgl. auch Kap. 19 d.

6) Die Zulässigkeit einer solchen freien Benutzung kommt in den Entwürfen schon dadurch zum Ausdruck, daß sie die ausschließlichen Befugnisse des Künstlers auf die mechanische Wiedergabe beschränken.

7) Die Entw. sehen eine 30jährige Schutzfrist seit dem Erscheinen der Bild- oder Schallvorrichtung vor.

8) Der Begründung des Entw. 1932 S. 109, daß die persönliche Auffassung des Leiters dem Vortrag oder der Aufführung ihr Gepräge gebe, während den Chor- oder Orchestermitgliedern nur die Stellung von Hilfspersonen zukomme, kann nicht zugestimmt werden. Vielmehr setzt sich eine Chor-, Orchester- oder Schauspielaufführung immer aus der individuellen Leistung aller zusammen, bei der allerdings die Beiträge der einzelnen verschieden zu bewerten sind. Soweit die Aufnahme auf Bildträger erfolgen soll, ist die Zustimmung aller schon aus dem Gesichtspunkt des Rechts am eigenen Bild erforderlich. Zu den Kontroversen, wem das Bearbeiterrecht des § 2 Abs. 2 LUG bei Chor- und Orchesteraufführungen zusteht, vgl. v. Erffa, GRUR 1952, 337; Baum, GRUR 1952, 559; 1951, 372; Pakuscher, GRUR 1952, 303; Vogel, GRUR 1953, 199.

schon im Anstellungsvertrag erfolgen wird. Es handelt sich ja immer um eine Gemeinschaftsleistung, an der das Leistungsschutzrecht allen zusammen zustehen muß. Es sollte daher im kommenden Gesetz[9]) klar ausgesprochen werden, daß das Leistungsschutzrecht an Chor-, Orchester- und Schauspielaufführungen allen Beteiligten gemeinsam zusteht, daß aber der Vorstand, Dirigent oder Spielleiter nach außen legitimiert sind, die notwendigen Zustimmungen zu erteilen.

Soweit übrigens die Leistung des Spielleiters oder Regisseurs gesondert verwertbar ist, z. B. wenn die Inszenierung auf einer anderen Bühne verwendet wird, ist diesen Personen ein eigenes Recht an der Inszenierung zuzubilligen[10]). Dieses würde auch ohne besondere gesetzliche Regelung durch die im vorigen Kapitel vorgeschlagene Generalklausel für geistige Leistungen miterfaßt.

b) Das Recht an der Unternehmerleistung

Eine schützenswerte Leistung erbringen auch die Theater- und Konzertunternehmer sowie die Hersteller von Schallträgern. Ihre geistige Tätigkeit besteht in der Organisation von Aufführungen, die oft mit einem erheblichen Kapitalaufwand verbunden ist. Wo eine solche Unternehmerleistung vorliegt, muß ihr ein besonderes Leistungsschutzrecht zugebilligt werden, das zu dem des ausübenden Künstlers und zum Urheberrecht des Werkschöpfers hinzutritt.

Die Entwürfe[11]) machen bei Vorträgen oder Aufführungen, die im Betrieb eines Erwerbsunternehmens stattfinden, die Übertragung auf Bild- oder Schallvorrichtungen sowie die Rundfunksendung und die Lautsprecherübertragung von der Einwilligung des Unternehmers abhängig[12]). Dies gilt jedoch nicht für die Vervielfältigung und Verbreitung von Bild- und Schallvorrichtungen, auch nicht für sonstige Wiedergaben. Diese Beschränkung ist mit Rücksicht darauf, daß der Aufwand des Unternehmers in der Regel auf die konkrete Aufführung berechnet und abgestimmt ist, berechtigt[13]).

Bei gewerbsmäßig hergestellten Bild- oder Schallvorrichtungen gewährt der Entwurf 1939[14]) dem Hersteller ein ausschließliches Recht auf Vervielfältigung[15]) und gewerbsmäßige Verbreitung, außerdem soll er bei öffentlichen Aufführungen oder Sendungen einen angemessenen Ver-

---

[9]) Vgl. § 57 Abs. 8 Entw. 1932 u. § 55 Abs. 8 Entw. 1939.

[10]) Vgl. Ulmer a. a. O. S. 322.

[11]) § 57 f. Entw. 1932, § 55 f. Entw. 1939.

[12]) Dagegen sind die Bestimmungen des § 58 II Entw. 1932 u. des § 56 II Entw. 1939, nach denen zur Sendung von Vorträgen oder Aufführungen, die im Betrieb eines Theaterunternehmens stattfinden, nur die Einwilligung des Unternehmers erforderlich ist, nicht gerechtfertigt; auch hier muß die Zustimmung des Leiters des Ensembles notwendig sein.

[13]) Eine Beschränkung ihres Rechts ist für die Film- und Funkberichterstattung notwendig, wie in den Entwürfen vorgesehen.

[14]) § 59. Im Entw. 1932 dagegen ist das Recht des Herstellers noch an das des ausübenden Künstlers gebunden.

[15]) Damit wird auch die Vervielfältigung zum persönlichen Gebrauch durch Magnetophon verboten. Vgl. dazu Kap. 22a Fußnote 5.

gütungsanspruch haben, ohne jedoch die Aufführung oder Sendung verbieten zu können. Gegen diese gesetzliche Lizenz bestehen keine Bedenken, da ja der Unternehmer in der Regel nur ein vermögensrechtliches Interesse hat[16]).

Der Entwurf 1939 unterwirft das Recht des Schallplattenherstellers keiner zeitlichen Begrenzung. Dies erscheint gegenüber den anderen Leistungsschutzrechten als eine durch nichts begründete Bevorzugung. Es mag sein, daß solche Vorrichtungen ohnehin keine allzulange Lebensdauer haben, doch sollte im Interesse einer Gleichbehandlung der Kulturschaffenden eine Schutzfrist von 30 Jahren festgelegt werden.

c) Das Recht an der Sendung

Ähnlich wie den Theater-, Konzert- und Schallplattenunternehmen muß auch den inländischen Rundfunkanstalten und den ausländischen Sendegesellschaften ein Leistungsschutzrecht zugebilligt werden. Die Rundfunksendung erfordert eine große organisatorische und technische Vorarbeit, die mit erheblichem Geldaufwand verbunden ist. Sie besitzt im Verkehrsleben über die gesendeten Werke und über den künstlerischen Vortrag hinaus einen zusätzlichen Wert. Dies zeigt sich vor allem bei einer öffentlichen Aufführung, die einerseits für das Publikum erfolgt, andererseits zugleich durch den Rundfunk übertragen wird. Übrigens gibt es auch Sendungen, bei denen kein Werk wiedergegeben wird und kein ausübender Künstler tätig ist, wie z. B. bei Rundfunkberichten. In allen Fällen muß der Sendung als solcher ein eigenes Schutzrecht zuerkannt werden, weil sie eine individuelle geistige Leistung von besonderem Wert darstellt.

Nun haben allerdings die Rundfunkanstalten in Deutschland weitgehend die Möglichkeit, in den Verleihungsbedingungen eine unbefugte Verwertung der Sendung auszuschließen. Soweit sie in der amerikanischen Zone liegen, besitzen sie das aus der staatlichen Funkhoheit abgeleitete Recht, die Rundfunkgenehmigungen zu erteilen und die Erteilung von der Einhaltung bestimmter Bedingungen abhängig zu machen; in der britischen und französischen Zone steht dieses Recht allerdings der Postverwaltung zu, immerhin werden auch hier die Rundfunkanstalten ihren Einfluß geltend machen können. Trotzdem erscheint eine gesetzliche Regelung des Rechts an der Sendung erforderlich, weil die Genehmigungsbedingungen nur die Inhaber von Rundfunkgenehmigungen binden, nicht aber Dritte und weil auch ausländische Sendegesellschaften geschützt werden müssen[17]).

---

[16]) Denkbar wäre allerdings, daß auch sein persönliches Interesse berührt wird, wenn z. B. eine Rundfunkanstalt die Schallplatten solange gebraucht, daß dadurch auch der Ruf des Herstellers geschädigt wird. So weist Giannini, Ufita 1934, 267, darauf hin, daß solche Fälle in Frankreich vorgekommen seien. Doch dürfte die Frage bei uns nicht praktisch sein.

[17]) Zur Organisation des Rundfunkwesens in Deutschland und zum Recht an der Sendung nach den geltenden gesetzlichen Bestimmungen vgl. Hubmann, GRUR 1953, 316.

Der Entwurf 1939 (§ 60)[18] will die gewerbsmäßige öffentliche Wiedergabe einer Sendung durch Lautsprecher oder ähnliche technische Einrichtungen, ferner ihre gewerbsmäßige Übertragung auf Bild oder Schallvorrichtungen sowie deren Vervielfältigung und Verbreitung sowie schließlich die gewerbsmäßige Verbreitung von Rundfunknachrichten von der Zustimmung der Rundfunkgesellschaften abhängig machen. Bezüglich der Nachrichtensendungen wurde schon oben erwähnt, daß im Interesse einer schnellen öffentlichen Information die Weiterverbreitung zugelassen werden sollte, allerdings nur gegen Zahlung einer angemessenen Vergütung an diejenige Stelle, die die Nachricht gesammelt hat. Die übrigen aufgezählten Befugnisse sind nicht vollständig, weil sie nicht alle Verletzungsmöglichkeiten erfassen. Die Rundfunkanstalten und -gesellschaften müssen vor allem auch gegen das Weiterverbreiten der Sendung durch Draht oder Funk geschützt werden. Um den Rundfunkanstalten auch einen zivilrechtlichen Anspruch auf die Rundfunkgebühren zu geben, wäre es zweckmäßig zu bestimmen, daß Rundfunksendungen nur gegen Zahlung der in den Verleihungsbedingungen festgesetzten Gebühr abgehört werden dürfen.

Eine zeitliche Begrenzung des Rechts an der Sendung enthält der Entwurf 1939 nicht. Sie sollte aber aus Gründen einer gleichmäßigen Behandlung aller kulturellen Leistungen aufgenommen werden. Dann könnte z. B. eine private Tonbandaufnahme[19]) einer Sendung nach Ablauf der Schutzfrist gewerblich verwertet werden.

d) Das Recht am Film

Eine besonders komplizierte Verbindung und Schichtung geistiger Leistungen erfolgt beim Filmschaffen. An der Herstellung eines Films sind zahlreiche Personen beteiligt, deren Beiträge durchaus nicht von gleicher Art und gleichem Wert sind. Diese Sachlage hat das Problem des Filmschutzes seit langem zu einem der umstrittensten auf dem Gebiet des geistigen Schaffens gemacht. Klärend haben hier vor allem die Ausführungen von Ulmer[20]) gewirkt, dessen Vorschläge Baum mit Recht als die klassische Regelung des Filmschutzproblems bezeichnet[21]). Sie werden dem Wesen und der Natur der in einem Film verbundenen Leistungen[22]) am besten gerecht.

[18]) Ein Schutz der Sendung ist auch in Art. 5 des Vorentwurfs der Samadener Expertenkommission von 1939 (Droit d'auteur 1940, 134) sowie in Art. 8 des Vorentwurfs eines internationalen Abkommens über den Schutz der darstellenden oder aufführenden Künstler, der Hersteller von Tonträgern und der Rundfunkorganisationen vom 17. 11. 1951 vorgesehen.

[19]) Da der Entwurf 1939 nur die gewerbsmäßige Übertragung einer Sendung auf Bild- oder Schallträger genehmigungspflichtig macht, wäre eine Aufnahme auf Tonband zum persönlichen Gebrauch zulässig. Da die Interessen des Rundfunks hierdurch in der Regel wohl nicht betroffen werden, bestehen gegen diese Regelung keine Bedenken. Dagegen müssen die Urheber und ausübenden Künstler wegen der Gefahr, die für sie damit verbunden ist, auch gegen solche Vervielfältigungen geschützt werden.

[20]) In seinem Aufsatz „Zur Neuregelung des Filmrechts", GRUR 1952, 5.

[21]) Baum, GRUR 1952, 480; vgl. auch GRUR 1930, 935; 1949, 6; Ufita 1932, 485.

[22]) Vgl. dazu Iros, Wesen und Dramaturgie des Films, 1938.

Die rechtliche Regelung wird auch beim Film von dem Grundsatz ausgehen müssen, daß jedem Schaffenden an seiner Leistung ein eigenes Recht zu gewähren ist, wenn sie selbständig verwertbar ist. Sie wird weiter berücksichtigen müssen, daß nur für Werke, in denen der Geist in seiner Individualität Gestalt erhält, ein Urheberrecht gewährt werden kann, während für sonstige geistige Leistungen nur ein Leistungsschutzrecht am Platze ist.

Diejenigen[23]), die dem Filmunternehmer ein originäres Urheberrecht am Film einräumen wollen, erkennen richtig, daß er eine individuelle Leistung erbringt, die in erster Linie in der Organisation und in einem erheblichen Aufwand an Kapitalien liegt, aber sie gehen an der Tatsache vorbei, daß er den Film in der Regel nicht gestaltet und ihm nicht seine Persönlichkeit aufprägt. Die andere Ansicht[24]), die den Filmschaffenden, insbesondere dem Drehbuchautor und dem Regisseur ein Miturheberrecht am Film einräumt, verkennt die besondere Leistung des Unternehmers und die selbständige Verwertbarkeit der im Film vereinigten Werke. Wenn man aber nur den einzelnen Filmschaffenden ein Urheberrecht an den einzelnen dem Film zugrunde liegenden Werken gibt[25]), so wird der Film nicht in seiner Einheit und das hinter ihm stehende Unternehmen nicht in seiner Bedeutung für sein Zustandekommen gewürdigt.

Demgegenüber ist mit Ulmer zunächst zwischen der Sphäre des Werkschaffens, also der schöpferischen Tätigkeit des Drehbuchautors, des Komponisten, des Architekten oder Zeichners, und der Sphäre der bloßen Leistungen, also der Darstellung, Aufnahme und Organisation zu unterscheiden. Die dem Film zugrunde liegenden Werke besitzen selbständige Verwertbarkeit im Verkehrsleben, das Drehbuch kann zu einem Roman verarbeitet werden, ein Filmschlager kann gesondert aufgeführt werden, auch die Bauten lassen sich für sich photographieren und so verwenden. An diesen Werken ist also ein eigenes Urheberrecht jedes Werkschöpfers anzuerkennen, das im Einzelfall durch ein Bearbeiterurheberrecht etwa des Regisseurs, der schöpferische Änderungen am Drehbuch vornimmt, überlagert werden kann. Von den Leistungen sind zunächst diejenigen der bloßen Hilfskräfte, die nicht über ein handwerkliches, dem objektiven Geist entnommenes Fachkönnen hinausgehen, auszuscheiden, sie können nach unseren früher entwickelten Grundsätzen kein Leistungsschutzrecht begründen. Die Leistungen der Darsteller, Kameraleute, des Regisseurs und Produktionsleiters werden in der Regel keine selbständige Verwertbarkeit besitzen. Soweit dies aber der Fall sein sollte, wie z. B. bei Auf-

---

[23]) So Goldbaum, Urheber- und Urhebervertragsrecht, 2. Aufl. 1927, 43; Hoffmann in JW 1929, 1181 und in seinem Entw.; Schlechtriem, JW 1933, 1870; De Boor, ZAkDR 1935, 830. Vgl. auch KG in MuW 1923/24, 13.

[24]) So Runge a. a. O. S. 266. Das italienische Urhebergesetz betrachtet den Drehbuchautor, den Schöpfer der Inszenierung, den Komponisten und den künstlerischen Leiter als Miturheber.

[25]) Vgl. Dienstag-Elster a. a. O. S. 106 ff.; Schumann, Die Urheberschaft am Tonfilm, 1935; Sprenkmann, Zum Filmurheberrecht 1936; Begründung zum Entwurf 1932, 35.

nahmen eines Kulturfilms, die auch einzeln in den Verkehr gebracht werden können[26]), oder bei der Filmung einer Opern- oder Schauspielaufführung, ist ein besonderes Schutzrecht an ihnen anzuerkennen. Soweit dies nicht der Fall ist, verschmelzen sie mit der Tätigkeit des Unternehmers zu einer Gemeinschaftsleistung, an der nur ein einheitliches Leistungsschutzrecht des Unternehmers[27]), der ja auch die Tätigkeit der übrigen Mitwirkenden entlohnt, anerkannt werden kann[27a]). Am Film als solchen kann also kein Urheberrecht, sondern nur ein Leistungsschutzrecht des Unternehmers gewährt werden. Da in dem Film aber die Werke des Komponisten, des Drehbuchautors und des Architekten benutzt werden, ist der Unternehmer darauf angewiesen, von ihnen das Verfilmungsrecht zu erwerben[28]). Allerdings sollte deren Urheberpersönlichkeitsrecht nicht, wie Ulmer vorschlägt, soweit beschnitten werden, daß sie Entstellungen ihrer Werke nur verhindern können, wenn ihr Ruf schwer gefährdet wird, vielmehr sollte es ihnen überlassen bleiben, auf ihre persönlichkeitrechtlichen Befugnisse vertraglich soweit zu verzichten, als nicht erhebliche persönliche Interessen verletzt werden.

Das Leistungsschutzrecht des Unternehmers muß nicht nur die ausschließlichen Verwertungsbefugnisse am Film als solchen, nämlich das Vervielfältigungs-, Verbreitungs-, Vorführungs- und Senderecht umfassen, sondern auch die persönlichkeitsrechtlichen Befugnisse, Verstümmelungen und Entstellungen des Films entgegenzutreten. Wenn der Unternehmer auch dem Film nicht seine Individualität aufdrückt, so ist doch sein Ruf und seine Unternehmerehre eng mit ihm verbunden. Der Umstand, daß der Filmunternehmer oft eine juristische Person ist, hindert das Entstehen eines Persönlichkeitsrechts nicht[29]).

Durch diese Regelung, die dem Unternehmer das Leistungsschutzrecht am Film als solchen zuspricht, werden die übrigen Leistungsschutzberechtig-

---

[26]) Vgl. dazu die Entscheidung des BGH in GRUR 1953, 299. Soweit die Aufnahmen im Betrieb des Unternehmers hergestellt werden, erwirbt der Unternehmer nach den Grundsätzen über den Schutz von Photographien das Verwertungsrecht daran.

[27]) Die Entwürfe von 1932 und 1939 dagegen betrachten den Film als Werk und gewähren den einzelnen Schöpfern das Urheberrecht daran, lassen aber durch cessio legis die Werknutzungsrechte auf den Unternehmer übergehen. Vgl. auch v. Metzler, GRUR 1953, 13 ff.

[27a]) Der Unterschied zum Leistungsschutzrecht an einer Orchesteraufführung, das allen gemeinsam zustehen soll, während der Leiter nur legitimiert sein soll, für alle die Zustimmung zu erteilen, rechtfertigt sich durch den großen Kapitalaufwand des Unternehmers.

[28]) Mit Recht betont Ulmer, GRUR 1953, 9, daß an der durch die Tonfilmentscheidung des RG (RGZ 140, 231) geschaffenen Rechtslage, wonach die Komponisten das Aufführungsrecht nicht auf den Filmunternehmer übertragen und daher von den Lichtspieltheatern eine Tantieme fordern können, durch das Gesetz nichts geändert werden solle, weil diese Fragen der vertraglichen Regelung überlassen bleiben können. Ähnlich kann es auch der vertraglichen Regelung überlassen bleiben, ob die Drehbuchautoren das ihnen einzuräumende Vortragsrecht auf den Unternehmer übertragen werden. Vgl. auch Ehlers, GRUR 1952, 382.

[29]) Über das Persönlichkeitsrecht der juristischen Person vgl. mein Persönlichkeitsrecht S. 244.

ten, wie die darstellenden Künstler und Musiker nicht in ihren Rechten beschnitten. Soweit ihre Leistungen selbständig verwertbar sind, bleiben ihre Befugnisse daran erhalten, wenn sie nicht vertraglich übertragen werden. Auch bleibt es ihnen überlassen, ob sie mit der Aufnahme ihrer Leistungen auf Ton- und Filmstreifen einverstanden sind, was sich aber aus dem Anstellungsvertrag ohne weiteres ergeben wird[30]). Bezüglich ihrer persönlichkeitsrechtlichen Befugnisse sollte der Unternehmer entgegen dem Vorschlag Ulmers darauf angewiesen bleiben, einen Verzicht insoweit vertraglich herbeizuführen, als nicht erhebliche persönliche Interessen verletzt werden.

Wie alle übrigen geistigen Leistungen muß auch das Filmschutzrecht zeitlich beschränkt sein. Bei der Bedeutung die der Film im Verkehrsleben besitzt, erscheint eine Schutzfrist von 50 Jahren seit der Herstellung angemessen.

[30]) Dagegen erscheint es mit Rücksicht auf die Vielzahl der Mitwirkenden und den Kapitalaufwand des Unternehmers, der ja die Mitwirkenden entlohnt, angebracht, die Verwertung des Films selbst nicht von der Zustimmung der ausübenden Künstler abhängig zu machen.

Schluß

Die vorstehenden Untersuchungen haben gezeigt, daß die geltenden Urhebergesetze in vielen Punkten hinter den Forderungen zurückbleiben, die sich aus einer naturrechtlichen Betrachtung des Wesens und der Wirkungsweise des Geistes und der durch ihn realisierten Werte ergeben. Sie stellen nur eine bruchstückhafte Ordnung des kulturellen Schaffens dar, die den subjektiven Geist völlig vernachlässigt, von seinem Wirken nur einen Ausschnitt schützt und die geistige Arbeit weitgehend gegenüber körperlichen und gewerblichen Leistungen benachteiligt. Unser Recht ist noch allzusehr in historischen Vorurteilen befangen und vorwiegend auf das Körperliche, das Materielle und gegenständlich Abgegrenzte gerichtet. Es will ihm nicht gelingen, den menschlichen Geist, der im Laufe der Geschichte mehr und mehr zum Bewußtsein seiner selbst gekommen ist und allmählich die Bindungen an das Organische abgestreift hat, in seiner Selbständigkeit, in seiner Entfaltung und in seiner Werthaftigkeit zu erfassen. Demgegenüber haben wir versucht, den persönlichen Geist in seinem Streben nach Selbstverwirklichung, bei dem er allerdings auf den Körper und seine Kräfte angewiesen ist, als Rechtsgut in den Mittelpunkt zu rücken und seinem Anspruch auf Freiheit des Schaffens, auf Sicherung seiner materiellen Existenzgrundlage und auf Förderung seiner Entfaltung zur Anerkennung zu verhelfen. Ferner haben wir uns bemüht, dem Geist in allen seinen Wirkungen einen Rechtsschutz zu sichern, nicht nur in seinen Schöpfungen, bei denen er einen Teil seines Wesens in die Außenwelt hineinstellt und eine sinnlich wahrnehmbare Gestalt annimmt, sondern auch in seinen Leistungen, bei denen er nur als wirkende Ursache im Hintergrund erkennbar bleibt. Schließlich haben wir die Werte, die er bei seinem Schaffen verwirklicht, herausgestellt und sie mit dem Wertstreben der Mitmenschen, die am Geistesleben teilnehmen, verglichen, um so möglichst die der objektiven Wertordnung entsprechenden Grenzen der dem geistig Schaffenden zustehenden Schutzrechte herauszufinden.

Wenn wir auch bestrebt waren, dem menschlichen Geist und seinem Wirken in möglichst umfassender Weise Schutz angedeihen zu lassen, so hat sich doch ergeben, daß auf dem Gebiet des kulturellen Schaffens immer nur das Individuelle einem einzelnen vorbehalten werden kann. Während das Materielle und Körperliche von Natur abgegrenzt ist und jeweils nur einzelnen dienen kann und soll, ist es der Geist, der verbindet, der Brücken schlägt vom Ich zum Du. Schon die allgemeinmenschliche geistige Anlage ist allen gemeinsam, nur der individuelle Geist ist dem einzelnen ausschließlich für ihn gegeben. Auch die geistigen Gehalte sind auf die Teilhabe aller angelegt, sie sind zwar einmalig, können aber von jedem aufgenommen werden und wahren dabei ihre Identität. Daher entzieht sich das Geistige, das aus allgemeinen Quellen, aus der realen Welt, aus dem Reich der Ideen und aus dem Kulturgeist stammt, der Aneignung; nicht einmal auf seine Phantasiegebilde hat ein einzelner ausschließlich Anspruch, wenn sie mit allgemeinmenschlicher Begabung erzeugt werden können. Nur das Geistige, das dem individuellen Geist entsprungen ist, kann geistiges Eigentum sein. Wo aber eine individuelle Leistung mit einem allgemeinen geistigen Inhalt derart verbunden wurde, daß die Benutzung des Geistigen durch andere zugleich eine Benutzung der fremden Leistung enthält, kann nur ein Vergütungsanspruch in irgendeiner Form[1]) gewährt werden. Nur die individuelle Leistung, durch die entweder Geistiges erzeugt oder wenigstens aufgefunden oder wiedergegeben wird, ist also schutzwürdig, und zwar um des Wertes der Individualität willen, der darin verwirklicht wird.

Nun kann jedoch nicht geleugnet werden, daß es für das praktische Rechtsleben nicht immer leicht ist, das Individuelle zu erkennen und zu erfassen. Denn dieses ist überall mit dem Allgemeinen verbunden und verwoben. Dabei läßt es sich nicht einmal genau umschreiben und charakterisieren. Das Individuelle ist überhaupt das Unbeschreibbare, es ist immer wieder anders und daher durch allgemeine Begriffe nicht erfaßbar. Und doch ist es im Verkehrsleben soweit erkennbar, daß der Rechtsschutz ohne Beeinträchtigung der Rechtssicherheit daran anknüpfen kann. Es ist eben das Nicht-Allgemeine, das was den einen vom anderen unterscheidet. Am konkreten Menschen, an einem bestimmten geistigen Gehalt und am einzelnen Fall läßt sich angeben, was davon das Individuelle ist, das einem einzelnen allein zugehört. Wer fremde Gedanken benutzt, der weiß ohne weiteres, daß es nicht seine eigenen sind, er kann aber in der Regel auch feststellen, ob sie allen zugänglich waren oder den allgemeinen Quellen entnommen und daher Gemeingut sind. Das Individuelle besitzt also jene Erkennbarkeit, die notwendig ist, damit es vom Mitmenschen im Verkehrsleben geachtet werden kann. Der Rechtsschutz des kulturellen Schaffens kann daher an das Merkmal der Individualität anknüpfen, ohne daß eine Registrierung oder Eintragung erforderlich ist, wie sie im gewerblichen Rechtsschutz, der nicht nur gegen Nachahmung sichert, sondern auch eine Sperrwirkung gegen selbständige Neuschöpfung äußert, verlangt wird.

Während das Merkmal der Individualität die Abgrenzung des Rechtsschutzes innerhalb des Bereiches des Geistigen ergibt, stellt das Merkmal der Ablösbarkeit die Abgrenzung gegenüber dem Bereich des Materiellen dar. Geistige Gehalte sind immer eng mit der Materie verbunden, nur in ihr können sie zur Erscheinung kommen. Aber sie gehen nicht in ihr auf, sie werden von ihr getragen, sie lassen sich von ihr ablösen und wieder einem anderen

[1]) Dieser kann dort, wo kein dringendes allgemeines Bedürfnis an der Benutzung der Leistung besteht, auch durch einen kurz befristeten Schutz gegen Nachahmung und Nachbildung gegeben werden.

materiellen Gebilde aufprägen. Zum Rechtsschutz des Geistes gehören nun nur jene Leistungen, die dem von der Materie ablösbaren Geistigen als solchen gewidmet sind. Nur sie lassen einen Anspruch auf den dem Reich des Geistes eigentümlichen Schutz gegen Nachahmung und Nachbildung entstehen. Dagegen kann aus Leistungen, die nur der Ausführung und Erscheinung des Geistigen in der Materie dienen, nur ein Eigentum an dem konkreten Stück hervorgehen.

Neben der Feststellung des Individuellen und neben der eigenartigen Verbindung des Geistigen mit dem Materiellen bedeutet die Notwendigkeit der Interessenwertung und der Interessenabwägung eine besondere Schwierigkeit für die Praxis. Allerdings handelt es sich hier um ein allgemeines Anliegen unserer Rechtsordnung, weil auf allen Rechtsgebieten der Rechtskreis des einen gegen den des anderen abgegrenzt werden muß. Die hier entstehenden Fragen können nur aus unserer Kulturauffassung heraus gelöst werden, da die den Interessen zugrunde liegenden Werte sich unserem Rechtsgefühl nur allmählich im Laufe der Geschichte enthüllen. Aber gerade mit Rücksicht darauf, darf nicht an der historisch überlieferten Einschätzung und Behandlung der geistigen Leistungen festgehalten werden, vielmehr müssen sie mit unserer Regelung der übrigen Leistungen und insbesondere mit unserer Eigentumsordnung verglichen und in diesem Zusammenhang gewürdigt werden. Nur so kann das Prinzip der Gleichbehandlung aller verwirklicht werden, nur so wird es dem kommenden Urhebergesetz gelingen, dem Wirken des Geistes diejenige Wertung zukommen zu lassen, die ihm im Rahmen der abendländischen Kultur gebührt.

FSC
www.fsc.org
MIX
Papier | Fördert
gute Waldnutzung
FSC® C083411

Kolibri 360 GmbH
Ferdinand-Jühlke-Straße 7
99095 Erfurt, Deutschland
produktsicherheit@kolibri360.de